HEYNE BÜCHER

SCIENCE FICTION

Herausgegeben
von Dr. Herbert W. Franke
und Wolfgang Jeschke

Vom gleichen Autor erschienen außerdem
als Heyne-Taschenbücher

Spion aus der Zukunft · Band 3137
Bürger der Galaxis · Band 3203
Die Zeitsonde · Band 3234
Die Pioniere von Sigma Draconis · Band 3238
Im Zeichen des Mars · Band 3268
Geheimagentin der Erde · Band 3286
Ein Stern kehrt zurück · Band 3293
Durchstieg ins Irgendwann · Band 3427
Die dunklen Jahre · Band 3565

JOHN BRUNNER

DER GANZE MENSCH

Science Fiction-Roman

Deutsche Erstveröffentlichung

WILHELM HEYNE VERLAG
MÜNCHEN

HEYNE-BUCH Nr. 3609
im Wilhelm Heyne Verlag, München

Titel der englischen Originalausgabe
THE WHOLE MAN
Deutsche Übersetzung von René Mahlow

Redaktion: Wolfgang Jeschke

Printed in Germany 1978
Umschlagbild: Wojtek Siudmak
Umschlaggestaltung: Atelier Heinrichs, München
Gesamtherstellung: Mohndruck Reinhard Mohn GmbH, Gütersloh

ISBN 3-453-30516-7

INHALT

Spiritus intus alit, totamque infusa per artus
Mens agitat molem et magno se corpore miscet.

Nährt von innen ein Geist: verteilt durch alle Gelenke, Wirkt er das Leben der Welt, durchwaltet alles Geschaffne.

Vergil, *Aeneis*, VI, 726/27

Erstes Buch

MOLEM

1

Nach der Geburt steckten sie sie in ein Bett, eine große Frau, von Sorgen und Hunger ausgezehrt: nicht nur über den geleerten Bauch hing ihr die Haut wie ausgediente Kleidung. Trotz ihres breiten Beckens waren die Wehen schlimm gewesen; der übermüdete Arzt hatte ihren Zustand für bedenklicher eingeschätzt als den der anderen Frauen, die um Unterbringung in der Pflegestation konkurrierten; so war ihr das Bett zugeteilt worden. Sie ließ keine Dankbarkeit erkennen. Genausowenig hätte sie es übelgenommen, wenn sie wie die meisten anderen Frauen behandelt worden wäre, die an diesem Tag den Entbindungsraum passierten und dann nur für einige wenige Stunden in einem Sessel ruhen durften, während der Boden mit einer Lösung von Ätznatron geschrubbt wurde – Desinfektionsmittel waren ausgegangen – und das braune Packpapier vom Entbindungstisch gebrannt und frisches aufgelegt wurde – Laken fehlten ebenfalls.

Die Anfänge der ›Krise‹ waren zeitlich mit dem Beginn der Schwangerschaft der Frau zusammengefallen. Eine oder zwei Wochen vor der Geburt des Kindes hatte sie ihren Höhepunkt erreicht. In dem Fenster neben ihrem Bett fehlten zwei Glasscheiben, die Löcher waren mit Zeitungspapier und Klebstreifen abgedeckt. Die Frau in dem Bett zu ihrer Rechten hatte eine Schußwunde; mit verschreckten Augen starrte sie zur Zimmerdecke hinauf. In einer Ecke der Decke hatte eine Zunge öligen Rauchs ihre Spur hinterlassen: genau dasselbe grauumrandete Schwarz, das eine Kerze hinterlassen hätte, aber zwei Fuß breit.

Von der Straße her kam fremder, beunruhigender Lärm. Vor einem Monat noch wäre es das Summen von Verkehr gewesen, Stimmengewirr von Menschen, die sich im Sonnenlicht ergingen: ein bekannter, tröstlicher Hintergrund mit alltäglichen Assoziationen. Nun war gelegentlich dieses heisere Schreien zu hören, laut, aber verzerrt durch die Richtung des tragbaren Lautsprechers, so daß lediglich zu erkennen war, daß Befehle gegeben wurden. Dann auch das Knurren-Rumpeln-Rasseln eines schweren Kettenfahrzeugs; der scharfe Biß von Polizeipfeifen; das Stampfen marschierender Füße. Automatisch spannten sich einem die Nerven, fragte man sich, ob gleich das Stammeln von Gewehren folgen würde.

Etwa eine Stunde nach der Geburt trat eine Frau in olivgrünem Kampfanzug in die Tür der Pflegestation. Ihr Haar war kurz wie das eines Mannes, um die Hüfte trug sie einen Gürtel mit glänzend braunem Pistolenhalfter. Sie sah sich neugierig im Raum um und ging wieder.

Nach einer weiteren Stunde kam ein alter Mann herein, der einen quietschenden Wagen vor sich herschob, auf dem zwei Gefäße standen: im einen wässrige Suppe, im anderen wässriger Kaffee. Auch Brot gab es. Gleich danach eilte eine Krankenschwester herein, die Schüsseln und Becher an diejenigen Patienten austeilte, die essen konnten.

Und ein wenig später kam noch einmal eine Krankenschwester, mit verkniffenem Gesicht und herabgezogenen Mundwinkeln: sie kam mit dem Arzt, der die Entbindung beaufsichtigt hatte.

Jedes verfügbare Bett war belegt; nur weil es mehr Betten einfach nicht gab, war überhaupt noch Abstand zwischen den einzelnen Patienten. Ungeschickt sich hindurchschlängelnd, kamen Krankenschwester und Arzt zu der jungen Mutter.

»Sie . . . äh . . .« Der Doktor war doch nicht glücklich über den Satz, den er sich zurechtgelegt hatte, räusperte sich, machte einen neuen Anlauf. »Sie haben Ihr Baby noch nicht gesehen, Mrs. . . .?«

»Miß«, sagte die Frau im Bett. Ihre Augenlider senkten sich wie Jalousien über ihre glanzlosen Augen. Ihr Haar, dunkel und fettig, lag in wirrer Unordnung auf dem Kissen. »Miß Sarah Howson.«

»Verstehe.« So sicher war sich der Arzt zwar nicht, daß er verstand, aber das Wort füllte ein Schweigen, das allerdings subjektiv war: in Wirklichkeit füllte es schon das Geklirr leerer Blechnäpfe, die nun wieder eingesammelt wurden.

Die Schwester flüsterte dem Arzt etwas zu, zeigte ihm dabei ein Diagramm: dicke graue Linien auf grauem Papier. Er nickte.

»Ich bedaure die Verzögerung, Miß Howson« sagte er. »Aber im Moment ist alles ein bißchen schwierig . . . Haben Sie schon einen Namen für ihn?« Und dann, als ihm einfiel, wie wenig man sich gegenwärtig auf den normalen Ablauf der Routine verlassen konnte: »Man hat Ihnen doch gesagt, daß es ein Junge ist, nicht wahr?«

»Ich glaube. Ja, jemand hat was gesagt.« Die Frau rollte ihren schweren Kopf von einer Seite auf die andere, als suche sie eine bequeme Lage, die es nicht gab.

»Wenn Sie einen Namen ausgesucht haben, können wir ihn in den Geburtsschein eintragen«, sagte der Arzt.

»Ich . . .« Sie rieb sich die Stirn. »Ich glaube . . . Sagen Sie mal, sind Sie der Doktor, der dabei war?« Ihre Augen öffneten sich, blickten suchend in sein Gesicht. »Ja, Sie sind derjenige. Doktor, es war schlimm, nicht wahr?«

»Ja, es war ziemlich schlimm«, gab der Arzt zu.

»Hat es . . .? Ich meine, gibt es bleibenden . . .?«

»O nein, keinen bleibenden Schaden«, unterbrach der Arzt; er hoffte, daß seine Worte trotz seiner Kopfschmerzen und seiner Müdigkeit beruhigend klangen. Er war sich keiner Sache mehr so recht sicher, schien es – niemand war das gegenwärtig –, aber es war eine Gewohnheit, beruhigend zu wirken.

Was war geschehen? Wie? Die ruhige, sichere Welt von vor ein paar Wochen war auseinandergebrochen, und sie nannten es ›Krise‹, ohne etwas zu erklären. Den meisten Menschen sagte ›Krise‹ an sich nichts; nur, daß die Busse nicht mehr zuverlässig verkehrten, daß der Strom plötzlich ausfiel, wenn man gerade kochte, daß auf die Bürgersteige mit roter Farbe halbfertige Parolen geschmiert waren, daß das Denkmal eines toten Helden auf seinem zerschmetterten Sockel umgekippt war, daß die Lebensmittelpreise auf Rekordhöhen geklettert waren und aus dem Radio alte Platten krächzten, alle fünfzehn Minuten von einer Stimme unterbrochen, die die Leute beschwor, sich ruhig zu verhalten.

Für den Doktor hieß es auch, daß er scheußliche Wunden nach Steinchen und Glassplittern untersuchen mußte; Desinfektionsmittel, Antibiotika, selbst Decken waren knapp; es gab viele Gehirnerschütterungen und Schußwunden, und selbstgebastelte Brandbomben flogen durch die Fenster.

Männer in seltsamen Uniformen, die ein Dutzend Sprachen beherrschten, standen nun an den Straßenecken, Gewehre locker umgehängt; Offiziere kamen und fragten, welche Vorräte gebraucht würden und ob noch Betten frei wären; an den großen Straßenkreuzungen wurden Stände aufgeschlagen, die genau bemessene Rationen von Grundnahrungsmitteln austeilten; die linke Hand der Empfänger wurde dann mit einer Tinte bestempelt, die einen Tag lang nicht abging, damit niemand an einem Tag sich zweimal etwas holte – mit einem Schlag schien die Bevölkerung in einen Haufen von Verbrechern und Fürsorgeempfängern verwandelt worden zu sein.

»Oh, verflucht«, sagte die Mutter und rollte aufs neue ihren Kopf hin und her. »Ich hatte gehofft, damit nie wieder was zu tun zu haben. Aber da hab' ich mich wohl getäuscht, häh?«

Die Schwester warf dem Doktor einen säuerlichen Blick zu, und der zwang sich zur Gegenwart zurück. Es ging darum, den Namen im Bewußtsein der Frau zu verankern, die bloße Vorstellung ›Kind‹ durch eine persönlichere zu ersetzen, damit sie sich an etwas festhalten konnte, wenn sie den Tatsachen ins Auge sehen mußte.

»Haben Sie schon einen Namen für Ihren Sohn ausgewählt?« fragte der Doktor laut.

»Einen Namen? Naja . . . Gerald, schätze ich. Nach seinem Vater.« Sie war nun sichtlich verwirrt, blickte direkt den Arzt an und runzelte die Stirn. »Was ist denn überhaupt los? Warum hat man ihn mir nicht schon längst gebracht? Stimmt etwas nicht?«

Zum Teufel mit der sanften Tour. Zum Teufel mit aller Finesse. Knapp sagte der Arzt: »Ja. Es tut mir leid, aber etwas stimmt nicht.«

»Und was? Keine Arme, keine Beine?«

»Nein, nichts derartig Schlimmes, glücklicherweise. Der Körper des Kindes ist . . . ist insgesamt etwas verzerrt. Gut möglich, daß das korrigiert werden kann. Natürlich erst später; es ist noch zu früh, darüber etwas zu sagen.«

Einen langen Augenblick starrte die Frau vor sich hin. Dann lachte sie rauh in sich hinein.

»Na dann, verdammte Scheiße! Was hätt' ich auch von dem Dreckskerl anders erwarten können? Er wollte mich nicht heiraten – sagte immer, die Zeiten wären zu unsicher, um Pläne fürs Leben zu machen . . . Also sagte ich mir, wenn es vorbei ist, dann bleibt mir wenigstens ein Sohn, der mich im Alter – häh-häh – und was krieg' ich? Einen Krüppel, den *ich* unterstützen muß, statt . . .« Wieder das Glucksen, das in ein tonloses Stöhnen überging.

»Was ist mit dem Vater?« fragte der Doktor, der schluckte, um gegen eine Übelkeit anzukämpfen. Auch dies ein Teil der ›Krise‹: es half nicht.

»Der? Der wurde getötet. Wissen Sie, ich hab' gewußt, daß er so enden würde, sobald es zu wirklichen Kämpfen käme. Oh, mein Gott, mein Gott.«

»Wir bringen Ihnen jetzt Ihren Sohn, Miß Howson«, sagte die Schwester.

Als der Arzt in sein Büro zurückkehrte, erwartete ihn dort die Frau mit dem kurzen Haar. Sie hatte die Jacke ihres Kampfanzugs ausgezogen und an einen Kleiderhaken gehängt; nun blätterte sie die Kartei der Patienten durch. Das Nationalemblem an ihrer Schulter besagte ISRAEL. Der Doktor dachte ungewollt, daß sie mit ihrer skalpellscharfen Nase und ihren bohrenden blauen Augen nicht wie eine Jüdin aussah.

»Eine Frau namens Howson«, sagte sie aufblickend. »Wir hatten ein Dossier über einen Mann namens Gerald Pond, dessen Leiche in der Nähe des Reservoirs gefunden wurde, das sie gleich zu Beginn des Aufstands gesprengt haben. Er soll mit einer Frau namens Howson befreundet gewesen sein.«

»Das könnte stimmen«, sagte der Doktor. Kraftlos ließ er sich in einen Sessel fallen. »Ich habe sie vorhin von einem Sohn entbunden. Verkrüppelt.«

»Schlimm?«

»Eine Schulter höher als die andere, ein Bein kürzer als das andere, Verformung des Rückgrats – ziemlich mißraten, das Ganze.« Der Doktor zögerte. »Sie denken doch wohl nicht daran, sie zu einem Verhör mitzunehmen, um Himmels willen! Sie hatte eine fürchterliche Geburt, und jetzt muß sie mit dem Schock der Mißgeburt fertig werden – das ist zuviel auf einmal!«

»Keine voreiligen Schlüsse«, sagte die Frau aus Israel. »Wo ist sie?«

»Auf der Station. Viertes Bett von hinten.«

»Ich würde sie mir gerne ansehen.«

Sie erhob sich. Der Arzt machte keine Anstalten, sie zu begleiten. Er wartete, bis sie aus dem Zimmer war, dann öffnete er die Schublade des Schreibtisches, an dem sie gesessen hatte, und nahm sich die letzte Zigarette aus der letzten Packung, die er besaß. Er hatte sie angezündet und wieder auf seinem Stuhl Platz genommen, bevor die Frau wieder in den Raum trat.

»Verhaften Sie sie?« fragte er grämlich.

»Nein.« Die Frau aus Israel setzte sich und machte auf den Durchschlag einer Liste, die sie bei sich trug, einen Eintrag.

»Nein, mit den Terroristen hat sie nichts zu tun. Sie ist so unpolitisch, wie man nur sein kann, ohne Schwachsinn zu reden. Sie hatte Angst, allein gelassen zu werden – wie alt ist sie: vierzig? –, und sie glaubte nicht, daß dieser Mann, Pond, genau das meinte, was er sagte. Er hielt Sex für eine notwendige Routine und sie für einen Gebrauchsgegenstand. Sie machte sich vor, sie könne seine Besessenheit mit Revolution und Sabotage durchbrechen und ihn auf die Ebene von . . . von Hochzeitskutsche, Möbel auf Kredit und ähnlichem zurückholen . . .« Ein gequältes Lächeln erschien auf ihrem Gesicht. »Traurig, nicht wahr?«

»Offensichtlich haben Sie auch von ihr ein Dossier«, sagte der Doktor sarkastisch. »Solche Details sind Ihnen nicht einfach eingefallen.«

»Hmmm? Nein, wir haben kein Dossier von ihr, und meiner Meinung nach würde sich die Mühe auch nicht lohnen.«

»Oh, fantastisch!« sagte der Doktor. »Freut mich zu hören, daß ihr doch gelegentlich Zurückhaltung übt.«

»Wissen Sie«, sagte die Frau aus Israel, »wir machen die Scherereien nicht. Man holt uns lediglich, sie zu bereinigen.«

»Also, ich muß schon sagen! Wenn ihr nichts weiter tun müßt, als . . . als in so eine Station hineinzugehen, jemanden *ansehen* und dann sagen könnt, der Fall ist problematisch, ja oder nein, dann finde ich es nur schade, daß ihr das nicht macht, bevor die Scherereien beginnen, statt hinterher!« Der Arzt war sehr müde, und außerdem hatte er etwas gegen diese Fremden, die so viele Sprachen sprachen und die Autorität der Weltmeinung hinter sich hatten; er wußte kaum mehr, was er sagte.

Und ebenso wußte er kaum, was die Frau aus Israel meinte, als sie antwortete: »Es gibt noch nicht genug von uns, Doktor. Noch nicht.«

2

Nach drei Tagen schickte man Sarah Howson aus der Klinik heim, mit Kind und mit allerhand Papieren: der Sonderrationskarte für stillende Mütter, einem Gutschein für Medikamente, einem für ärztliche Untersuchung, einem Couponheft für Babynahrung und einem Gutschein für Windeln.

So kam sie in die schmale, lange Straße zurück, die Straße mit ihrer Doppelreihe gleichaussehender dreistöckiger Häuser, an deren Fassaden der gelbe Verputz bröckelte und vor denen sich der Abfall häufte, da die ›Krise‹ die Arbeit der städtischen Müllabfuhr unterbrochen hatte. Am Tag nach ihrer Rückkehr dröhnten zwei riesige Laster, vom gleichen trüben Grün wie die Uniformen der Soldaten, durch die Straße. Der eine stopfte sich den Müll in einen Rachen, über dem sich eine Bürstenwalze drehte wie ein schmutziger Schnurrbart; der andere versprühte ein scharf riechendes keimtötendes Mittel über den Bürgersteig. Wasser wurde immer noch von Karren aus verkauft; es konnte Monate dauern, bis das Reservoir repariert war, das Gerald Pond und seine Gefährten so gekonnt gesprengt hatten, und zu dieser Jahreszeit regnete es nicht viel.

Ihren ersten Abend zu Hause verbrachte sie damit, aus ihren zwei Zimmern alles zu entfernen, was sie an Gerald Pond erinnern konnte – alte Kleider, Schuhe, Briefe, Bücher politischen Inhalts. Die Romane behielt sie, nicht, weil sie sie lesen wollte, sondern weil sie sie vielleicht verkaufen konnte. Wäre das Baby nicht still gewesen, hätte sie es freudig samt allem anderen hinausgeschmissen, und ahnungslos hätte Gerald Howson die ahnungslose Welt wieder verlassen.

Aber es war ein passives Kind, damals und später auch. Hunger mochte zuweilen ein dünnes Schreien hervorbringen; das dauerte aber nicht an. Er nahm Beschwerlichkeiten als Grundtatsache des Daseins hin, weil sein verzogener Körper einfach schon beschwerlich zu bewohnen war.

An dem Abend, an dem der kleine Gerald seine erste Woche individueller Existenz vollendete, kamen Soldaten in einem offenen Wagen die Straße herunter – vier Soldaten, ein Offizier und ein Fahrer. Der Fahrer hielt vor dem Eingang des Hauses, in dem Sarah Howson wohnte, zwängte sich in eine Lücke zwischen zwei parkenden Autos, ohne aber ernsthaft zu versuchen, dem Randstein besonders nahe zu kommen. Die ›Krise‹ hatte auch den Verkauf von Benzin unterbrochen; die meisten Autos hier hatten sich seit zwei Wochen nicht von der Stelle bewegt, und die Kinder fingen schon an, sie als aufgegebene Wracks zu behandeln, schnitten die Reifen auf, öffneten die Benzinfüllstutzen, kratzten mit Messern oder Nägeln Namen und obszöne Worte in den Lack.

Die Leute auf der Straße, die Leute, die hinter den Vorhängen ihrer Fenster hervorlugten, sahen die Soldaten ankommen und empfanden einen Schauer namenloser Angst. Einige wenige von ihnen wußten, daß sie etwas Ungesetzliches getan hatten; ein schwarzer Markt war der ›Krise‹ mit Windeseile gefolgt. Viele andere, hilflos treibend auf dem unbekannten Meer der Ereignisse, befürchteten, sie hätten vielleicht irgendeinen Erlaß der Friedenstruppen mißachtet oder unabsichtlich die Terroristen unterstützt. Befriedung war zwar nichts Neues, bisher aber hatte sie immer woanders stattgefunden: in den Zeitungen und im Fernsehen wurde davon berichtet, und stets ging das nur dunkelhäutige Menschen in irgendwelchen fernen Ländern an, Ländern voll Dschungeln und Wüsten.

Zwei der Soldaten lehnten lässig an die Hauswand neben der Tür und warteten. Auf ihren Schulterabzeichen stand PAKISTAN; sie waren groß, gutaussehend, von dunkler Gesichtsfarbe, und sie lächelten breit, während sie lässige Bemerkungen austauschten. Aber sie trugen auch Schnellfeuergewehre über der Schulter.

Die beiden anderen Soldaten und der Offizier trommelten gegen die Tür, bis sie eingelassen wurden. Mit dem verängstigten Hausbesitzer stiegen sie hinauf, ins oberste Stockwerk, wo Sarah Howson ihre zwei Zimmer hatte. Hier klopften sie aufs neue.

Als sie ihnen aufmachte, die ausgepumpte Frau in ihrem großen Kleid aus Kunstseide, das sie um die Hüfte zu einem großen Überhang gerafft hatte, war der Offizier höflich, salutierte paradesteif. Er sagte: »Miß Sarah Howson?«

»Ja. Was gibt's?« Die dunklen, matten Augen suchten die militärische Schale ab, flehten, so schien es, nach Anzeichen eines humanen Kerns.

»Ich glaube, Sie waren . . . äh . . . intim mit Gerald Pond befreundet. Trifft das zu?«

»Ja.« Sie schien noch weiter zusammenzusacken, aber in dem Tonfall, mit dem sie sagte, was sie noch zu sagen hatte, lag kein Aufbegehren. »Aber er ist tot. Und außerdem, ich hab' mich sowieso nie in diese politischen Sachen eingemischt.«

Dazu gab der Offizier keinen Kommentar. Er sagte lediglich: »Nun, ich muß sie bitten, mit uns zu kommen. Wir müssen Ihnen ein paar Fragen stellen.«

»In Ordnung.« Apathisch trat sie von der Tür zurück. »Kommen Sie herein und warten Sie, bis ich mich umgezogen habe. Wird es lange dauern?«

»Ich fürchte, das hängt ganz von Ihnen ab.« Der Offizier zuckte die Achseln.

»Wegen des Kindes, meine ich.« Mit nackten Füßen schlurfte sie über den Boden. »Soll ich ihn mitnehmen oder jemanden holen, der eine Weile auf ihn aufpaßt?«

Der Offizier runzelte die Stirn und studierte ein Papier, das er aus der Tasche zog. »Oh, das stimmt«, sagte er nach einer Pause. »Nun ja, Sie nehmen ihn wohl besser mit.«

Sie fuhren ins Polizeipräsidium. Auf den hübschen weißen Stufen waren kürzlich noch Blutflecken gewesen, aber die waren jetzt beseitigt. Spuren und Einschußstellen von Geschossen waren jedoch noch zu sehen, und einige zertrümmerte Fensterscheiben waren noch nicht ersetzt. Die Polizei gab hier nicht mehr den Ton an. Ob in Uniform oder nicht, alle mußten beim Eingang Passierscheine vorzeigen, und die bewaffneten Männer, die das Portal bewachten, trugen Schulterabzeichen, auf denen DÄNEMARK stand. Sarah Howson sah sie sich an, und nicht zum ersten Mal seit Ponds Tod fragte sie sich, wie er sich nur habe einreden können, er und seine Gefährten könnten siegen, wo doch die ganze Welt bereitstand, auf sie loszuschlagen.

In der Eingangshalle des Gebäudes entdeckte der Offizier eine Frau in Uniform, deren Bluse statt der nationalen Erkennungszeichen ein weißes Abzeichen mit rotem Kreuz trug. Er rief sie herbei. Sie hatte eine freundliche Stimme und lächelte, und Sarah Howson übergab ihr ihren in einen Schal gewickelten Sohn.

Das Lächeln verschwand in dem Augenblick, in dem Hände durch dünnes Tuch hindurch das verkrümmte Rückgrat und die schiefen Schultern ertasteten.

»Man wird sich um Ihr Baby kümmern, bis Sie hier fertig sind«, sagte der Offizier. »Hier lang, bitte.« Er deutete auf einen langen, von Türen flankierten Gang. »Ich fürchte, Sie werden vielleicht etwas warten müssen.«

Sie betraten ein Büro, von dem aus der Platz vor dem Gebäude zu übersehen war. Die Abendsonne schien herein, lag orangefarben und golden über den blaßgrauen Wänden und dem braunen und dunkelgrünen Mobiliar.

»Bitte, setzen Sie sich«, sagte der Offizier und ging zum

Schreibtisch, wo er den Hörer des Haustelefons abnahm. Er wählte eine dreistellige Nummer und wartete.

Dann: »Miß Kronstadt, bitte.«

Und nach einer weiteren Pause: »Oh, Miß Kronstadt! Wir haben hier einen ziemlich interessanten Gast. Einer von unseren klugen jungen Hygieneexperten war gestern drüben bei den städtischen Müllverbrennungswerken, um den regulären Betrieb wieder in Gang zu bringen. Zufällig las er den Namen auf einem Brief, der aus einem Laster herausflatterte, der gerade entladen wurde. Der Name war Gerald Pond. Natürlich steht er auf unserer Liste der Toten, deshalb haben wir uns bis heute nachmittag nicht darum gekümmert; aber dann haben wir herausgefunden, daß er eine Geliebte hatte, die noch dort wohnt, wo . . .«

Er hielt inne und betrachtete das Telefon, als habe es ihn gebissen. Merklich langsamer sagte er: »Sie meinen, ich soll sie einfach wieder nach Hause schicken? Sind Sie sicher, daß sie nicht . . .? Verdammt! Tut mir leid, ich hätte Sie vorher fragen sollen, aber ich hätte nie gedacht, daß Sie sie so schnell ausfindig gemacht haben. Okay, ich lasse sie nach Hause bringen . . . Was?«

Er horchte ins Telefon. Ein plötzliches Interesse vertrieb die Wolke von Apathie, die Sarah Howson umhüllt hatte, und sie stellte fest, daß sie, wenn sie aufpaßte, die Worte aus dem Telefon eben noch hören konnte:

»Nein, sie soll ein paar Minuten auf mich warten. Ich komme vorbei, sobald ich kann. Ich möchte sie gerne noch einmal sehen, obwohl ich bezweifle, daß wir noch mehr Information über Pond brauchen können, als wir ohnehin schon haben – wir haben jetzt ein Dossier von zweihundert Seiten.«

Mit einem Achselzucken hängte der Offizier den Hörer auf, öffnete die Brusttasche seiner Jacke und zog ein Paket seltsamer Zigaretten mit grau-weiß gestreiftem Papier hervor. Eine gab er Sarah Howson und entzündete sie mit perlmuttverkleidetem Feuerzeug.

Die Tür ging auf, und die Frau kam mit lebhaftem Schritt herein – die mit dem kurzen Haar und der israelischen Kennmarke. Sarah Howson drückte ihre Zigarette aus und blickte sie an.

»Sie hab' ich schon gesehen«, sagte sie.

»Stimmt.« Ein rasches Lächeln. »Ich bin Ilse Kronstadt. Sie waren in der Klinik, als ich Sie das erste Mal sah.« Sie hockte sich auf die Kante des Tisches, ließ ein Bein hin und her schwingen. »Wie geht's dem Kind?«

Sarah Howson zuckte die Achseln.

»Man kümmert sich doch ausreichend um Sie? Ich meine, stimmen die Rationen, hat das Kind, was es braucht?«

»Ich schätze schon. Nicht daß . . .« Sie unterbrach sich.

»Nicht daß Gutscheine für Windeln und Babynahrung dem eigentlichen Problem näherkommen«, murmelte Ilse Kronstadt. »War es das nicht, was Sie sagen wollten?«

Sarah Howson nickte. Geistesabwesend spielte sie mit dem Stummel ihrer Zigarette. Ilse Kronstadts Stirn legte sich in Falten.

»Stimmt das – das mit Ihrem Großvater, meine ich?« fragte sie plötzlich.

»Was?« Überrascht warf Sarah Howson ihren Kopf zurück. »Mein Großvater – was interessieren Sie sich für den?«

Mitgefühl war von der Frau aus Israel gewichen, so als sei hinter ihren Augen ein Licht ausgegangen. Sie stellte sich auf die Füße.

»Das war *schlimm*«, sagte sie. »Sie waren doch nicht irgendeine schüchterne Jungfrau, oder? Und Sie wußten, daß Sie auf Kinder hätten verzichten sollen, bei Ihrer Familiengeschichte! Mit einer Schwangerschaft jemanden erpressen zu wollen – noch dazu jemanden wie Gerald Pond, den alles andere als sein schmutziger kleiner Kampf um Macht doch einen Dreck gekümmert hat! *Ach*!« Ihr anklagender Blick strich über die ältere Frau wie eine Salve aus einem Maschinengewehr, und sie stampfte mit dem Fuß auf. Verwirrt blickte der pakistanische Offizier von einer der beiden Frauen zur anderen.

»Nein, das ist nicht wahr!« stammelte Sarah Howson. »Ich habe nicht . . . ich . . .!«

»Nun, jetzt ist es geschehen.« Ilse Kronstadt seufzte und wandte sich ab. »Ich glaube, jetzt bleibt Ihnen nur noch übrig, es an dem Kind gutzumachen. Sein körperliches Erbe ist ziemlich verpfuscht, aber seine geistige Ausstattung müßte in Ordnung sein: erstklassiges Material von der Pond-Seite, und Sie sind auch nicht dumm. Träge und selbstsüchtig, aber nicht dumm.«

Ein finsterer, übellauniger Ausdruck kroch in Sarah Howsons Gesicht. Nach einer Pause sagte sie: »Also gut, dann sagen Sie mir: was mache ich, um . . . um es an dem Kind gutzumachen?

Ich habe kein Geld, keine Ausbildung, keinen Mann! Was steht *mir* bevor? Fußböden schrubben! Geschirr spülen!«

»Wenn Sie es an dem Kind gutmachen wollen«, sagte Ilse Kronstadt, »müssen Sie es lieben. Das ist das einzig Wichtige.«

»Oh, natürlich«, sagte Sarah Howson bitter. »Wie heißt es noch, ›Fleisch von meinem Fleische, Bein von meinem Beine‹? Halten Sie mir keine Predigt. Von Gerald habe ich auch nichts als Predigten gehört, und jetzt hat er 'ne Kugel im Kopf und ich einen verkrüppelten Jungen. Kann ich jetzt gehen? Mir reicht's.«

Die bohrenden blauen Augen schlossen sich kurz, die Lider drückten und die Lippen preßten sich zusammen, und über der schmalen Nase faltete sich die Stirn.

»Ja, Sie können gehen. Es gibt zu viele Menschen wie Sie, als daß wir die Krankheit der Welt über Nacht heilen könnten. Aber selbst wenn Sie das Kind nicht aus ganzem Herzen lieben können, Miß Howson, so können Sie doch wenigstens daran denken, daß es eine Zeit gab, wo Sie ein Kind wollten, aus einem Grund, den Sie wohl kaum vergessen werden.«

»Jedesmal, wenn ich ihn anschaue, wird er mich daran erinnern«, sagte Sarah Howson schroff und erhob sich von ihrem Stuhl. Der Offizier griff wieder nach dem Telefon und sprach mit einer anderen Stelle.

»Schwester, bitte bringen Sie das Baby von Miß Howson in die Halle.«

Als die lieblose Mutter gegangen war, warf er Ilse Kronstadt einen fragenden Blick zu.

»Was war das mit ihrem Großvater?«

»Lassen Sie«, kam seufzend die Antwort. »Probleme wie ihres gibt es millionenfach. Ich wünschte, ich könnte mich mit allen befassen, aber ich kann's einfach nicht.«

Sie wurde wieder lebhaft. »Wenigstens das große Problem ist zu lösen. In einem Monat, glaube ich, sind wir hier fertig.«

3

Eine Weile noch war alles ziemlich schlimm. Die Geschäfte blieben geschlossen; sporadische Ausbrüche von Gewalt verrieten, daß die geschwächten und in die Enge gedrängten Terroristen doch noch in der Lage waren, blind um sich zu schlagen wie Kinder, in einem Wutanfall. Es gab einige Brände, und die größte Brücke der Stadt mußte wegen eines Bombenanschlags zwei Tage lang gesperrt werden.

Allmählich kehrte Ruhe zurück. Sarah Howson machte keine Anstalten, den Fortgang der Dinge zu verfolgen; als die Fernsehanstalten ihre Sendungen wieder aufnahmen, gab es Nachrichtenschauen; auch gab es Nachrichten im Radio – die hatte es während der ganzen Krise gegeben. Manchmal erhaschte sie Bruchstücke von Informationen: das eine über die neue Regierung, das andere über Berater und ausländische Darlehen und öffentliche Fürsorge-Einrichtungen ... Es überstieg ihren Horizont. Auf der Straße sah sie im Vorbeigehen schwarze Schlagzeilen auf weggeworfenen Zeitungen und las sie, ohne sie zu verstehen. Zwischen der Ankunft technischer Experten und der Tatsache, daß sie in ihrer Küche wieder Wasser hatte, wann immer sie wollte, wie in alten Zeiten – und nicht nur für jeweils zwei Stunden morgens und abends, während der ›Krise‹ –, stellte ihr Geist keine Verbindung her. Und sie sah keinen Zusammenhang zwischen neuer Regierung einerseits und den Dosen mit Säuglingsnahrung andererseits, die im Laden an der Ecke gegen Coupons ausgegeben wurden: Dosen mit sechssprachigen Erklärungen und zusätzlich einem bunten Bildchen, damit auch Analphabeten damit zurechtkamen.

Alle waren sich einig, daß die Verhältnisse jetzt schlechter waren. In Wirklichkeit waren sie, vom materiellen Gesichtspunkt aus, sogar ein wenig besser. Was die Leute so sehr bedrückte, war eher eine subjektive Erwägung. Es war *hier* geschehen. Wir, unsere Familien, unsere Stadt, unser Land, haben vor den Augen der Welt Schande auf uns geladen; auf unseren Straßen wurde gemordet, Sprengstoffanschläge und terroristische Gewalttaten *hier*. Scham und Selbstverdammung verwandelten sich bereitwillig in Depression und Apathie.

Zu einer wirklichen ökonomischen Depression kam es nicht, und während der nächsten paar Jahre gab es auch nur wenig Arbeitslosigkeit; dennoch schien dem Leben etwas von seiner Würze abzugehen. Die Mode änderte sich nicht mehr so schnell, war weniger farbenfroh. Autos protzten nicht mehr mit überraschenden Dekorationen, wurden funktional und einförmig. Die Menschen fühlten dunkel, daß sie, wenn sie sich Luxus gönnten, etwas –

etwas verrieten; sie wollten, daß die Welt sie nun auf konzentrierter Suche nach einem neuen nationalen Ziel sähe, einem Statussymbol, das ihr weltweit beobachtetes Versagen vergessen ließe.

Extravaganz wurde zu einem Zeichen sozialer Verantwortungslosigkeit, zum Merkmal derer, die sich am Rande der Legalität bewegten – der Männer mit Einfluß und Macht, der Schwarzhändler und Krisengewinnler. Diese letzteren betrachteten die durchschnittliche Bevölkerung – puritanisch, hart arbeitend, als könne sie damit einer schrecklichen Erinnerung entkommen – als Trottel und Streber. Die ›Trottel‹ verdammten als Parasiten diejenigen, die lärmend ihr Leben genossen.

Durch diese Epoche wandelte Sarah Howson wie im Schlaf, maß den Gang ihres Lebens an Routinevorkommnissen. Eine Zeitlang gab es eine gewisse finanzielle Beihilfe, ausgegeben in Gutscheinen, in bestimmten Geschäften einlösbar, und dieses Geld reichte gerade aus, sie und das Kind über Wasser zu halten. Sie machte sich nicht die Mühe, über diese Beihilfe nachzudenken, obwohl die Leute auf der Straße viel darüber diskutierten: gewöhnlich verurteilten sie sie, weil Frauen wie Sarah Howson in ihren Genuß kommen konnten: Sarah Howson, die das doppelte Verbrechen begangen hatte, ein uneheliches Kind auszutragen und sich mit einem Terroristen einzulassen. Doch sie hörte wenig von diesen Diskussionen; in der Straße, wo sie wohnte, sprach jetzt kaum jemand mehr mit ihr.

Als die Phase der Beihilfe zu Ende ging, bekam sie für eine Weile Arbeit als Büroputzfrau und dann als Serviererin in einer Kantine. Der Lohn war niedrig – Teil des Syndroms einer allgemeinen Reaktion gegen Wohlstand, die dem Aufstand gefolgt war. Ohne Erfolg machte sie auf besserbezahlte Arbeit Jagd.

Dann lernte sie einen Witwer mit halbwüchsigem Sohn und etwas älterer Tochter kennen, der eine Haushälterin suchte und sich an ihrem Balg und ihrem mehr und mehr verwahrlosten Äußeren nicht störte. Sie zog auf die andere Seite der Stadt, in seine Wohnung in einem großen, schäbigen Mietshaus, und war nun zumindest vor Armut bewahrt. Sie hatte ein Dach über dem Kopf und ein Bett, zu essen und ein bißchen Taschengeld für Kleider, für das Kind, für eine Flasche Schnaps am Samstagabend.

Der kleine Gerald ließ, was mit ihm geschah, widerstandslos über sich ergehen: ließ sich in einen Hort abschieben, während seine Mutter als Putzfrau arbeitete, murrte nicht, als er wie ein unnützes Möbel in einer Ecke abgestellt wurde, als sie sich in der Wohnung des Witwers einquartiert hatte. Im Hort hatte man natürlich mitleidvoll über seine Verkrüppelung gegackert und seine Krankheitsgeschichte durchforscht, die bereits stattlich war. Doch konnte nicht viel mehr getan werden, als ihm Übungen zur Bewegung seiner Gliedmaßen aufzugeben und ihn zum bestmöglichen Gebrauch derselben zu ermutigen. Sprechen lernte er spät, dann aber schnell; aus Augen, die hell und ernst aus seinem Idiotengesicht hervorblickten, die Welt aufmerksam betrachtend, schritt er mühelos von konkreten zu abstrakten Begriffen voran, als hätte er wohlweislich mit dem Sprechen gewartet, bis er sich die Sache im Kopf zurechtgelegt hatte.

Aber zu diesem Zeitpunkt ging er schon nicht mehr in den Hort, so daß kein kundiger Erzieher auf diese vielversprechende Entwicklung aufmerksam wurde.

Krabbeln tat ihm weh; er krabbelte nur kurze Zeit; wimmerte nach jedem kurzen Ausflug auf allen vieren wie ein Hund, der einen Dorn in der Pfote hat. Er war schon vier, als er seine linkischen Glieder soweit unter Kontrolle hatte, daß er ohne Stütze stehen konnte, hatte aber schon gelernt, mit Händen an der Wand oder an Stühlen und Tischen sich durch einen Raum zu bewegen. Nachdem er einmal stand, ohne umzukippen, schien er sich fast zu zwingen, die Sache nun auch zu Ende zu führen; auf langsamen, ungleichen Beinen schwankend, machte er sich auf den Weg in die Mitte des Raumes – fiel – stand ohne Klage wieder auf und versuchte es erneut.

Hinken würde er zeitlebens, aber immerhin konnte er, als es Zeit zur Einschulung wurde, geraden Weges gehen, konnte – humpelnd, hoppelnd – an die zwanzig Meter laufen und Treppen ersteigen, ohne, wie zunächst, für jede Stufe beide Füße benützen zu müssen.

Die Einstellung seiner Mutter ihm gegenüber war inzwischen eine von Gleichgültigkeit. Er war nun einmal da – ein Faktum, etwas, das ertragen werden mußte. So gab es weder Lob noch Ermutigung, wenn er eine schwierige Aufgabe, wie die des Treppensteigens, meisterte – nur ein Achselzucken der Erleichterung darüber, daß er doch nicht völlig hilflos war. Der Witwer setzte ihn sich manchmal auf seine Knie, erzählte ihm Geschichten oder antwortete auf seine Fragen, ließ aber keine große Begeisterung für solches Tun erkennen. Gewöhnlich entschuldigte er sich damit, daß er zu alt sei, noch viel Interesse an kleinen Kindern zu haben; schließlich waren seine eigenen Kinder schon alt genug, bald das Haus zu verlassen, vielleicht zu heiraten. Manchmal war er jedoch ehrlicher und gestand, daß das Kind ihn verunsicherte. Die Augen – vielleicht lag es an denen: an den hellen Augen in dem schlaffen Gesicht. Oder es lag vielleicht an der reifen erwachsenen Form der Sätze, die mit der stockenden, babyhaften Stimme herauskamen.

Wenn sie ihren Sohn einmal besser als gewöhnlich leiden konnte, nahm Sarah Howson ihn mit zum Einkaufen, hörte sich mit trotziger Ergebenheit das Gemurmel falschen Mitleids an, das unweigerlich um sie herum aufklang. Hier, in diesem Teil der Stadt, war sie nicht als die Mätresse Gerald Ponds bekannt. Aber ihn mitzunehmen hieß, daß sie den zusammenklappbaren Rollstuhl die enge, winklige Treppe des Mietshauses hinunterschaffen mußte, und so tat sie es nicht oft. Bevor sie heiratete und die Wohnung verließ, ging die Tochter des Witwers einige Male mit ihm in einen Kinderpark, setzte ihn auf Schaukeln und zeigte ihm die Tiere dort: ein Pony, Hasen, Eichhörnchen und kleine Schimpansen. Doch bei ihrem letzten Ausflug dorthin saß er reglos vor dem Gehege, starrte auf die flinken, beweglichen Äffchen, und Tränen liefen seine Wangen hinunter.

In der Wohnung gab es einen Fernsehapparat, und er lernte früh, ihn einzuschalten und die Kanäle zu wechseln. Viel Zeit verbrachte er davor, offensichtlich nichts von dem begreifend, was auf dem Bildschirm vor sich ging – und vielleicht doch; unmöglich, sich dessen sicher zu sein. Eines stand fest, wie erstaunlich es auch sein mochte: noch bevor er zur Schule ging, bevor er lesen und schreiben lernte, konnte man sich darauf verlassen, daß er Telefonanrufe beantwortete und sich Nachrichten lückenlos einprägte, selbst wenn sie Telefonnummern aus den entferntesten Teilen des Landes mit einer ganzen Kette von Vorwahlnummern umfaßten.

Bevor er in die Schule kam, hatte er nur wenige Bücher gesehen. Weder seine Mutter noch der Witwer lasen zum Vergnügen, obwohl sie eine Tageszeitung abonniert hatten. Der Sohn las Männermagazine wegen der scharfen Geschichten und der nackten Mädchen; die Tochter kaufte sich gelegentlich Modezeitschriften, obwohl die allgemeine Stimmung immer noch gegen übertriebene

Eleganz war, und romantische Romane und Comics-Liebesgeschichten.

Seine ersten Schritte in Richtung Lesen wurden vom Fernsehen angeregt. Auf die Beziehung zwischen Klang, Symbol und Gegenstand kam er von alleine, die Schule setzte nur noch die Einzelheiten ein – den Rahmen hatte er schon. Er machte so schnelle Fortschritte, daß seine Lehrerin nach sechs Wochen schon seine Mutter besuchen kam. Sie war jung und idealistisch und sich aufs deutlichste der im Lande vorherrschenden Stimmung bewußt.

Sie versuchte Sarah Howson davon zu überzeugen, daß ihr Sohn mit seinen so vielversprechenden Geistesgaben zu schade war für die Schläge und den Hohn, die ihn in einer regulären Schule von den anderen Kindern erwarteten. Die Regierung hatte jüngst eine Reihe von Sonderschulen, eine davon am Rande der Stadt, für Kinder eingerichtet, die besonderer Betreuung bedurften. Warum, so schlug sie vor, ihn nicht dorthin schicken?

Eine kurze Weile fand Sarah Howson die Möglichkeit verlokkend, obwohl sie Visionen von Formularen, Anträgen, zu schreibenden Briefen, Interviews, Hausbesuchen hatte, die ihr alle sehr gegen den Strich gingen. Sie erkundigte sich, ob er die Sonderschule auch als Internatsbewohner besuchen könne.

Die Lehrerin sah in den Aufnahmebedingungen nach und fand die Antwort: Nein, nicht, wenn der Schüler weniger als eine Stunde Fahrt in öffentlichen Verkehrsmitteln von der nächstgelegenen Schule dieser Art entfernt wohnte. (Ausgenommen die besonderen Bestimmungen in Abschnitt X, Absatz Y, Paragraph Z . . . und so weiter.)

Sarah Howson dachte nach. Und schließlich schüttelte sie den Kopf. Sie sagte: »Hören Sie! Sie sind selbst fast noch ein Kind. Ich bin's nicht mehr. Mir kann jederzeit etwas zustoßen. Mein Alter hier wird sich wohl kaum für Gerry verantwortlich fühlen, oder? Ist nicht sein Kind! Nein, Gerry muß lernen, sich selbst zu behaupten. Das Leben ist nun mal hart, mein Gott! Wenn er so klug ist, wie Sie sagen, schlägt er sich schon durch. Das muß er, meiner Meinung nach. Früher oder später.«

Eine gewisse Zeit danach interessierte sie sich allerdings stärker für ihn; sie hatte vage Visionen, daß er doch von Nutzen sein würde – sie unterstützen könne, wenn sie alt wäre, ein anständiges Einkommen mit irgendeiner Schreibtischarbeit verdienen . . . Doch ihr fehlte die Übung, und das Interesse verblich.

Manchmal gab es Schwierigkeiten. Er war dem Spott und manchmal der Grausamkeit anderer Kinder ausgesetzt; einmal zwang ihn eine Jungenbande, mit spitzem Stock ihn antreibend, einen Baum zu erklettern, und er fiel von einem drei Meter hohen Ast; glücklicherweise holte er sich bei dem Sturz nur eine Quetschung, aber die war groß und blieb mehr als drei Wochen empfindlich. Als Sarah Howson die Quetschung sah, kam ihr eine plötzliche und sehr unangenehme Erinnerung an ihr Gespräch mit der Frau aus Israel; energisch focht sie die Erinnerung zurück.

Dann kam die Zeit, wo er – wegen der Qualen, die er durchmachte – nicht in die Schule gehen wollte. Als man ihn dorthin begleitete, um zu verhindern, daß er die Schule schwänzte, verweigerte er seine Mitarbeit im Unterricht; er malte Männlein in seine Bücher oder starrte zur Decke und tat so, als höre er nicht, wenn er angesprochen wurde.

Diese Phase ging vorüber. Die Stimmung in der Stadt und im Land änderte sich allmählich. Das Trauma der ›Krise‹ ließ nach, ein wenig Freude am Leben war nicht mehr verdächtig, man leistete sich wieder allerhand Schnickschnack und Vergnügungen. Sich endlich ein wenig entspannend, wurden die Leute toleranter. Er schloß seine ersten Freundschaften, als er ungefähr dreizehn war, zu ungefähr derselben Zeit, als örtliche Ladenbesitzer und Hausfrauen entdeckten, daß er willens war, Botengänge – hinkend zwar, und deshalb langsam – auszuführen oder die Katze zu füttern, wenn die Familie außer Hause war, und daß er dabei zuverlässig war, anders als andere Jungen, denen es dann ebensogut auch in den Sinn kommen konnte, sich mit ihren Freunden ins Kino abzusetzen.

Er war dabei, Pläne für eine Berufslaufbahn zu schmieden, als der Witwer starb. Er hatte verschwommene Vorstellungen von irgendeinem Job, bei dem seine Mißgestaltung und andere, neu entdeckte Eigentümlichkeiten unerheblich waren. Aber da starb der Witwer, und er hatte das Alter erreicht, in dem es ihm freistand, die Schule zu verlassen.

Und seine Mutter war krank. Es dauerte einige Monate, bevor feststand, daß sie an inoperablem Krebs litt, aber er hatte das seit dem Auftreten der ersten Symptome vermutet. Bevor sie so krank war, daß sie in die Klinik gebracht wurde, mußte er für sie sorgen und nehmen, was er an Gelegenheitsarbeiten finden konnte: die Steuererklärungen für jemanden ausfüllen, in einem Restaurant in der Nähe Geschirr spülen und dergleichen. Soweit hatte er in seinem Leben wenig Bekanntschaft mit einem Gefühl der Hoffnung geschlossen. Und als seine Mutter starb und er sich mit siebzehn alleingelassen fand – häßlich, ungeschickt, und noch dazu hatte er ein Jahr Schule verloren, so daß er nun nicht, wie er es sich ausgerechnet hatte, mit einem eventuellen staatlichen Stipendium aufs College gehen konnte –, war er bereits ein verbitterter Mensch.

Einige Blocks entfernt von der alten Wohnung, die vom städtischen Wohnungsamt für eine Familie mit Kindern beansprucht wurde, fand er ein Zimmer. Und machte weiter wie zuvor: lebte von Gelegenheitsarbeiten, unterhielt sich mit Büchern und Zeitschriften, mit Fernsehen auch, wenn ihn jemand in sein Heim einlud, und gelegentlich ging er ins Kino, wenn er etwas Geld übrig hatte, um sich ein bißchen Eskapismus zu leisten.

Mit zwanzig war Gerald Howson davon überzeugt, daß die Welt, die ihn nicht liebte, als er geboren wurde, ihn auch jetzt nicht liebte, und so oft und so lange es ging, zog er sich von ihr zurück in ein privates Universum, wo niemand ihn anstarrte, niemand ihn anschrie, weil er ungeschickt war, niemand etwas gegen sein Dasein hatte, weil seine Gestalt eine Lästerung der menschlichen Form darstellte.

4

Das Mädchen an der Kinokasse kannte ihn vom Sehen. Als er heranhumpelte, um sich der Schlange der Anstehenden anzuschließen, klingelte in ihrem Geist sozusagen ein Signal, und seine Eintrittskarte klickte schon aus der Maschine, bevor er noch darum zu bitten brauchte; eine für die billigsten Plätze, wie immer. Dafür war er dankbar. Er redete nicht gerne, da er sich des pfeifenden, unreifen Klangs seiner Stimme schmerzlich bewußt war.

Einiges wenige an sich selbst vermochte er zu verbergen. Seine Größe gehörte, selbstverständlich, nicht dazu. Mit zwölf, als er kaum 1,60 groß war, hatte er aufgehört zu wachsen. Doch eine alte Frau hatte sich vor einem Jahr seiner erbarmt; sie war ausgebildete Näherin gewesen und hatte in erstklassigen Schneiderbetrieben gearbeitet; sie holte ihre alten Nadeln hervor und machte einige Änderungen an der Jacke, die er sich gekauft hatte, setzte Schulterpolster ein und paßte das Ganze raffiniert seinem Wuchs an, so daß er von der Hüfte aufwärts eine beiläufige Inspektion bestehen konnte. Auch hatte der Schuh seines kürzeren Beines einen hohen Absatz. Damit hinkte er zwar immer noch, weil er das Bein ein wenig nachzog, aber es verbesserte seine Haltung und schien die endlosen Schmerzen seiner Rückenmuskeln zu verringern.

Die Jacke war ein Jahr lang fast täglich getragen worden, war arg abgewetzt, und die alte Frau lebte nicht mehr. Er versuchte, nicht daran zu denken. Er ging durch das Foyer in die gütige Dunkelheit des Vorführsaals an der Wand. Der Film der nächsten Woche – derselbe wie dieser, wegen großer Nachfrage verlängert.

Da die Saalbeleuchtung noch an war und bis zum Beginn der Vorstellung noch einige Minuten Zeit war, starrten ihm viele Leute mit popcorngefüllten Mündern nach, während er den Gang hinunter auf die riesige Leinwand zuschritt. Auch das versuchte er zu ignorieren.

Die Mitte der vorderen Reihen waren alle von Jugendlichen besetzt. Er bog in einen Seitengang ein und nahm sich einen Platz am Ende einer Reihe; er würde seinen Kopf ziemlich schräg halten müssen; aber entweder fand er sich damit ab oder mußte mühsam über die Füße anderer Leute klettern und dabei wahrscheinlich manch einem mit seinem nachschleifenden kürzeren Bein auf die Zehen treten. Er setzte sich, blickte auf die leere Leinwand, und wie immer füllte sich sein Geist sogleich mit Fantasiebildern. Schon die bloße Atmosphäre des Kinosaals schien ihn aus sich selbst herauszunehmen, noch bevor der Film überhaupt begann. Aufgeschnappte Bruchstücke von Gesprächen, Bildern, Stimmungen von Erhobenheit und Depression, alles flimmerte durch sein Bewußtsein und schuf eine dichte Erregung in ihm. Ein Teil des Materials dieser geistigen Varieté-Vorführung verblüffte ihn manchmal sehr, weil es ihm gänzlich unvertraut war, aber er hatte das immer darauf zurückgeführt, daß die besondere Umgebung ansonsten vergessene Erinnerungen wieder auftauchen ließ. Hunderte von Filmen hatte er hier gesehen; die mußten die Quelle der Bilder und Gedanken sein, die sich in seinem Kopf tummelten.

Und doch . . . irgendwie war das als Erklärung nicht sonderlich befriedigend.

Ein Mann in Braun kam mit großen Schritten den Mittelgang herab, bis ganz nach vorne, bog zu der Seite ab, auf der Howson saß, nahm den Platz schräg vor ihm und warf seinen Mantel über den Nebensitz. Er schob den Ärmel seiner Jacke zurück und blickte auf seine Uhr, bevor er sich zurücklehnte und den Kopf zur Leinwand wandte.

Das oder der Umstand, daß er elegant gekleidet war und seinem Aussehen nach eigentlich auf einen teureren Platz gehörte, oder irgend etwas, das sich bewußter Wahrnehmung entzog, lenkte Howsons Aufmerksamkeit auf ihn. Aus einem unbestimmten Grund war er sich sicher, daß der Mann in Braun nicht nur deshalb auf die Uhr geschaut hatte, weil er wissen wollte, wie lange es noch bis zum Beginn der Vorstellung war. Der Mann war nicht . . . nicht eigentlich nervös, aber etwas versetzte ihn in Spannung, und das war nicht die Aussicht auf einen guten Film.

Seine Verwirrung wurde jäh von der Verdunklung des Saals beendet, und er vergaß alles außer den riesigen, bunten Bildern, die über die Leinwand paradierten. Tag und Nacht wurden seine Träume von Filmen, von Fernsehshows und Magazinen gespeist; Kino war ihm am liebsten, weil den anderen Zuschauern seine Gegenwart egal war; obwohl manche Leute gerne bereit waren, ihn in ihrer guten Stube sitzen und fernsehen zu lassen, war ihr guter Wille doch stets von einer bestimmten angespannten Verlegenheit gefärbt.

Und außerdem: mit jedem Atemzug schien er das Wohlbehagen der übrigen Zuschauer in sich hineinzusaugen, es seinem eigenen hinzufügend.

Als erstes ein Reisefilm, *Spielplätze des Planeten.* Die tosende Musik der Brandung von Bondi Beach, das Summen der Turbinenautos, die den Sahara Highway entlangflitzten, das Zischen und Sausen von Skiern auf Alpenpisten und dann das pfeifende Wimmern von Düsenrennbooten auf blauen Wassern des Pazifik. Howson verschloß dem süßlich witzelnden Begleitsprecher seine Ohren. Innerlich sprach er sich seinen eigenen Kommentar, und zwar so, als könne er Persönlichkeiten wechseln wie Gänge: wählte eine abgebrühte maskuline Tonlage, um die so gut wie nackten Mädchen von Bondi zu bewundern, eine sorgenvoll feminine für die Drachenflieger – Gedanken an Schmerzen bei einem

Unglück, Quetschungen, Knochenbrüche ... Die Erinnerung an einen Baum, von dem er gefallen war, verscheuchte er schnell.

Und so den ganzen Vorfilm hindurch. Aber das Bild der Autos haftete am längsten. Auf dem Sahara Highway zu fahren, zweihundert schnurgerade Meilen vor sich, kein Gehinke; über sich das fotoreaktive Glas des Daches, das sich automatisch unter der grellen Sonne verdunkelt hat, der Umdrehungszähler konstant auf seinen zweihunderttausend revs, die Truppen dunkelhäutiger Männer, die an den Sanddünen arbeiten, alle zehn Meilen eine, die flüchtigen Blicke auf künstliche Oasen, Inseln im Sand, wo der Mensch mit Wasser, widerstandsfähigem Gras und mutierten Nadelbäumen um die Rückeroberung einst fruchtbaren Landes kämpft – das war ein Traum, in dem zu schwelgen sich lohnte.

Reklame. Kommende Attraktionen. Seine Aufmerksamkeit streunte, ruhte kurz auf dem Mann in Braun, der wieder auf seine Uhr schaute und sich umblickte, als erwartete er jemanden. Seine Freundin? Nein, das paßte irgendwie nicht. Howson ließ das Problem entgleiten, als die Titel des Hauptfilms rotglühend auf der Leinwand aufflammten.

Howson wußte wenig von seinem Vater; früh hatte er Takt gelernt: der war das Komplement der Behandlungsweise, die ihm in der Schule widerfuhr; Bruchstücke von Informationen, die er zusammensetzte, mußten an die Stelle direkter Fragen an seine Mutter treten. Er wußte immer noch kaum etwas von der politischen Krise, die sich gleichzeitig mit der Schwangerschaft seiner Mutter entwickelt hatte, und ihre schlimmsten Nachwirkungen waren zu der Zeit, zu der er Dinge wie Nachrichtenprogramme und internationale Politik entdeckte, nicht mehr zu spüren.

Gleichwohl spürte er das Besondere an Filmen dieser Art. Er konnte nicht erklären, was die Reaktion der Zuschauer, die sie betrachteten, auslöste, aber er wußte, er mochte die Stimmung; alle schienen sie behutsam sich selbst abzufühlen und zu erproben, als testeten sie ein Bein, von dem gerade der Gipsverband abgenommen worden war, und versicherten sich durch das Ausbleiben erwarteten Schmerzes, daß es voll belastbar wäre. So übten sie den Umgang mit ihrer Vergangenheit.

In gewisser Weise stimmte diese Parallele. Das Trauma der ›Krise‹ hatte so weit nachgelassen, daß es bald möglich sein würde, sie in der Schule als Stoff des Geschichtsunterrichts zu behandeln. Erfahrung hatte denjenigen, die sich ihrer deutlich erinnerten, klargemacht, daß sie nicht das Ende von allem war: das Leben ging ja weiter, das Land war reich, Kinder wuchsen glücklich auf, die Sorgen hatten sich als unnötig erwiesen.

Und so waren die Kinos nun voll, wenn ein Film wie dieser gezeigt wurde – und solche gab es viele, Howson hatte mehrere gesehen. Absurd, spektakulär, voller Gewalt und Melodramatik, kreisten sie stets um Terrorismus oder Kriegsverhinderung in irgendeiner exotischen Ecke der Welt, und ihre Helden waren die geheimnisvollen, nur halb verstandenen Agenten der UN, die Gedanken lesen konnten – die ehrenwerten Spione, die Telepathen.

In diesem Film nun war es eine Liebesgeschichte. Hochanständiger, großer, gutaussehender, gedankenlesender Agent begegnet blondem, großem, schönem, furchtbar in die Irre geführtem, gedankenlesendem Mädchen, das von einer fanatischen Gruppe, die aus Machtgier ein Kernkraftwerk in die Luft jagen will, unter Hypnose gehalten wird. Die älteren Zuschauer wanden sich ein wenig unter dem Eindruck nur allzu vertrauter Bilder: olivgrüne Lkws, die über eine Straße im Mondlicht donnern, Soldaten, die ohne Eile an den Hauptkreuzungen einer großen Stadt aufmarschieren, ein verlassenes Kind, weinend durch stille Gassen irrend.

An manchen Stellen – viele waren es nicht – zog der Film offensichtlich Parallelen zu wirklichen Geschehnissen. So trat zum Beispiel eine mütterliche Jüdin auf, eine Telepathin, die der legendären Ilse Kronstadt nachempfunden war; in den vorderen Zuschauerreihen schwitzten halbwüchsige Mädchen, die ihre Brüste allzu offenherzig den Fingern ihrer Freunde preisgegeben hatten, schwitzten bei dem fürchterlichen und köstlichen Gedanken, daß leibhaftige Mütter später die Erinnerung daran in ihren Köpfen lesen könnten – fürchterlich wegen des Krachs, der unweigerlich folgen mußte, köstlich vermöge der Hoffnung, daß man sich auf seine Eltern letzten Endes doch verlassen konnte.

Und die Jungen malten sich aus, wie es wäre, Telepathen zu sein, wie sie dann wüßten, ob die Mädchen wollten oder nicht – und dachten an Macht, an Geld.

Währenddessen: Howson. Es schien ihm keiner besonderen Intelligenz zu bedürfen, zu erkennen, daß die Dinge in Wirklichkeit sich nicht so zutragen konnten; diese fiktiven Geschichten standen für ihn auf derselben Ebene wie Kameratricks, etwas, das nach seinen eigenen inneren Kriterien betrachtet werden mußte, seiner eigenen künstlichen Logik. Zu verschieden waren seine Fantasien und seine wirkliche Alltagswelt, als daß er sie im Geiste hätte durcheinanderbringen können.

Seine genetische Belastung hatte ihm immerhin jegliche Anwandlung von Sexualität erspart, und in verschwommener Weise war er dankbar dafür, daß er nicht von unerträglichen Sehnsüchten geplagt würde. Aber er hungerte nach Anerkennung, und wenn jemand geruhte, das Wort an ihn zu richten, war das schon eine Wohltat, die er genüßlich auskostete.

Entsprechend betrachtete er diese Telepathen von einem anderen Standpunkt aus: als Menschen, die, statt durch eine körperliche, durch eine geistige Abnormalität sich von den anderen unterschieden. Er war zynisch genug, erkannt zu haben, daß die Bewunderung für Telepathen, die von diesem Film, von anderen ähnlichen, von offiziellen Berichten provoziert wurde, ein künstliches Phänomen war. Telepathen waren andere Menschen, von weit her, wundersam wie Schnee auf fernen Bergen. Der Gedanke, die Macht zu haben, der inneren Welt anderer Menschen Geheimnisse zu entreißen, faszinierte die Zuschauer um ihn herum; aber gleichgültig, wie sorgfältig Handlung und Dialog den kritischen Punkt zu umgehen trachteten: sobald der Gedanke zu Ende gedacht wurde – zu der Möglichkeit, daß der *eigene* Geist vor jemand anderem offenläge –, kam es zu einer Reaktion heftigen Widerwillens. Diese Ambivalenz war allgegenwärtig: mit dem Verstand wußte man, daß Telepathen Leben retteten, andere vor Geisteskrankheit und Länder (wie in diesem geschehen) vor Krieg bewahrten – und doch änderte das nichts an der instinktiven Beunruhigung.

Behutsam wie mit Schuhlöffeln war die Tatsache ihrer Existenz ins öffentliche Bewußtsein eingesenkt worden: Gerüchte ließ man absichtlich außer Rand und Band geraten, bis hin zu maßloser Absurdität, um sie dann durch ruhige, nüchterne offizielle Erklärungen in sich zusammenfallen zu lassen, Erklärungen, die durch bloßen Kontrast glaubhaft wirkten; von stillen Zeremonien vernahm man in den Nachrichten – Telepath XY, für die UN arbeitend, wurde heute mit dem höchsten Orden eines Landes ausgezeichnet, das er kürzlich vom Bürgerkrieg errettet hatte. Nach den wirklichen Menschen hinter dem öffentlichen Image konnte man endlos jagen: zum Schluß hatte man doch nur ein paar Namen, ein paar verschwommene Fotos und ein paar ungenaue Informationen aus zweiter Hand.

Howson war sich sicher, daß selbst hinter einem so dick aufgetragenem Melodrama wie diesem Film eine bestimmte Absicht am Werk war. Und aus diesem Grunde war er neidisch. Für ihn stand fest: würde die Masse der gewöhnlichen Menschen mit der Abnormalität der Telepathen direkt und ohne schöne Verpackung konfrontiert werden, würde das zu Verfolgung führen, vielleicht zu Pogromen. Weil aber die Telepathen wichtig waren, wurde eine solche Konfrontation verhütet – mit allen nur möglichen Mitteln wurde ihnen geholfen. Stets wurden sie abgeschirmt.

Schmerzhaft empfand er das Verlangen, selbst auch – wenn auch nur ein wenig – wichtig zu sein, so daß seine Mißgestaltung – um nichts abartiger als die geistigen Eigentümlichkeiten der Telepathen – weniger katastrophal erschiene.

Seine Aufmerksamkeit löste sich von der Leinwand, heftete sich an den Mann in Braun, der nicht mehr alleine war. Sein Kopf neigte sich einem anderen Mann zu, der sich, ohne daß Howson das bemerkt hatte, auf den Platz gesetzt hatte, auf den der Mann in Braun zuerst seinen Mantel gelegt hatte. Seine Erinnerung rückwärts durchsuchend, fand Howson, daß er die Tür der Herrentoilette zweimal innerhalb der letzten paar Minuten hatte schwingen sehen.

Aus Neugierde horchte er hin, und plötzlich schwitzte er. Er fing gemurmelte Satzfetzen auf, den Rest reimte er sich zusammen.

»Boot auf dem Fluß . . . zwei Uhr früh am Schwarzen Kai . . . Cudgels hat persönlich großes Intersse an dieser Sache . . . dabei kann eine gute halbe Million herausspringen . . . eine kleine Ablenkung für Die Schlange, halte seine Leute am anderen Ende der Stadt auf . . . kein Eingreifen zu befürchten, haben die Polizei geschmiert . . .«

Die beiden Männer grinsten einander an. Der später Gekommene stand auf und ging zurück in die Herrentoilette; noch bevor er wieder herauskam und auf seinen früheren Platz irgendwo anders im Saal zusteuerte, hatte der Mann in Braun seinen Mantel genommen und war zum Ausgang geeilt. Starr und still saß Howson: eine Chance, wichtig zu sein, bot sich ihm genau in dem Augenblick, in dem er sie begehrte.

Cudgels . . . Die Schlange: ja, es war kein Zweifel. Er hatte sich nie in solche Dinge eingelassen, aber man konnte nicht in diesem heruntergekommenen Stadtviertel leben, ohne ab und zu diesen Namen zu hören und zu erfahren, daß es sich um Bandenchefs und Rivalen handelte. Mal wurde ein Clublokal verwüstet, mal das größte Spiegelglas-Schaufenster eines Geschäfts zertrümmert, mal ein junger Schläger in die Klinik gebracht, aus einer Gasse, die Mülltonnen säumten und sein Blut besudelte. Dann konnte man hören, wie die Namen von Cudgels Lister und Horace ›Die Schlange‹ Hampton geraunt wurden. Und es konnte passieren, daß irgendein wissender Junge auf einen vorbeifahrenden Wagen deutete: »So kommen die Schlauen nach oben; eines Tages mach' ich's genauso!«

Unter Schmerzen, schwer atmend, zwang Howson sich zur Entscheidung.

5

Die Straße hieß nach wie vor Grand Avenue. Aber während der Krise war sie einer der Brennpunkte der Ereignisse gewesen; danach mieden die Leute sie, setzten damit den Verfall in Gang, der inzwischen aus den Nebenstraßen fast Slums gemacht hatte. Gleichwohl war die Straße gut beleuchtet, die Läden hatten gleißende Schaufenster, und Howson wäre normalerweise nicht hier langgegangen. Er zog die dunkle Seite jeder Straße der helleren vor und die Nacht dem Tag.

Nun, mit klopfendem Herzen, wagte er es. Am anderen Ende der Straße gab es ein Lokal – Club und Bar –, das der ›Schlange‹ als Fassade für Steuerzwecke und anderes diente. Es hatte keinen Sinn, seinem jämmerlich geformten Gesicht für die bevorstehende Begegnung einen Ausdruck von Härte und Abgebrühtheit geben zu wollen; das wurde ihm klar, als er im Vorbeigehen in den Spiegel vor einem Friseurladen blickte. Am ehesten mochte es ihm noch gelingen – nun –, gelassen auszusehen.

Zum Teufel. Was er zu sagen hatte, zählte, sonst nichts.

Beim erstenmal hinkte er geradewegs am Ort seiner Bestimmung vorbei, weil sein Mund so trocken war und sein Bauch so verkrampft. Ein paar Meter weiter blieb er stehen, beruhigte mit bewußter Anstrengung seinen Atem, bis er so etwas wie Kontrolle über sich hatte. Dann wagte er den Sprung.

In der Bar glitzerten Spiegel, Chromleisten, Neonlichter. Aus Lautsprechern hoch an den Wänden dröhnte Musik. In Grüppchen von zweien oder dreien saßen frühe Trinker an den Tischen, aber an der Bar war noch niemand. Ein gelangweilter Barkeeper stützte sich auf seine Ellbogen und musterte den kurzgewachsenen Fremden mit dem Hinkebein.

Er fragte: »Was darf's sein?«

Howson trank nicht, hatte nie Alkohol versucht. Er hatte torkelnde Betrunkene gesehen und sich gefragt, warum zum Teufel jemand, der die Gabe normaler Körperkontrolle besaß, sie wegzuwerfen bereit war. Die Vorstellung einer noch geringeren Koordination seiner Gliedmaßen erfüllte ihn mit Ekel. Und sowieso hatte er kein Geld.

Er sagte: »Ist ... äh ... Mr. Hampton da?«

Der Barkeeper hob die Ellbogen von der Theke. Er sagte: »Was geht's dich an, Krummer? Der ist nicht öffentlich zu besichtigen!«

»Ich weiß etwas, das ihn interessieren wird«, sagte Howson, innerlich das Piepsen verfluchend, das ihm als Stimme diente.

»Er weiß alles, was er wissen muß«, sagte der Barkeeper barsch. »Dort ist die Tür. Mach sie von außen zu.«

Er nahm einen feuchten Lappen und fing an, Bierflecken vom Tresen zu wischen.

Howson blickte sich um und befeuchtete seine Lippen. Die anderen Gäste hatten beschlossen, ihn nicht mehr anzustarren. Ermutigt schlug er die seitliche Gangart ein, die ihn wieder vor den Barkeeper führte.

»Es geht um ein Ding von Cudgels«, flüsterte er. Sein Flüstern war besser als seine eigentliche Stimme – fiel weniger auf.

»Seit wann erzählt dir Cudgels seine Sachen?« fragte der Barkeeper säuerlich. Aber er überlegte es sich und zuckte nach einem Augenblick des Zögerns die Achseln. Unter der Theke schien seine Hand nach etwas zu tasten – einem Klingelknopf vielleicht. Alsbald ging eine Tür hinter der Bar auf, und ein Mann mit öligem, schwarzem Haar erschien.

»Unser krummer Freund hier«, sagte der Barmann, »will eine Neuigkeit über Cudgels an Mr. Hampton verkaufen.«

Der Mann mit dem öligen Haar starrte Howson ungläubig an.

Dann zuckte auch er die Achseln, winkte; die Thekenklappe ging auf, und Howson humpelte hindurch. Die Tür führte in den Lagerraum der Bar. Ölhaar führte Howson hindurch, durch eine mit rotem Stoff beschlagene Tür, durch einen trübe erleuchteten Korridor zu einer ähnlichen Tür. Jenseits dieser Tür ließ er ihn in einem Raum mit vier gleichen roten Samtsofas, vergoldeten Säulen und ziemlich abstrakten Bildern Platz nehmen.

»Warte«, sagte Ölhaar knapp und ließ ihn alleine.

Sehr angespannt saß Howson auf dem Rand der Samtpolster, seine Augen wanderten umher, während er herauszubekommen versuchte, was in diesem Raum sonst vor sich ging. Es war ihm, als schnappe er ein klickendes Geräusch auf, und er erinnerte sich einer Szene aus einem seiner Liebesfilme. Roulette. Die Luft roch nach Erregung, und das mußte der Grund sein.

Ölhaar kam bald zurück, winkte ihm und führte ihn diesmal in ein Büro, in dem ein schlanker, sehniger Mann mit blassen Händen an einem telefonbeladenen Tisch präsidierte, zu beiden Seiten neben sich hochgewachsene junge Männer – anscheinend Leibwächter. Bei Howsons Eintritt änderte sich der Ausdruck ihrer Gesichter; sie hatten angespannt gelauert, auf dem Sprung; jetzt waren sie nur noch überrascht.

Als er den Mann hinter dem Tisch sah, verstand Howson, warum er ›Die Schlange‹ genannt wurde. Seine bloße Gegenwart war tückisch; Berechnung flackerte in der dunklen Iris seiner Augen.

Einen langen Augenblick musterte er Howson, hob dann eine Augenbraue und blickte mit wortloser Frage Ölhaar an.

»Der Krumme hier will Information über Cudgels verkaufen«, kam die komprimierte Erklärung. »Mehr weiß ich nicht.«

»Hmmm . . .« Die Schlange rieb sich sein glattes Kinn. »Und kommt unangemeldet. Interessant. Wer bist du, Krummer?«

Das schien nicht so unfreundlich gemeint zu sein wie sonst; es war einfach ein Etikett. Vielleicht ging ein Mann, der selbst Die Schlange genannt wurde, mit solchen Dingen lässig um. Howson räusperte sich.

»Ich heiße Gerry Howson«, sagte er. »Ich komme gerade aus dem Kino. Vor mir saß jemand, der während des Films auf einen anderen wartete. Als er kam, unterhielten sie sich flüsternd, und ich habe gehört, was sie sagten.«

»Ah – hah«, kommentierte Die Schlange. »Und?«

»Jetzt nennt er erst mal seinen Preis«, warf Ölhaar ein.

»Halt's Maul, Collar«, sagte Die Schlange. Unentwegt musterte er Howson.

»Ein Boot legt um zwei Uhr früh am Schwarzen Kai an. Ich weiß nicht sicher, ob heute nacht, aber ich glaube. Die Ladung ist eine halbe Million wert.«

Howson wartete; nun, da es zu spät war, sagte er sich, daß Collar wahrscheinlich recht gehabt hatte – er hätte wenigstens seinen Preis nennen oder die Nachricht portionsweise verabreichen sollen. Dann merkte er, daß er doch richtig gehandelt hatte. Im Raum herrschte vollkommenes Schweigen. Und es dauerte an.

»*So* macht er das also«, sagte Die Schlange schließlich. »Hast du's gehört, Collar? Na, dann, was stehst du noch rum?«

Collar schluckte hörbar und griff nach einem der Telefone auf dem Tisch. Ein weiteres Schweigen folgte, währenddessen die beiden Leibwächter Howson interessiert betrachteten.

»Gizmo?« sagte Collar mit gesenkter Stimme in die Sprechmuschel. »Collar, kannst du reden? . . . Bereitschaft für alle. Wir haben da ein Stück Nachtarbeit . . . Ja, OK. Nicht mehr als zwei Stunden. Geräuschlos!«

Er hängte den Hörer ein. Die Schlange war aufgestanden. Die Prozedur schien beendet. Angesichts ihres Tempos verspürte Howson einen Stich von Panik. Er sagte: »Äh, ich nehme an, das ist Ihnen was wert, oder?«

»Möglicherweise.« Die Schlange gönnte ihm ein schläfriges Lächeln. »Wir werden bald genug Bescheid wissen, nicht wahr? Im Moment ist es – oh, sagen wir, ein paar Drinks und ein reichliches Mahl wert. Das scheinst du gebrauchen zu können. Und ein bißchen Gesellschaft. Hörst du mich, Lots?«

Einer der jugendlichen Wächter nickte und machte einen Schritt nach vorne.

»Kümmere dich um ihn. Vielleicht ist er wertvoll, vielleicht nicht: wir werden sehen. Dingus!«

Der andere Wächter nickte.

»Er sagt, er heißt Gerry Howson. Laß dir seine Adresse geben. Geh in die Gegend, wo er wohnt, und horche ein bißchen herum. Ein paar Stunden, mehr nicht. Wenn die Sache auch nur ein bißchen faul riecht – und wenn nur jemand sagt, er hätte ihn im selben Bus wie einen von Cudgels Jungen gesehen –, komm zurück und warne mich. Und fühl mal unterwegs ein bißchen bei der Polizei nach, wenn du einen von unseren Freunden im Präsidium antriffst.«

Howson, gegen Panik ankämpfend, sagte heiser: »Dieser Mann in Braun . . . er sagte, die Polizei wäre geschmiert.«

»Ja, klar, wahrscheinlich. An so was denken die. Du kanntest keinen von den beiden Männern?« fügte Die Schlange hinzu, jäh von dem Gedanken an diese Möglichkeit überkommen.

»Nein, ich . . . äh . . . habe sie nie zuvor gesehen.«

»Hm – hm. Also los, Lots, geh mit ihm ins Blaue Zimmer und halte ihn dort, bis Dingus zurückkommt.«

Lots war keineswegs unfreundlich, fand Howson; er machte genug Andeutungen, aus denen hervorging, daß sich, wenn die Meldung, die er gebracht hätte, zuträfe, endlich eine Lücke in irgendeinem Monopol Der Schlange sich schließen würde – irgendeine illegale Ware betraf es, Howson fragte nicht genauer nach. Er meinte, es mochten Drogen sein. Sein Widerwillen gegen Alkohol hatte sich auf Drogen übertragen, und er zog es vor, nicht weiter in dieser Richtung zu denken. Ihn interessierte einzig und allein, daß er im Moment wichtig war.

Zusammen mit Lots saß er im Blauen Zimmer – mitternachtsblaue Decke und tiefblauer Teppich – und sagte sich, daß es nur allzu verständlich sei, daß Die Schlange sich vergewissern wollte, bevor er handelte. Er beantwortete sporadische Fragen.

»Woher hast du die Figur, Krummer?« erkundigte sich Lots. »Von einem Unfall?«

»Bin so zur Welt gekommen«, sagte Howson. Dann kam ihm der Gedanke, daß Lots vielleicht versucht hatte, freundlich und mitfühlend zu sein, und mit entschuldigendem Ton fügte er hinzu: »Ich red' nicht viel darüber.«

»Hm – ja.« Lots gähnte und streckte seine Beine lang. »Was zu trinken? Oder das Essen, das Die Schlange dir versprochen hat?«

»Ich trinke nicht«, sagte Howson. Wieder verspürte er den seltenen Impuls, sich zu erklären: »Selbst wenn ich nüchtern bin, tu' ich mich mit dem Gehen ein bißchen schwer, du verstehst?«

Lots starrte ihn an. Nach einem Moment lachte er rauh. »Ich glaub', ich könnte so einen Witz nicht reißen, wenn ich dein Problem hätte. OK, nimm 'ne Cola oder so etwas. Ich lass' mir Gin kommen.«

Die Stunden krochen dahin. Als das Essen kam, hörte die Unterhaltung auf. Lots schlug ein Kartenspiel vor und erbot sich, ihm die Spielregeln zu erklären, besann sich dann aber eines anderen, als er sah, daß Howsons ungeschickte Finger es nicht schafften, eine Karte nach der anderen auszuteilen. Betreten schlug Howson vor, Schach oder Dame zu spielen, aber Lots war an keinem der beiden Spiele interessiert.

Schließlich ging die Tür auf, und Dingus steckte den Kopf herein.

»Es geht los, Lots!« rief er. »Der Kerl scheint sauber zu sein, soviel wir sagen können. Wir fahren jetzt zum Schwarzen Kai.«

Automatisch begann Howson damit, sich auf die Füße zu stellen. Mit einer gebieterischen Geste bremste ihn Dingus.

»Du wartest noch, Krummer!« knurrte er. »Mr. Hampton ist nicht so leicht zu befriedigen, und bis zwei Uhr ist es noch eine Weile.«

Es kam ihm vor, als müsse er ein Jahrhundert absitzen, als er alleine war. Irgendwann nach Mitternacht schlief er endlich in seinem Sessel ein. Er hatte keine Ahnung, wie lange er geschlafen haben mochte, als die aufgehende Tür ihn jäh weckte. Sein trüber Blick richtete sich auf Die Schlange und auf Lots, Dingus und Collar, die mit ihm hereinkamen. Doch kaum hatte er sie gesehen, wußte er, daß er sein Spiel gewonnen hatte.

»Du hast dir dein Geld verdient, Krummer«, sagte Die Schlange sanft. »Hast es dir reichlich verdient. Womit nur noch eine Frage offenbleibt.«

Howsons Geist, noch schlafumnebelt, ging fiebrig auf die Suche. Würde die Frage lauten: Wieviel wollte er? Er hatte falsch geraten. Die Schlange fuhr fort: »Und die lautet: bist du ein ehrlicher Politiker?«

Howson gab einen nichtssagenden Laut von sich. Sein Mund war vor Aufregung wieder ganz trocken. Einige lange Sekunden musterte ihn Die Schlange nachdenklich, kam dann zu einer Entscheidung. Mit einem Fingerschnipsen rief er Collar zu sich.

»Gib ihm fünfhundert!« befahl er. »Und – hörst du zu, Krummer? – denk dran, die Hälfte davon ist fürs nächste Mal, wenn es ein nächstes Mal gibt. Lots, nimm dir einen Wagen und bring ihn nach Hause.«

Der Schock, plötzlich mehr Geld zu haben, als er je zuvor in seiner Hand gehalten hatte, riß die Mauer ein, die Howsons Fantasien von der Wirklichkeit trennte; kaum nahm er die Eindrücke der nächsten halben Stunde auf – des Wagens, der Fahrt zu dem Haus, in dem sein Zimmer war –, weil üppige Visionen sein Bewußtsein füllten. Nicht nur ein nächstes Mal: Mal für Mal für Mal würde sich anschließen: Gerüchte zu Nachrichten zusammenstücken, bezahlt werden, gelobt werden (was unendlich viel wichtiger war) und schließlich für wertvoll gehalten werden. Das war es, was er von allem am meisten begehrte. Er hatte etwas erreicht, was für die meisten anderen ein Ziel von untergeordneter Bedeutung war; er hatte etwas für jemanden anderen getan, und zwar nicht irgendeine vorgegebene Arbeit, die ihm aus Mitleid überlassen worden war, sondern etwas, das aus ihm selbst entsprungen war. Dies würde ein Meilenstein in seiner Erinnerung sein, da er eben das für unmöglich gehalten hatte, so wie es ihm unmöglich war, ohne Hinken über die Straße zu gehen.

Dies war geschehen am frühen Morgen eines Dienstags. Sein Rausch und seine Hoffnung wurden ein paar Tage lang von Gerüchten und Nachrichten genährt, die er hier und da auflas: es hieß, irgendein Kampf habe stattgefunden, die Polizei verfolge Spuren, stehe jedoch immer noch vor einem Rätsel. Es war, als söge er aus der Atmosphäre von Gerüchten und Spannung Mut wie Sauerstoff in sich ein; bei vollem Tageslicht ging er die Grand Avenue entlang, in der Mitte des Gehsteigs, statt sich an die Häuserwände zu drücken, und es gelang ihm, die üblichen mitleidigen Blicke zu ignorieren, weil er bei sich selbst wußte, was er wert war. Mit, wie es ihm vorkam, großer Schläue hatte er seine fünfhundert in einer von seiner Wohnung weit entfernten Gegend in kleinere Noten umgetauscht, mit denen er nicht auffallen würde; dann hatte er den größten Teil davon in seinem Zimmer versteckt und lediglich ausgegeben, was er für ein neues Paar Schuhe mit ungleichen Absätzen, für eine neue Jacke mit angepaßtem Schnitt brauchte.

Gleichwohl, am Samstagabend fiel seine glorreiche neue Welt in Schutt und Asche.

Am frühen Abend hatte er fünf einzelne Scheine von dem versteckten Bündel an sich genommen. Nie zuvor war es ihm in den Sinn gekommen, so viel auf einer einzigen Spritztour auszugeben; oft hatte er, wenn er seine Miete bezahlt hatte, nur noch fünf für die ganze nächste Woche übrig gehabt. Dann war er gezwungen, bei seiner am wenigsten geliebten Arbeit Zuflucht zu suchen: Eßbestecke in einem nahen Restaurant zu spülen, um sich Teller übriggebliebenen Essens zu verdienen. Besteck brach nicht, wenn er es fallen ließ; Teller und Gläser aber brachen, also ließ der Besitzer ihn diese nicht mehr abspülen. Und das Bewußtwerden, daß ihm diese Arbeit aus Mitleid überlassen wurde, tat weh.

Heute abend aber würde er bis an die Grenze gehen. Ein Film, den er noch nicht gesehen hatte; Coca-Cola, Bonbons, ein Eis, all die kindlichen Genüsse, die ihm immer noch lieber waren als alles andere. Gewöhnlich war es ihm selbst peinlich, daß er sie so liebte, aber in seiner gegenwärtigen Stimmung fiel es ihm leicht, diese Anwandlungen zurückzuweisen. Zum Teufel, sollte ihm doch egal sein, was die Leute von einem Zwanzigjährigen hielten, der nach Bonbons und Eis süchtig war!

Wie schön, wenn die neue Jacke und die Schuhe jetzt schon fertig gewesen wären, aber man hatte ihm gesagt, das würde mindestens zehn Tage dauern. Also blieb nichts anderes übrig, als das stumpfe Leder zu polieren und unbeholfen an den schmutzigen Stellen auf dem Stoff seiner alten Jacke herumzubürsten.

Und dann hinaus: ein Samstagabend, mal richtig genießen, sich halbwegs normal fühlen, ausgehen, wie normale Leute das auch taten.

Und die schmale Straße entlang, wo man ihn kannte, ihn ohne den Schock der Überraschung ansah, ihm vielleicht einen Gruß zurief – doch heute abend, seltsamerweise, nicht. Nur war er in seinem Geist mit anderem beschäftigt, hatte nicht die Energie übrig, sich zu wundern, warum er nicht gegrüßt wurde. Er hatte deutlich den Eindruck, daß die Menschen sich Gedanken über seine Person machten, aber das war absurd, ein Nebenprodukt seiner Hochstimmung.

Doch wollte der Eindruck nicht von ihm weichen. Selbst noch, als er sich in die künstliche Helligkeit der Grand Avenue hinausgewagt hatte und nun zwischen Massen von Fremden sich bewegte, rief sein Geist diesen Eindruck immer aufs neue wach, wie ein Pokerspieler, der seine Fähigkeit demonstriert, Mal für Mal ganze Straßen auszuteilen.

Zuerst war es amüsant. Nach einer Weile irritierte es ihn allmählich. Er änderte seine Absicht, die erste Abendvorstellung im Kino seiner Wahl zu besuchen – nicht seinem Stammkino, in dem noch der Film lief, den er zuletzt gesehen hatte, sondern einem, zu dem er den Bus nehmen mußte. Die Stimmung der Menschen heute abend war gut, jemand hatte ihm beim Besteigen des Busses geholfen, hatte andere veranlaßt, zurückzutreten; selbst das aber verbesserte seine geistige Verfassung nicht. Im Gegenteil, es war eine lästige Hervorhebung seines körperlichen Zustands.

Und schließlich war er so durcheinander, daß er einundeinhalb Stunden nach seinem Aufbruch den ganzen Plan fallenließ. Statt dessen wandte er sich heimwärts, wütend über sich selbst bei dem Gedanken, daß Mangel an Mut ihm den Spaß verdorben habe, und entschlossen, weiterhin daran zu glauben, daß es eine Illusion sei, was ihn plagte.

Als er sich der Straße näherte, in der er wohnte, wurde das Gefühl stärker, so sehr er auch versuchte, es zu verleugnen. Es war, als würde er beobachtet. Einmal blieb er unvermittelt stehen und drehte sich um, in dem sicheren Gefühl, jemand hielte seine Blicke auf ihn gerichtet. Dort, wo er unwillkürlich hinschaute, war niemand; sein Blick war auf eine geschlossene Haustür gefallen. Während er noch verwirrt darauf starrte, ging sie auf, und ein Mädchen kam heraus, hielt inne, wandte den Kopf zurück und sagte etwas zu jemandem im Innern des Hauses.

Von diesem Augenblick an hämmerte die Empfindung gegen seinen Schädel. Wie betäubt wanderte er weiter und versuchte dem Gedanken auszuweichen, der aus einem dunklen Winkel seines Hirns heraufgekrochen war, ihn boshaft anzuschielen. Es gelang ihm nicht. Der Gedanke übersetzte sich in schwerfällige Worte.

Ich werde verrückt. Ich werde sicher verrückt.

Er bog in seine eigene Straße ein und legte seine Hand auf die rauhe Betonmauer, um sich zu beruhigen und Luft einzusaugen. Und dann sah er. Und wußte.

Vor ihm, vor der Tür seines Hauses, stand ein großer weißer Wagen, von dessen Dach ein kreisendes rotes Licht blitzte und auf dessen Seite POLIZEI zu lesen war. Der Fahrer stützte seinen Ellbogen lässig auf das heruntergelassene Fenster; zwei uniformierte Beamte beugten sich gleichzeitig zu ihm herab, sprachen mit ihm.

Er konnte sie hören! Sie waren fünfzig Meter von ihm entfernt; ihre Stimmen waren kaum lauter als ein Flüstern, er aber verstand jedes Wort, weil sie über ihn sprachen.

»Ist ausgegangen . . . Geht meistens ins Kino . . . Erledigt vielleicht etwas für Die Schlange . . . Unwahrscheinlich; neu auf seiner Lohnliste, es heißt . . . Muß sich selbst an Die Schlange gewandt haben; Die Schlange geht nicht rum und bittet um Hilfe . . .«

Tödlicher Schrecken brandete auf in Howsons Geist. Ein Wagen bog in die Straße ein, und bevor er ganz durch die Kurve war, war Howson losgelaufen, verfolgt von den unmöglichen Stimmen wie von Geistern.

»Frag im Kino um die Ecke nach . . . Lohnt kaum die Mühe, oder? Wenn ihn nicht jemand gewarnt hat, wird er über kurz oder lang zurückkommen. Warte in seinem Zimmer, oder schnapp ihn dir in den frühen Morgenstunden . . .«

Auf ihn zielte das – auf *mich,* Gerald Howson: so wie die geballte Macht der ganzen Welt am Tag meiner Geburt auf diese Stadt losgeschlagen hat!

Aber das machte nur die Hälfte seines Entsetzens aus. Die andere und schlimmere Hälfte rührte von der Erkenntnis, was er geworden war. Er hätte gar nicht hören *können,* was die Polizisten sagten, so weit entfernt von ihm. Und doch waren die Worte zu ihm gedrungen, und etwas hatte sie eingefärbt, was nicht eigentlich ein Stimmenklang war, doch aber auch persönlich: ein *Gedanken*klang. Der eine Ton war häßlich; der Denkende hatte eine Neigung zu Brutalität, er liebte die Macht, die ihm seine Uniform verlieh. Er weidete sich an der Vorstellung, bald jemanden zusammenzuschlagen. Einen Krüppel? Na und? Er war für eine Bandenschlacht, für Verbrechen, für einen Toten verantwortlich. Also dann, prügeln wir ihn, bis er redet.

Howson konnte die Erkenntnis, die ihn so erschreckte, nicht in einfache Worte fassen: *Ich bin Telepath.* Sie bemächtigten sich seiner in der Form, die er entwickelt hatte, während er den Film über Telepathen verfolgt hatte: *Ich bin auch geistig abnormal, nicht nur körperlich.*

Und hatte er denn überhaupt *gehört,* was der Mann in Braun

seinem Nachbarn gesagt hatte? Oder hatte er da – schon da – auch Gedanken gelesen?

Diese Frage konnte er nicht bewältigen. Er war auf der Flucht, hinkte hinein in die erhoffte Anonymität einer Menschenmenge, wollte so schnell und so weit gehen, wie er nur konnte, unfähig, an einer Bushaltestelle zu warten, da stillzustehen, jetzt, wo er gejagt wurde, unerträglich war. Sein Blick verschwamm, seine Beine schmerzten, seine Lungen pumpten schwer, und er verlor jegliche Fähigkeit bewußten Planens. Bloße Weiterbewegung war alles, was er noch zustande brachte.

Was für einer Zukunft stolperte er nun entgegen? Jedes Gebäude, an dem er vorbeikam, schien unendlich hoch über seinem Kopf aufzuragen, aus den vertrauten Straßen schienen unwegsame Schluchten geworden zu sein; jedes Auto, das mit erleuchteten Scheinwerfern an ihm vorbeifuhr, schien ihn anzuknurren wie ein Bluthund; hinter jeder Kreuzung schien Unheil zu lauern, so daß er ganz schwach war vor Erleichterung, wenn hinter einer neuen Ecke keine Straßensperre war. Seine Ohren rauschten, seine Muskeln kreischten – und er eilte weiter.

Die Richtung war zufällig; er folgte, so weit es möglich war, einer geraden Linie in Fortsetzung der Straße, in der er wohnte. Diese Linie führte ihn durch ein Labyrinth schmuddliger Straßen eines Wohnviertels, dann durch eine Gegend von Lagerhäusern und kleinen Fabriken, wo Schilder die Herstellung von Papierbechern, Konfektion und Kunststoffmöbeln verkündeten. Verspätete Laster schnauften durch diese Straßen, und er wußte, daß die Fahrer ihn sahen, und hatte Angst, konnte aber nichts tun, aus ihrem Blickfeld zu verschwinden.

Wieder veränderte sich die Gegend; nun gab es kleine Läden, Bars, kläffende Musik, Fernsehgeräte, die tonlos in Schaufensterauslagen spielten, vor einem Publikum von Dampfbügeleisen und fluoreszierenden Lampen. Er eilte weiter.

Dann plötzlich war er von nackten Mauern umgeben, zwölf Fuß hoch, Mauern aus grauem Beton und staubigen roten Ziegeln. Er blieb stehen, dachte in seiner Konfusion an Gefängnisse und bog aufs Geratewohl nach rechts ab. Nach einer Weile merkte er, wo er war; er war in der Nähe des großen Flusses, auf dem Cudgels heimlich seine – nun, was immer es war – im Werte von einer halben Million heranschaffen hatte wollen. Schilder warnten, daß dies die VERSCHLUSSZONE HAUPTDOCK OST FÜR

ZOLLPFLICHTIGE WAREN war und daß ZUTRITT OHNE GENEHMIGUNG DER ZOLLBEHÖRDE NICHT GESTATTET sei.

Der Gedanke ›Behörde‹ vermengte sich mit seinen verworrenen Bildern ihn jagender Polizei. Wie ein Rasender änderte er die Richtung, eilte durch eine gewundene Gasse, weg von den hohen, einschließenden Mauern. Sein Leben lang hatte er sich nie so sehr vorangetrieben; der Schmerz in seinen Beinen war fast unerträglich. Und hier war nun ein beängstigendes Schweigen, nicht mit Ohren vernommen, sondern direkter erfahren: riesige verödete, menschenleere Grundstücke, ein Greuel für Howson, den Stadtjungen, der nie weiter als sechs Meter von einer anderen Person entfernt geschlafen hatte.

Jäh war die Gasse nur noch halb eine Gasse. Die Mauer zu seiner Linken hörte auf, nackter Boden folgte, von Maschendraht umzäunt. Er blinzelte durch Halbdunkel, denn es gab hier nur wenige Lampen. Eine Zuflucht winkte: auf dem öden Grund erhob sich eine teilweise zerstörte Lagerhalle: nur der hintere Teil stand noch. An dem Drahtzaun hingen schmutzverschmierte Tafeln: ZU VERKAUFEN – KÄUFER MUSS GEBÄUDE ABREISSEN.

Er stöberte am unteren Ende des Drahtzauns entlang, suchte, wie ein schnupperndes Tier, einen Durchschlupf. Er fand einen, wo jemand, wahrscheinlich Kinder, einen Pfosten herausgerissen und umgelegt hatte. Ohne darauf zu achten, daß er sich mit Schmutz vollschmierte, während er durch die Lücke kroch, wand er sich unter dem Draht hindurch und schritt auf die Ruine zu.

Als er sich in den Windschatten einer rissigen Mauer fallen ließ, flossen Erschöpfung, Schock und Schrecken zusammen, und eine Woge von Finsternis erlöste ihn.

Auch sein Erwachen war von Ängsten geplagt. Zum ersten Mal in seinem Leben sah er, beim Erwachen, ohne die Augen zu öffnen; und zum ersten Mal sah er sich selbst.

Der Stromkreis des Bewußtseins schloß sich, und trübe Bilder besuchten ihn, Bilder, die zu den Wahrnehmungen seiner ihm vertrauten Sinne in Widerspruch standen. Er fühlte sich steif, kalt; er war sich seines Gewichts und seiner Lage bewußt, flach auf dem Rücken auf einem Haufen schmutziger alter Lumpen, sein Kopf ein wenig erhöht auf etwas Rauhem und Hartem. Und gleichzeitig sah er graues Zwielicht, eine schiefe, verzogene Gestalt gleich einer zerbrochenen Puppe, mit schlaffem Gesicht – sich selbst, von außen gesehen. Und, mit all dem vermengt, falsche Körperwahrnehmungen in seinem Bewußtsein: gleich hohen Schultern, die er nie gehabt hatte, und von etwas Schwerem an seiner Brust, das vorwärts und abwärts zog – noch eine Deformation?

Dann begriff er und schrie und öffnete die Augen, und Furcht lehrte ihn, wie er sich von einer ungewollten geistigen Verschmelzung lösen konnte. Er streckte seine Hände aus, fühlte sie in eine Mähne fettigen Haares greifen, einen halben Meter über ihm.

Ein erstickendes Stöhnen begleitete seinen Versuch, sich über seine Umgebung Klarheit zu verschaffen. Er war nicht auf seinen Rücken gefallen, als er ohnmächtig geworden war; und ganz gewiß war er nicht auf dieses Behelfsbett gefallen: also war er darauf gelegt worden. Und dies mußte der Mensch sein, der dafür verantwortlich war: dieses Mädchen, das an seiner Seite kniete, mit dem groben, schweren Gesicht, den dicken Armen, den weitaufgerissenen Augen voller Furcht.

Furcht vor mir! Nie zuvor hat sich jemand vor mir gefürchtet!

Aber als er sich grimmig daran machte, diese Erfahrung zu genießen, stellte er fest, daß es nicht ging. Das Gefühl von Angst war wie ein schlechter Geruch in seiner Nase. Krampfartig ließ er die Haare los, die er gepackt hatte, und die Furcht ließ nach. Er stemmte sich in sitzende Position, betrachtete das Mädchen.

Sie schien um die sechzehn oder siebzehn zu sein, obwohl ihr Gesicht nicht nach Art der meisten Mädchen dieses Alters geschminkt war. Sie hatte eine plumpe, klumpige Figur, trug einen armseligen dunkelgrauen Mantel über einem dünnen Baumwollkleid; die Kleider waren sauber, aber ihre Hände waren mit Erde beschmutzt.

»Wer bist du?« fragte Howson schleppend. »Was willst du?«

Sie antwortete nicht. Statt dessen nahm sie rasch eine Papiertüte, die neben ihr gelegen hatte, hielt sie ihm so hin, daß er in ihr Inneres blicken konnte. Drinnen waren Brotkrusten, ein Stück Käse, zwei fleckige Äpfel. Verwirrt blickte Howson von der Tüte zu ihrem Gesicht und fragte sich, warum sie gestikulierte, warum sie ihre dicken Lippen in einer Nachahmung von Essen bewegte, aber nichts sagte.

Dann stieß sie, wie verzweifelt, einen dicken, gurgelnden Laut hervor, und er begriff.

Oh, Gott! Du bist taubstumm!

Verschreckt ließ sie die Tüte fallen und sprang auf, ihr Hirn siedete vor fassungslosem Erstaunen. Sie hatte seinen Gedanken gespürt, den seine ungeübte telepathische Stimme in sie hineingeschickt hatte, und die vollkommene Fremdartigkeit dieser Erfahrung hatte ihren sowieso schon labilen und empfindlichen Geist in seinen Grundfesten erschüttert. Erneut verbreitete sich der üble Geruch von Angst in seinem Bewußtseinsraum, doch diesmal wußte er, was vor sich ging, und die ungehemmte Woge seines Mitleids mit jemandem von seiner Art, verkrüppelt und behindert in einer rücksichtslosen Welt, floß in sie hinüber.

Unvermittelt fiel sie wieder auf die Knie, ihr Kopf fiel nach vorne, und sie begann zu schluchzen. Zögernd und seiner selbst unsicher, streckte er die Hand aus. Heftig griff sie danach, und eine Träne tropfte, warm und feucht, auf seine Finger.

Und nun registrierte er ein weiteres ›erstes Mal‹ in seinem Leben. So gut er konnte, formulierte er, in voller Absicht, eine Botschaft und schickte sie durch den unbegreiflichen Kanal, der sich in seinem Geist aufgetan hatte. Er versuchte zu sagen *Hab keine Angst* und dann *Danke, daß du mir geholfen hast* und *Du wirst dich schon dran gewöhnen, wie ich mit dir rede.*

Und während er wartete, um zu sehen, ob sie verstand, starrte er auf den Scheitel ihres Kopfes, als könne er dort das Bild der seltsamen und ungeheuerlichen Zukunft sehen, zu der er verurteilt war.

7

Als er später darüber nachdachte, erkannte er, daß jener erste, unerfahrene Versuch, Kommunikation zustande zu bringen, in sich selbst seine Zukunft beschlossen hielt. Seine instinktive Reaktion rührte von seinem unheilvoll verlaufenen und einzigartigen Versuch her, sich selbst Bedeutung zu geben; mit panischer Gier hatte er die Chance ergriffen, Der Schlange eine Nachricht zu überbringen, die Folgen hatte er genausowenig bedacht wie ein Verhungernder, dem ein verschimmeltes Stück Brot in die Hände fällt. Gleichzeitig mit der Erkenntnis, daß er ein Telepath war, ereilte ihn der Schock der Einsicht, daß er sich zum Verbrecher gemacht hatte – Beihelfer zu Mord, um genau zu sein –, und ließ die Kompaßnadel seiner Absichten und Wünsche jäh einen Halbkreis durchwandern. Nichts wünschte er jetzt mehr, als in Dunkel und Verborgenheit und völlige Unbekanntheit zurückzusinken, und der Gedanke, Telepath zu sein, entsetzte ihn. Während seiner Schreckensflucht durch dunkle Straßen hätte er, bei dem Gedanken an diese Möglichkeit, schwören mögen, daß er von der Gabe niemals Gebrauch machen werde.

Ebensogut hätte jemand die Absicht verkünden können, für immer taub zu sein! Augen konnte man vielleicht geschlossen halten, aber dieses neue Vermögen, das über ihn gekommen war, war weder Sehen noch Hören, noch Berühren; es gab dafür keinen Vergleich, und es war unentrinnbar.

Die Entdeckung war zuerst schwindelerregend. Aus seinem Gedächtnis spülte sie vergessene Worte hervor, in denen er Führung und Rückhalt suchte: aus einer langvergangenen Unterrichtsstunde etwas über ›Männer, die schreiten gleich Bäume‹ – das war merkwürdig bedeutsam. Sein Problem wurde durch die zunehmende Bekanntschaft mit der Welt, in der das Mädchen ihr Leben verbracht hatte, verzehnfacht, paradoxerweise aber auch vereinfacht; denn je mehr er über die Behinderung erfuhr, unter der sie litt, desto deutlicher wurde ihm klar, wie gut er es noch hatte. Wenn Menschen mit dem Krüppel Howson in Berührung kamen, konnten sie doch immer noch die Entdeckung machen, daß im Inneren der verborgenen Schale eine *Person* lebte. Aber das taubstumme Mädchen hatte nie mehr als die primitivsten Bedürfnisse mit Hilfe von Fingersprache ausdrücken können, und so betrachteten die Menschen sie als Tier.

Ihr Gehirn war heil und ganz; der Fehler lag in den Nerven, die Ohren und Gehirn verbanden, und in der Form ihrer Stimmbänder, deren Lage ihre korrekte Vibration verteilten: sie konnten nur lose aneinanderklatschen und ein gurgelndes Grunzen erzeugen. Howson meinte, ihr hätte geholfen werden müssen. Er hatte von besonderen Trainingsmethoden gehört, über die in den Zeitungen und im Fernsehen berichtet wurde. Tastend forschte er nach den Gründen, warum diese Hilfe an ihr unterlassen worden war.

Zuerst ergaben die Eindrücke, die er sich aus ihrem Geist holte, für ihn keinen Sinn, da sie kein verbales Denken entwickelt hatte; sie benützte kinästhetische und visuelle Daten in riesigen, durcheinandergeworfenen Klumpen: wie ein sauergewordener Haferbrei mit Steinen drin. Während er sich bemühte, mehr als jene ersten schwankenden Botschaften der Tröstung und Beruhigung zustande zu bringen, saß sie vor ihm und starrte ihn an, still vor sich hinweinend, befreit von der Einsamkeit unerträglicher Jahre, zu überwältigt, um den Modus ihrer Kommunikation ergründen zu wollen.

Den gesuchten Hinweis fand er, als er versuchte, ihre Reaktion auf die Dinge, die er ihr ›gesagt‹ hatte, nachzuerleben. Er hatte ›gesagt‹: *Hab keine Angst,* und sie hatte das in ihre vertrauten Bilder umgesetzt, halb Erinnerung, halb körperliche Empfindungen von Wärme und Befriedigung, die geradewegs zu frühkindlichen Erfahrungen an der Mutterbrust zurückführten. Er hatte gesagt: *Danke, daß du mir geholfen hast,* und in ihr hatten sich Bilder von ihren Eltern geformt, die lächelten. Solche Bilder gab es wenige. Er ging ihnen nach, um herauszufinden, wie ihr Leben ausgesehen hatte.

In den Bereichen, die er nun als nächstes erforschte, gab es ein eigenartiges Zweierlei. Eine Hälfte des Bewußtseins des Mädchens wußte sehr wohl, wie ihr Vater in Wirklichkeit war: ein Gelegenheitsarbeiter des Hafenviertels, immer schmutzig, oft betrunken, jähzornig und sprunghaft, mit schreckerregend sich auftuendem Mund, aus dem *etwas* herauskam, das sie mit unsichtbarem Erbrochenen verglich, da sie nie ein gesprochenes Wort gehört hatte. Sehr zu Howsons Überraschung war ihr die Funktion normalen Sprechens durchaus klar; nur das wütende Gebell ihres Vaters hatte sie in jener Weise verglichen.

Doch während sie so ihren Vater als das sah, was er war, hielt sie gleichzeitig ein idealisiertes Bild von ihm aufrecht, den Zeiten entlehnt, da er sich noch schick anzog für Hochzeiten und Parties, und den Zeiten, da er liebevoll zu seiner Tochter gewesen war, sie noch nicht als nutzlose Last betrachtete. Und dieses Bild wurde noch einmal überlagert von Schichten einer gewaltigen Fantasie, in deren Tiefen das Mädchen eine verwaiste Prinzessin war: instinktiv scheute Howson vor weiterem Eindringen zurück.

An ihre Mutter erinnerte sie sich kaum; irgendwann in der frühen Kindheit des Mädchens war sie verschwunden und von einer Reihe von Frauen jeden Alters zwischen zwanzig und fünfzig ersetzt worden, deren Beziehung zu ihrem Vater und zu sich selbst sie nur ungenügend begriffen hatte. Sie kamen und gingen, blieben länger oder kürzer in dem Häuschen, das ihr Vater gemietet hatte, nach einem Muster, das sie nicht ergründen konnte, weil sie nicht reden und die notwendigen Fragen stellen konnte.

Aus solcher Vergangenheit von Schmutz, Mißachtung und Lieblosigkeit kommend, hatte sich in ihr ein Bedürfnis entwickelt, das Howson unmittelbar verstand, weil es eine Parallele zu seinem eigenen Verlangen nach Wichtigkeit war. Obwohl dieses sein Verlangen ihm mitten ins Gesicht explodiert war, sehnte er sich doch immer noch. Das Mädchen aber sehnte sich nach einem Schlüssel zum Geheimnis der Sprache, zu der gläsernen Tür, die sie von allen Menschen fernhielt. In dem wild-verzweifelten Versuch, diese fehlende Brücke durch irgendeine andere zu ersetzen, hatte sie die Gewohnheit entwickelt, all ihre Zeit damit zu verbringen, Familien in der Nachbarschaft zu helfen oder für sie zu arbeiten; ein Lächeln des Danks für ihre Wache bei einem Baby oder ein bißchen Geld für die Erledigung eines Auftrags, bei dem sie nicht zu sprechen brauchte: das war alles, was sie an emotionaler Zuwendung erfuhr.

Die hatte sie in letzter Zeit mehr denn je gebraucht; ihr Vater hatte so zügellos getrunken, daß man ihm den Zugang zu seinem Arbeitsplatz verwehrt hatte, bis er wieder nüchtern wäre – so wenigstens interpretierte Howson die undeutlichen und wenig detaillierten Erinnerungen, die seiner Nachforschung zugänglich waren. Die Folge war, daß er, der Vater, gewalttätiger und übellauniger war als je zuvor, und seine Tochter mußte ihn meiden und dem Haus fernbleiben, bis er schlief. Als sie zu dem halbverfallenen Lagerhaus kam, wo sie Schutz vor dem Wind suchte, und Howson fand, hatte sie ihm automatisch geholfen – ihm ein bequemes Lager auf den Lumpen gerichtet, Nahrung für ihn gesucht –, nichts erhoffend als ein wenig Lob und Dankbarkeit.

Als dieses Stadium seiner tastenden Nachforschung erreicht war, wurde er sich bewußt, daß sein Kopf schmerzte. Die Ausübung seiner neuen Fähigkeit war in sich selbst nicht schwierig; es war, wie wenn man zum ersten Mal ein Bild sieht: Formen und Farben bieten sich unmittelbar dem Blick dar, was man aber lernen muß, ist, sie mit wirklichen, schon bekannten Gegenständen in Beziehung zu bringen. Ermüdend war es allerdings, sich so lange zu konzentrieren. Er begann, den Kontakt zu lösen.

Seine Absicht spürend, streckte das Mädchen ihre Hand aus, umklammerte die seine; ihre Augen, weit aufgerissen, waren voll Flehen. In ihrem Kopf brannte, nicht verbalisiert, aber trotzdem nicht mißzuverstehen, eine verzweifelte Bitte.

Die Erinnerung an eine haarscharf vermiedene Katastrophe – immer noch war diese Erinnerung erst ein paar Stunden alt – war noch viel zu frisch, als daß Howson schon neue Pläne hätte schmieden können. Er hatte keine Ahnung, was er mit seinem sich entfaltenden Talent machen sollte; dessen Gebrauch vermittelte ihm das Gefühl einer schwindelerregenden, auch mit Angst behafteten Erregung, wie wenn man zum ersten Mal ein schnelles Auto steuert. An mehr konnte er noch nicht denken. Sein Instinkt riet ihm immer noch, sich verborgen zu halten.

Hier aber war auch die Gelegenheit, die er ersehnte: für jemanden wichtig zu sein. Zwar nicht gerade ein toller Jemand: nur ein ungeliebtes, unglückliches, körperlich behindertes Mädchen in einer Notlage, die seiner eigenen ähnelte.

Noch war es zu früh, auszumachen, welches dieser beiden entgegengesetzten Motive schließlich die Oberhand gewinnen würde; im Moment jedenfalls wußte er nicht, was sonst er hätte tun sollen, als dem Mädchen ihre Bitte zu gewähren: *Bleib bei mir!*

Sie lachte glucksend – ein dicker, unmenschlicher Laut –, grinste übers ganze Gesicht und griff nach der vergessenen Tüte mit Lebensmitteln, drückte sie ihm in die Hand und zwang ihn zu essen.

Ungezählt glitten Stunden und Tage vorüber. Er schien einfach passiv vom Strom der Zeit mitgenommen zu werden. Sich mehr und mehr an sein Flüchtlingsdasein gewöhnend, unternahm er das Notwendige: nachts heimlich Streifzüge auf der Suche nach Nahrung, wobei seine telepathische Gabe ihn rechtzeitig warnte, wenn sich jemand näherte; und tagsüber vielerlei Aufgaben, die er nicht alleine hätte bewältigen können.

Versteckt hinter einer niedrigen Mauer des alten Lagerhauses nahm eine primitive Hütte Gestalt an. Still und ergeben wie ein Hund brachte das Mädchen alte Bretter und rostige Nägel an, und fand Steine, die als Hämmer zu benützen waren. Sie war, selbstverständlich, stärker als Howson. Fast jedermann war stärker als er.

Nach ihrer ersten Begegnung wich sie nicht mehr von ihm. Ihr Vater war nur noch ein Nebelfetzen, verglichen mit der Gegenwart Howsons, der tatsächlich mit ihr sich verständigen konnte; schon der bloße Gedanke, mehr als ein paar Minuten von ihm getrennt zu sein, entsetzte sie, beinhaltete die Möglichkeit, für immer in ihre alte Einsamkeit zurückkehren zu müssen. Zuerst sorgte er sich, jemand könne kommen, sie zu holen. Dann entschied er, daß das Risiko sehr geringfügig war, und lenkte seine Aufmerksamkeit auf seine eigenen Probleme.

Lange Stunden verbrachte er in stillem Brüten – ganz elend fühlte er sich, wenn er an all das Geld dachte, daß er so kurz besessen hatte und das nun in seinem alten Zimmer versteckt lag und nicht geholt werden konnte; und wenn er an die neue Jacke und die Schuhe dachte, die abzuholen er nicht wagte. Wie lange es dauern mochte, bis er sich wieder auf die Straßen hinaustrauen würde, konnte er nicht sagen. Ein paarmal las er streunende Gedanken patroullierender Polizisten auf, denen er entnahm, daß er noch gesucht wurde, daß seine steckbriefliche Beschreibung noch im Umlauf war.

Dieses formlose Dahinvegetieren – sich mehr zu erlauben, fühlte er, war nicht sicher – begann nach einigen Tagen an ihm zu zehren, ihn zu quälen. Da er ihm körperlich nicht entrinnen konnte, floh er geistig; er vergrub sich in Tagträumen der alten Art, versuchte aber, dabei von seiner neuen Fähigkeit Gebrauch zu machen.

Von den Filmen über Telepathen, die er gesehen hatte, konnte er einen fertigen Rahmen beziehen, in dem er arbeitete. Neugierig fragte er das Mädchen, inwieweit sie an Kino und Fernsehen Spaß habe, und fand, was er erwartet hatte – daß sie von der Handlung wenig hatte, da sie ihr ohne Verständnis der Dialoge kaum folgen konnte, daß aber Farben und Zauber der Medien es ihr angetan hatten.

In vorsichtigen Anläufen, dabei Stoff aus ihren eigenen langgehegten Fantasien über den reichen Vater und die liebevolle Mutter entlehnend, die eines Tages ihr langvergessenes Kind zurückholen und ihm das Geschenk des Sprechens machen würden, versuchte er, ihr klarzumachen, was ihr mangels Gehör alles entgangen war. Und bald wurden daraus, während sie, der Wärme wegen, in ihrem zugigen Schuppen sich aneinanderkuschelten, riesige, detailliert ausgeführte geistige Dramen, in denen er groß war, hübsch und geraden Rückens und sie zart und fein, wohlgeformt und hinreißend angezogen.

Die wirkliche, grausame Welt schien immer bedeutungsloser zu werden; das Wenige, was er von ihr sah, war trostloser denn je. Allmählich bemächtigte sich seiner das Gefühl, daß er, wenn er nie wieder etwas mit ihr zu tun haben müsse, glücklich sein würde. Gelegentlich fiel ihm ein, daß Telepathen von jener Welt gut behandelt wurden, gepriesen, hochgeschätzt. Aber er war sich nicht sicher, ob es nicht auch unliebsame Folgen haben würde, wenn er die zuständigen Stellen auf sich aufmerksam machte. Er erwog, zu den Behörden zu gehen, zu sagen: »Ich bin ein Telepath!« Er erwog es aufs neue und verschob es. Unterdessen hielt eine Welt von Träumen sein Interesse gefangen, und täglich wurden die Träume farbenprächtiger und ausführlicher.

Und doch: die ganze Zeit über, während der er sich vor der Welt verbarg, gab er sich ihr doch auch zu erkennen.

Der Kommunikationsspezialist befestigte den Helm an dem Ring um seinen Hals, damit jegliche normale Sinneswahrnehmung des Universums ausschaltend. Blind, taub, gewichtlos schwebend, ließ er sich in die isolierte Zelle des Satelliten einsiegeln, als der um die Schulter der Erde herum und in Sichtlinie der Blase von Bewußtsein kam, die da, ohne Antrieb, auf den rotglühenden Mars zuschwebte. Mit Yogatechniken entspannte er sich, stillte seinen Geist für den Empfang von Botschaften, die aus einer Entfernung von sechzehn Millionen Kilometern kamen.

?(Eine wortlose Frage, das Signal für Empfangsbereitschaft.)

!(Ein Gefühl von Erregung, das mit den Tagen nicht nachließ, ein Gefühl, das beinhaltete, daß das Raumschiff perfekt funktionierte, daß die Hoffnungen auf einen Erfolg der Mission noch sehr groß waren.)

Und dann:

. . . die Schurken krümmten und wanden sich vor dem allsehenden, mauerdurchdringenden Telepathen, während er Schicht um Schicht trügerischer hypnotischer Fesselung vom Geist des armen Mädchens löste . . .

WER IST DAS? Erdempfang, kommt bei euch ein Fernsehspektakel rein, oder was, um Himmels willen?

. . . das in der schauerlichen Festung eingekerkert war, wo sie dahinsiechte, mit niemanden sprechen konnte . . .

Eine Kraft, mein Gott, wie wenn man mit einer Eisenstange geschlagen wird! WER BIST DU?

. . . weinte sie nun vor übergroßer Erleichterung, weil ihr böser Vater nur ein Stiefvater war, und ihr Retter . . .

MARSSCHIFF WARTEN WARTEN WARTEN – sendet später – das hier ist eine Fantasie von Eskapisten, und so, wie die sich anhört, haben wir, ehe wir's uns versehen, eine katapathische Gruppe . . .

. . . führte sie aus dem Gefängnis heraus in eine helle Welt voll Sonnenschein, ohne Kummer . . .

. . . und wir können es uns nicht leisten, einen solchen Geist zu verlieren! Im Himmels willen, spürt ihr nicht, was für eine Macht er hat? Es ist unvorstellbar!

Vom Marsschiff, voller Zustimmung: *Wo ist er? Auf der Erde? Wo (Stadt) wo (Straße)?*

Irgendwo auf der sichtbaren Erdhälfte, nehme ich an! Wir müssen ihn finden, bevor . . .

Und, laut, während der Kommunikationsspezialist gegen die Wand der isolierten Zelle hämmert: »Laßt mich raus! Schnell!«

8

Irgend etwas stimmte nicht, draußen in der wirklichen Welt; stundenlang hatten donnernde Flugzeuge die Stadt kreuz und quer überflogen, abgesucht, so schien es fast; sie erzeugten ein ununterbrochenes Dröhnen, während sie drehten und wendeten und in Parallelformation dahinflogen, ohne je außer Hörweite zu geraten; und nun summten Hubschrauber gerade oberhalb der niedrigen Wolkendecke. Aus den Wolken fiel ein kühler Regen auf das schuttbedeckte Grundstück des zerfallenen Lagerhauses, schuf Miniaturseen und -flüsse, die Ziegelstaub rot färbte. Howson hatte sowieso kein Interesse an der äußeren Welt, sagte er sich selbst. Außerdem war es ein scheußlicher Tag. Besser, sich zu verkriechen und seine Fantasie schweifen zu lassen.

Aber seltsam: es wurde zunehmend schwieriger statt leichter, sich in seinen Fantasien zu verlieren. Bohrende Gedanken krochen ungebeten herauf, lenkten ihn ab. Verärgert zog er naheliegende

Erklärungen heran: Hunger, Kälte, abwegige Bilder aus dem Geist des Mädchens, die mit den seinen kollidierten.

Doch hatten sie vorhin gut gegessen, und das kleine Feuer, über dem sie ihren Eintopf gekocht hatten, glühte noch und erleuchtete ihren schlichten Unterschlupf freundlich. Und daß des Mädchens Geist aus der Verbindung mit dem seinen abwanderte, dieser Gedanke konnte zurückgewiesen werden: sie war ein unglaublich passives Publikum, war willens und glücklich, alles aus ihrem Bewußtsein zu verbannen, was nicht Teil der verführerischen Visionen war, die Howson schaffen konnte.

Nichtsdestoweniger dauerten die Ablenkungen an, tauchten auf vom Rande seines Bewußtseins und wurden schärfer, und sie waren so labil, daß sie sich veränderten, wenn er seine Aufmerksamkeit ihnen zuwandte. So mochte es für ein paar Sekunden den Anschein haben, daß er dachte: *Dies ist kindisch; warum mach' ich mich nicht auf und lerne meine Fähigkeiten richtig zu benutzen?* Dann, wenn er versuchte, diesen Gedanken auszulöschen, dachte er plötzlich: *Dieser Weg ist gefährlich; ich könnte meinen Körper vergessen und verhungern, während ich fantasiere.* Und der wütenden Antwort darauf – *Was stört mich das?* – wurde selbst gleich geantwortet: *Sterben, ohne die Intimität telepathischer Freunschaft erlebt zu haben?*

Er schnappte nach Luft und öffnete die Augen, setzte sich ruckartig auf. Stechender Schmerz von verkrampften Rückenmuskeln folgte der Bewegung. Neben ihm wimmerte das Mädchen, klagend über den Verlust des Kontakts. Er ignorierte sie, rappelte sich auf, kam auf die Beine und stürzte durch die sackverhangene Öffnung hinaus, die ihnen als Tür diente.

Draußen rieselte der Regen herab, kaum dicht genug, die umliegenden Gebäude zu verschleiern, doch immerhin so dicht, daß es ihm unmöglich war, nach oben zu schauen. Das Wasser, schmutzig von Staub und Ruß der Stadt, lief ihm in die Augen, ließ ihn hilflos blinzeln. Außerdem war das, was er suchte, noch hinter den Wolken verborgen.

Verborgen! Wie konnte *er* sich verbergen?

Jener letzte ablehnende Gedanke, der, der ihn hatte aufspringen lassen, war weder sein eigener noch der des Mädchens gewesen. Unter seiner einfachen Formulierung hatten Schichten erinnerter Erfahrung gelegen, die einem voll ausgebildeten und ungeheuer versierten Telepathen gehören mußte. Er bedurfte keines vorherigen Wissens, das zu spüren. Die Botschaft gab sich selbst zu erkennen. So waren sie also hinter ihm her, ihm, der nicht rennen konnte und noch nicht gelernt hatte, seine Projektionen abzuschalten oder zu kanalisieren.

Das Dröhnen der Hubschrauber schlug gegen seine Ohren, der Regen stach in seine Augen. Ohne Überlegung rannte, stolperte er plötzlich über den unebenen Boden; ein Stück glitschigen Bodens gab unter seinem Fuß nach, und er lag bäuchlings in einer Pfütze. Ohne auf Nässe und Schmutz zu achten, stand er wieder auf, hörte hinter sich die formlos gurgelnde Stimme des Mädchens, wußte, daß die Jäger ihn nun geortet hatten, und erwartete, daß jeden Moment die eckigen Insektenformen der Hubschrauber durch die graue Wolkendecke stoßen und sich um ihn schließen würden wie Aasgeier, die um einen verlorenen Wanderer kreisen.

Und da, einer von ihnen! Keuchend, fluchend drehte er sich um, rutschte und glitt und hüpfte und entging mehrmals nur knapp neuerlichem Fall. Eine senkrechte Bö hämmerte auf seinen Kopf, schleuderte Regentropfen gleich Hagel, als der Hubschrauber ihn einholte und über ihm blieb. Der Abwärtssog formte einen Käfig um ihn, dessen Gitterstäbe die Nadeln von Regen waren.

Das Mädchen schrie, so gut es eben schreien konnte; die ekelhaften Laute seines Wimmerns vermischten sich mit dem Gehämmer des Hubschraubermotors.

Telepath, warum hast du Angst?

Die stille Stimme drang in seinen Kopf wie ein kalter, reinigender Wind, der sein Bewußtsein inmitten des Hurrikans aus Lärm und Furcht zu einer Insel machte. In der Stimme lag die Ermutigung, zu akzeptieren, was geschah. Einen Augenblick lang war er zu verblüfft, dem Eindringling Widerstand entgegenzusetzen; dies war nicht irgendein beliebiger Gedanke, den er selbst aus einem passiven Geist aufgelesen hatte, sondern eine absichtliche und wohlüberlegte Projektion mit der Kraft jahrelanger geistiger Disziplin. Dann stieß der zweite Helikopter aus den Wolken, und er fand Stärke im Entsetzen.

Nein Nein Nein lasst mich in Ruhe!

Der Gedanke schoß ungezielt heraus, und der Hubschrauber über ihm reagierte, als hätte er ihn mit MG-Salven durchlöchert. Seine Nase sackte ab, er drehte sich und schlitterte über den nackten Boden, er zuckte wie toll, als einer seiner ausgefahrenen Beine in die Mauer des Lagerhauses krachte, und überschlug sich. Er krachte auf Schutthaufen, die Propeller klackten wie trockene Stöcke, und der Motor erstarb sofort.

Fassungslos verfolgte Howson den Sturz, wagte kaum, sich einzugestehen, daß er ihn verursacht hatte. Und doch wußte er, daß es so war: er hatte den lähmenden Schock im Geist des Piloten gespürt, der all dessen Reflexe durcheinanderwirbelte. Außerdem hatte er die geistige Stimme des Telepathen, der mit ihm ›geredet‹ hatte, verjagt, und dort, wo sich die Verbindung zwischen ihnen geformt hatte, hatte er ein Gefühl wie von einer offenen Wunde.

Und im gleichen Augenblick merkte er auch, daß vom Geist des Mädchens nichts mehr zu vernehmen war, daß sie bewußtlos im Schmutz lag.

Ein kurzes Hochgefühl ergriff ihn. Wenn dies sein Werk war, dann konnte er alles tun! Sollten sie nur kommen; mit Sturmstößen geistigen Widerstands würde er sie zurücktreiben, bis sie taten, was er wollte, und ihn in Ruhe ließen.

Und dann spürte er den Schmerz.

Aus dem zerborstenen Rumpf des Hubschraubers floß er heraus in schwarzen, betäubenden Wogen, die sich jeder bewußten Kontrolle entzogen, und war – vermöge des Bewußtseins der Leidenden, daß er verantwortlich war – auf Howson gerichtet. Er röchelte, dachte, sein eigenes Bein wäre gebrochen, sein eigener Brustkorb zerschmettert, sein eigener Kopf von einer scharfen Metallkante aufgerissen, blutend. In seinen erschreckten Geist hinein trat wieder die Stimme des Telepathen.

Du warst das.

LASS MICH IN RUHE!

Und diesmal blieb der übriggebliebene Hubschrauber ruhig, die telepathische Verbindung zitterte nur, brach nicht ab, da die Wut von Howsons Projektion durch den mitgefühlten Schmerz gedämpft war. Er setzte sich schwankend wieder in Gang, mit der vagen Absicht, sich im Lagerhaus zu verstecken, und dabei versuchte er, Entgegnungen auf die Anklagen des Telepathen zu formulieren.

Laßt mich in Ruhe. Ich will nicht wichtig sein! Wenn ich mich auf die Welt einlasse, passieren immer nur schlimme Sachen. (Konfusion von Bildern wirbelte auf: Polizisten, die an seiner Tür warteten, der Hubschrauberpilot, der wild nach seinen Kontrollhebeln griff).

Er kletterte mühsam einen Berg von Ziegeln und Mauerstücken aus zerbröckeltem Beton hinauf, hin zu einer Mauer, in der ein halbes Fenster eine Lücke bildete, die wie eine vereinzelte Zinne aussah. Die kühle, beherrschte Projektion des Telepathen fuhr fort:

Du vergeudest dein Talent an Fantasien. Du weißt nicht damit umzugehen. Deshalb wirst du ein Unglück nach dem anderen haben – wie mit einem schnellen Wagen, den zu steuern du nie gelernt hast! Und geschickt verbanden sich mit dieser Botschaft Bilder, die den Schutthaufen plötzlich wie einen zertrümmerten Wagen aussehen ließen, der vor der Mauer abbrannte, gegen die er gerast war.

Schmerz machte ihn schwindlig, und die Erkenntnis, wie reichhaltig diese Kommunikation war, wie souverän und gelassen dabei und wie weit jenseits seiner eigenen unausgebildeten Fähigkeiten, versetzte ihn in Panik: so kam er zur Spitze des Schutthaufens und stand schwankend in der Öffnung des halben Fensters. Vor ihm ging es drei Meter senkrecht hinab, in einen ehemaligen Keller. In seinem Entsetzen dachte er daran, hinunterzuspringen.

Ich kann dich vor Angst und Schmerz beschützen. Du mußt es nur zulassen.

NEIN NEIN NEIN LASS MICH IN RUHE!

Der Kontakt flackerte; der Telepath schien seine Kräfte zu sammeln. Er ›sagte‹: *Na gut, du hast das verdient, weil du so ein Narr bist. Halt dich still!*

Ein Griff wie von Eisen legte sich um die motorischen Zentren von Howsons Hirn. Seine Hände klammerten sich an den Rahmen des alten Fensters, seine Füße fanden festen Halt auf dem Sims, und danach konnte er sich nicht mehr rühren; der Telepath hatte seine Glieder eingefroren. Er konnte nicht einmal sein Erschrekken über die Entdeckung, daß solches möglich war, hinausschreien.

Dann tauchten Bilder auf.

Eine Tür, die auf eine Gasse führte, öffnet sich quietschend. Dahinter die Gestalt eines Mannes, dünn wie ein Skelett, mit blutunterlaufenen Augen, eingefallenen Wangen, der sich mit letzter Willenskraft voranschleppt. Hinter der Tür die Spur, die er durch den Staub auf dem Boden gezogen hat.

Halb noch im Haus, halb schon auf der Straße, bricht er zusammen. Zeit vergeht; ein Kind, das einem Ball hinterherjagt, findet ihn, schreit, davonlaufend, um Hilfe.

Ein Polizist kommt, bettet den ausgehungerten Mann auf seinen Mantel. Ein Doktor kommt mit einem Krankenwagen und Helfern. Sie werden auf die Spur im Staub aufmerksam, der Polizist und der Arzt folgen ihr ins Haus hinein.

Und nun ein Raum, Licht fällt durch schmutzige Fensterscheiben – ein Schweinestall von einem Zimmer, mit vier weiteren skelетthaften Gestalten, einer Frau und drei Männern auf hölzernen, mit Decken bedeckten Kisten: sie sind unfähig, zu denken oder sich zu bewegen, und auf ihren Gesichtern und Händen . . .

Ekel überfiel Howson, er meinte, sich erbrechen zu müssen, aber der unerbittliche geistige Griff hielt ihn fest.

Auf ihren Gesichtern, auf ihren Augenlidern und den Falten ihrer Stirn, hinter ihren Ohren und überall: *Staub.* Der sich sanft und unaufhaltsam niedergelassen hatte, weil sie sich nicht rühren konnten.

Der Mann war ein Telepath, sagte die Botschaft. *Er hieß Vargas. Auch er zog es vor, sich in Fantasien zu verlieren, die er mit einem bewundernden Publikum teilte. Er und die Teilnehmer an der Sitzung starben.*

Howson schrie. Es gelang ihm, zu schreien. Er schüttelte den Griff ab, der ihn gefangen hielt, schwankte, und einen Augenblick wahnsinnigen Schreckens lang wußte er, daß er sein Gleichgewicht verloren hatte und fiel. Sein letzter bewußter Gedanke war der an einen Baum und an eine Prellung, die wochenlang nicht abgeklungen war.

»Du wirst es überleben.«

Die Worte waren laut gesprochen und von einem geistigen Zeichen des Vertrauens in die Zukunft subtil bekräftigt worden. Howson öffnete die Augen und sah ein ruhiges Gesicht über sich. Ein ziemlich gutaussehendes Gesicht, und es lächelte.

Er befeuchtete seine Lippen und versuchte, eine Antwort hervorzukrächzen, aber sein Geist war schneller als seine Stimme.

»Du brauchst nicht zu reden. Ich bin der Telepath – ich bin Danny Waldemar.«

Das Gefühl von Verbänden um Kopf und Arme: eine verwirrte Frage.

»Alles ist in Ordnung. Wir haben dir sofort Prothrombin gegeben, als wir merkten, wie schlimm du geblutet hast. Die Wunden verkrusten sich schon.« Und unversehens ein Übergang zur Telepathie: *Du bist ein Wunder, weißt du das? Du hättest schon hundertfach sterben können, von kleinen Unfällen!*

Aber er war nicht gestorben, und deshalb erschien ihm der Gedanke irrelevant. Er ging einer wichtigen Sache nach.

Was wird mit mir geschehen? Die Frage war von Furcht und vagen Bildern von Vivisektion an Menschen verzerrt.

»Hab keine Angst.« Waldemar sprach laut, langsam, mit Nachdruck. »Nichts kann dir angetan werden, das du nicht verstehst. Nichts! Von nun an und für immer kannst du immer wissen, was jemand macht und vorhat, und warum!«

Natürlich . . . natürlich! Howson spürte, wie eine Art Lächeln auf sein verzerrtes Gesicht trat, und als Waldemar es sah, gluckste er beruhigt und erhob sich.

Jetzt bring' ich dich in den Hubschrauber. Und bring' dich wo hin, wo deine Verletzungen richtig behandelt werden.

Warte.

Waldemar hielt inne, ließ erkennen, daß er aufmerksam lauschte.

Das Mädchen. Sie ist taubstumm. Sie hatte nur mich – ich war der einzige Halt in ihrem Leben. Wenn du mich mitnimmst, mußt du auch sie mitnehmen. Es wäre nicht fair.

Überrascht schürzte Waldemar die Lippen. Für einen Augenblick schien er zu horchen, so als habe er eine geistige Nachforschung angestellt und sei zufrieden.

»Ja, warum nicht? Es ist absurd, daß heute noch jemand so rumlaufen muß. Ihr Gehirn ist heil, also kann sie künstliche Ohren, eine künstliche Stimme bekommen . . . Warum nicht? Ja, wir nehmen sie mit, auf jeden Fall.«

Howson schloß die Augen. Er war sich ziemlich sicher, daß der Vorschlag seinem Geist von Waldemar eingegeben worden war, aber es war ihm egal. Wichtig war allein, daß er einverstanden war und zufrieden mit dem, was geschehen war – die Zukunft ängstigte ihn nicht mehr.

Ein geistiges leises Lachen voll Wärme drang von Waldemar zu ihm herüber, und dann schlief er ein.

Zweites Buch

AGITAT

9

Howson blickte trübe über die Dächer von Ulan Bator und erwog, wie sehr die Verfassung der Stadt seiner eigenen ähnelte. Er spürte ihre kollektive Stimmung; für den Rest seines Lebens würde er ohne Unterbrechung einer Art emotionellen Witterung ausgesetzt sein, der Summe der individuellen Geister, die ihn umgaben.

Die Stadt war ziemlich schäbig und provinziell gewesen, obwohl sie die Hauptstadt eines Landes war. Die veränderten Lebensformen der Welt – Verkehr, Handel, Kommunikation – hatten sie in die moderne Zeit geschleudert; nun war es eine Stadt schöner weißer Hochhäuser und breiter Avenuen, und Reisende aller Art kamen an. Inmitten des Tumults von Veränderung konnten sich alte Menschen nur wundern, was ihnen widerfahren war, und sich ohne Enthusiasmus nach der einfacheren Vergangenheit zurücksehnen.

So war auch er von einer Veränderung ergriffen worden, die er nicht wollte und die er, so glaubte er, nur dann akzeptieren würde, wenn andere Veränderungen – solche, die er wünschte – ebenfalls möglich waren.

Nicht, daß sie nicht großzügig und gütig zu ihm gewesen waren. Sie hatten sich große Mühe gemacht. Neben den ungeheuer gründlichen ärztlichen Untersuchungen, denen ihre Spezialisten ihn unterzogen hatten – und diese Klinik in Ulan Bator war das größte Therapiezentrum für WHO in ganz Asien, mit entsprechendem Stab –, gab es solch kleineren Luxus wie diesen Sessel, in dem er saß. Der war in raffinierter Weise eigens für ihn, Gerald Howson, entworfen worden; er war kleiner als gewöhnliche Sessel, und die Polsterung folgte seinen Körperformen. Auch das Bett war speziell für ihn konstruiert, die Einrichtung des angrenzenden Badezimmers, alles.

Aber das wollte er gar nicht. Es war dasselbe, wie wenn man ihm in einen Bus hineinhalf: eine verabscheuenswerte Erinnerung an seine Behinderung.

Jemand klopfte an die Tür. Automatisch richtete er seine Aufmerksamkeit auf den Besucher – nein, die Besucher. Bislang hatte er fast kein formales Training im Gebrauch seines Talents akzeptiert, aber dem ständigen Stab der Klinik gehörten ausgebildete Telepathen an, und allein schon der Umstand, ihnen nahe zu sein, hatte seine Kontrolle und Feinfühligkeit erhöht. Er bewunderte sie – wer tat das nicht? Aber nichts hatte er bis jetzt über sie erfahren, was ihn damit versöhnt hätte, daß er war, was sie nicht waren: ein Gnom.

Sowohl laut als auch telepathisch sagte er in einem von Müdigkeit gefärbten Ton: »Jawohl, kommt rein.«

Als erster trat Pandit Singh ein. Ein stämmiger Mann, zur Fettleibigkeit neigend, mit ordentlich gekämmtem Bart und klugen, hellen Augen: er war der Chef von Therapie A – mit anderen Worten, verantwortlich für alle neurologischen und psychologischen Behandlungen in der Klinik. Die Leute, einschließlich Howson, mochten ihn. Howson war von der Tatsache beeindruckt, daß sein Mitgefühl immer von der Entschlossenheit begleitet war, etwas zu tun. Das Mitgefühl allzu vieler Menschen war von ihrer Erleichterung darüber angefault, daß wenigstens sie körperlich ganz und normal waren.

Mit ihm waren Danny Waldemar und eine der Neurologinnen der Klinik gekommen, eine Frau namens Christine Bakwa, der Howson kürzlich in einem der vielen Untersuchungsräume, die er passiert hatte, begegnet war. Sie hatte kein Geschick darin, ihre verbalisierten Gedanken zu disziplinieren, die Gedanken, die einem beiläufigen telepathischen ›Blick‹ am ehesten zugänglich waren, und noch bevor sie den Raum betrat, hatte Howson von ihr schon fast alles erfahren, was Sing zu sagen hatte.

Gleichwohl forderte er sie mit einer knappen Handbewegung auf, Platz zu nehmen, und drehte seinen eigenen Sessel auf den reibungslos funktionierenden Gleitern herum, bis er Singh gegenübersaß.

»Morgen, Gerry«, sagte Singh. »Ich habe gehört, deine Freundin hat dich besucht. Wie geht es ihr? Ich wollte mit ihr sprechen, aber ich hatte zu viel zu tun.«

»Sie kommt gut voran«, sagte Howson. So war es; sie gewöhnte sich allmählich an die Impulse von den Vibrationsmuscheln, die geschickte Chirurgen in ihre Ohren eingesetzt hatten, und an die bioaktivierten Stimmbänder aus Plastik, die ihre eigenen ersetzt hatten. Sie hatte gute Aussicht, bald Besitzerin einer musikalischen, wenn auch etwas schleppenden Sprechstimme zu sein, wenn sie das Training absolviert hatte. Howson schlug seinen sofort aufkommenden Neid auf ihre kindliche Freude nieder und fügte die Frage hinzu, deren Antwort er schon spürte:

»Und wie steht es mit mir?«

Sing sah ihn festen Blickes an. Er sagte: »Du weißt, daß ich schlechte Nachrichten für dich habe. Es wäre unmöglich, das zu verbergen.«

»Sprich es trotzdem aus«, sagte Howson hartnäckig.

»Na gut.« Singh seufzte. Er winkte Christine Bakwa zu sich, und sie reichte ihm ein Bündel von Papieren aus einer Mappe, die sie bei sich trug. Den obersten Umschlag nehmend, fuhr er fort: »Zuerst Gerry, ist da das Problem deines Großvaters – des Vaters deiner Mutter.«

»Er starb lange, bevor ich zur Welt kam«, murrte Howson.

»Das stimmt. Hat man dir je gesagt, warum er so jung starb?«

Howson schüttelte den Kopf. »Ich glaube, ich habe gewußt, daß meine Mutter nicht gerne darüber redete, also habe ich nie auf einer Antwort bestanden.«

»Nun, sie muß Bescheid gewußt haben. Er war ein Bluter – ein Mann, dem der normale Vorrat an thrombischen Enzymen fehlte. Er hätte niemals Kinder haben dürfen. Aber er hatte welche, und durch deine Mutter hast du den Mangel geerbt.«

»Ich sagte dir das«, warf Danny Waldemar ein. »Als wir dich an Bord des Hubschraubers brachten – erinnerst du dich? Ich sagte dir, wir hätten dir Prothrombin gegeben, ein künstliches Gerinnungsagens. Deine Wunden haben immer lange zum Verheilen gebraucht, nicht wahr? Ein ernsthafter Blutverlust – ein Nasenbluten etwa – hätte dich für Wochen ins Krankenhaus gebracht und hätte dich sehr leicht umbringen können. Du hast Glück, noch am Leben zu sein.«

Glück? Howsons Antwort blieb auf der telepathischen Ebene, aber sie war so voll Bitterkeit, daß Waldemar sichtbar zusammenschrak.

Laut wand Howson ein: »Na und? Prothrombin hat bei mir angesprochen: die Wunden von damals sind doch schnell genug verheilt, sobald sich der Schorf gebildet hatte.«

Singh tauschte einen Blick mit seinem Begleiter. Bevor er weitersprechen konnte, hatte Howson schon mitbekommen, was sich in Singhs Geist formulierte.

»Nein?« flüsterte er.

»Nein. Tut mir leid, Gerry. Diese Wunden heilten in der Tat nur halb so schnell, wie bei einem gesunden Menschen zu erwarten wäre. Und alles, was um einiges ernster als ein Schnitt ist – ein gebrochenes Bein zum Beispiel –, wird wahrscheinlich überhaupt nicht heilen. Und doch macht paradoxerweise gerade das aus dir den vielversprechendsten Telepathienovizen, der uns seit Ilse Kronstadt begegnet ist. Laßt mich das erklären.«

Er hielt das Papier hoch, so daß Howson es sehen konnte. Es zeigte eine große schematische Darstellung eines menschlichen Gehirns in Schwarz und Weiß. An der Basis der Großhirnrinde war ein kleiner roter Pfeil eingezeichnet.

»Du hast sicher fast alles, was ich zu sagen habe, schon aus meinen Gedanken gelesen«, sagte er. »Wie Danny dir bei eurer ersten Begegnung sagte: du wirst nie mehr von dem, was mit dir geschieht, überfahren werden können. Du wirst immer alles begreifen. Aber wenn es dir nichts ausmacht, führe ich es doch noch schnell einmal aus; da ich selbst kein Telepath bin, organisiere ich Wörter besser als nichtverbalisierte Vorstellungen.«

Howson nickte, während er voll Pein und Elend auf die Zeichnung starrte.

»Information wird im Gehirn ziemlich großzügig verteilt«, fuhr Singh fort. »Es hat so viel freien Raum. Aber es gibt gewisse Zonen, in denen sich normalerweise bestimmte Daten konzentrieren, und das, was wir das ›Körperbild‹ nennen, wird dort aufbewahrt, wo dieser Pfeil hinweist. Ein großer Teil der Daten, die für Heilprozesse benötigt werden, ist natürlich in den betreffenden Zellen selbst, aber in deinem Fall ist der Mechanismus fehlerhaft – siehe deine Bluterkrankheit. Das könnte man umgehen, indem man dein Körperbildzentrum künstlich stimuliert, aber dem steht das Paradox entgegen, von dem ich sprach.«

Er nahm eine andere Zeichnung, die das Gehirn von unten zeigte und auf der ebenfalls ein roter Pfeil war.

»Hier haben wir ein typisches Durchschnittsgehirn – eines wie meins oder Christines. Der rote Pfeil deutet auf eine Gruppe von Zellen, die Funcksches Organ heißen. Dieses Organ ist so klein, daß man es völlig übersah, bis die ersten Telepathen entdeckt wurden. In meinem Gehirn zum Beispiel besteht es aus ungefähr hundert Zellen, die sich von ihren Nachbarn nicht sehr unterscheiden. Schau dir genau an, wo es liegt.«

Wieder holte er ein neues Blatt aus dem Bündel. Diesmal handelte es sich um ein großes Röntgen-Transparent, die weißlichen Umrisse eines Schädels mit Kiefer und Halswirbeln.

»Du erinnerst dich, daß wir Röntgenaufnahmen von deinem Kopf gemacht haben, Gerry, nachdem wir dir eine Substanz eingeflößt haben, die die Zellen des Funckschen Organs färben. Hier, schau dir das Ergebnis an.«

Howson blickte stumpf auf das Bild.

»Diese weißliche Masse dort an der Schädelbasis«, sagte Singh, »ist dein Funcksches Organ. Fast um zwanzig Prozent größer als alle, die mir je vorgekommen sind. Du hast wahrscheinlich die machtvollste telepathische Potenz auf Erden; denn das ist das Organ, das von Impulsen aus anderen Nervensystemen in Resonanz versetzt wird. Du bist in der Lage, eine unglaubliche Menge von Information zu verkraften.«

»Und das hat aus mir einen Krüppel gemacht«, sagte Howson.

»Ja.« Langsam legte Singh das Bild beiseite. »Ja, Gerry. Dein Funcksches Organ hat den Raum an sich gerissen, der normalerweise vom Körperbild besetzt ist; die Folge ist, daß wir an deinem Körper nicht herumflicken können. Jede Operation, die dir helfen würde, würde dich auch töten.«

»Nun, Danny?« sagte Singh, als sie in sein Büro zurückgekehrt waren. Der Telepath, der auf die Entdeckung und Ausbildung neuer Talente seiner Art spezialisiert war, schüttelte langsam den Kopf.

»Er hat keinen Grund, mitzumachen«, sagte er. »Mein Gott, kannst du ihm das übelnehmen? Versetz dich einmal in seine Lage. Jedesmal, wenn er in den Spiegel schaut, sieht er das Gesicht – das Gesicht eines schwachsinnigen Kindes, das gleich kotzen muß! Soll es da nach zwanzig *solchen* Jahren noch eine Kompensation sein, Telepath zu werden? Ich habe in seinem Geist Sachen gesehen, die . . .« Er hielt inne, schluckte schwer.

»Bedenke, man hat ihn zuerst aus der Erdumlaufbahn gehört, von einem Satelliten aus; seine ›Stimme‹ ist also sehr wahrscheinlich die kräftigste in der Geschichte. Aber seine wirkliche Stimme ist nie gebrochen – er pfeift wie ein Kastrat! Er hat immer noch seine Milchzähne, du heiliger Himmel! Schön und gut, in Anbetracht seiner Bluterkrankheit, aber stell dir doch nur vor, was dadurch in seiner psychischen Entwicklung fehlt. Sein Haar wächst so langsam, daß er mehr als drei Monate nicht zum Friseur muß.

Niemals auch nur ein Ansatz zu einem Bart. Was Sexualität angeht, so hat er sich einige oberflächliche Einstellungen zugelegt, aber nie die Emotionen erlebt; was das zur Folge hat, wenn er zum ersten Mal mit jemandem Kontakt aufnimmt, der ein schweres sexuelles Problem hat, weiß Gott.«

»Können wir daran etwas ändern?« fragte Singh.

»Völlig undenkbar!« sagte Waldemar. »Du willst doch wohl nicht ernsthaft, daß seine Lage noch schlimmer wird – und glaub mir, das wird sie, wenn du ihn durch Hormone sexuell potent machst und dabei in seinem verunstalteten Körper läßt. Und außerdem bin ich durchaus nicht sicher, daß es dir gelänge; sein Körperbild ist so unnormal, daß sich nicht einmal sagen läßt, ob er auf Hormone ansprechen würde.«

»Ich frage mich, ob . . .«, warf Christine Bakwa ein, brach dann aber ab. Waldemar warf ihr einen Blick zu.

»Du fragst dich, ob ich nicht seinen Geist auseinandernehmen und wieder zusammensetzen könnte, hm? Um diesen furchtbaren Neid auf seine Freundin auszumerzen?«

»Ja, genau das.« Die Neurologin machte eine unbestimmte Geste. »Ich verstehe, warum er uns gegenüber so ablehnend ist; ich meine, wir haben ihr Hören und Sprechen ermöglicht, und das ging so leicht, daß er uns im Unterbewußtsein wahrscheinlich nicht glaubt, daß wir ihm nicht helfen können; und gerade die Tatsache, daß er nur unter der Bedingung mit euch mitkam, daß ihr ihr helft, deutet darauf, daß er hohes Einfühlungsvermögen hat.«

»Schon«, stimmte Waldemar zu. »Nur . . . er ist sehr stark.«

»Ich dachte, du hättest ihn damals, als ihr ihn holtet, unter deine Kontrolle gebracht.«

»Nur kurz. Und es wäre mir überhaupt nicht gelungen, wenn ihm nicht die Erkenntnis so furchtbar zugesetzt hätte, daß er die Schmerzen des Piloten in dem abgestürzten Hubschrauber verursacht hatte. Und schließlich hat er mich abgeschüttelt. Nein, wenn er will und einen kühlen Kopf hat, kann er jedem Versuch, in seinen Geist einzugreifen, trotzen, und ich bin mir nicht sicher, ob der Telepath, der das versucht, dabei nicht durchdreht.«

Ein unbehagliches Schweigen folgte. Es wurde von einem leisen Summen des Telefons auf Singhs Schreibtisch unterbrochen. Singh drückte die Empfangstaste.

»Ja?«

»Mr. Hemmikaini will Sie sprechen, Dr. Singh«, meldete eine Stimme.

»Oh! Oh, gut, gut. Schicken Sie ihn herauf.« Singh ließ die Taste los und warf seinen Gesprächspartnern einen Blick zu. »Jetzt kommt gleich einer der Besonderen Berater des UN-Generalsekretärs. Ich glaube, ich sollte mich eher mit seinen Wünschen beschäftigen als die ganze Zeit über Howson zu brüten. Aber bei dem Potential, das Howson repräsentiert . . .«

Sich erhebend, beendete Waldemar den Satz für ihn: » . . . würde man wünschen«, murmelte er, »daß der Rest der Welt uns mal ein paar Tage in Ruhe ließe, damit wir die Mauer seines Widerstands durchbrechen können! Jemand sollte mal untersuchen – ob wir Telepathen mehr Scherereien verursacht haben als bereinigt.«

Er warf Singh ein schiefes Grinsen zu und ging.

10

Hemmikaini war ein breitgebauter Mann mit rundem Gesicht, extrem kurz geschnittenem blonden Haar und äußerst rosiger Haut. Er sah aus wie ein erfolgreicher und hingebungsvoller leitender Angestellter – und genau das war er auch. Nur sein Betätigungsfeld war ungewöhnlich.

Nachdem er Singh eine plumpfingrige Hand gegeben und seinen schwarzen Aktenkoffer auf der Ecke des Schreibtischs abgesetzt hatte, ließ er sich in einen Sessel fallen und lehnte sich zurück.

»Nun, Sie wissen, warum ich hier bin, Dr. Singh. Sie wissen ebenfalls, daß die Zeit immer knapper wird, also werde ich keine mit höflicher Konversation vertrödeln. Wir haben ein Problem. Unsere Computer sagen uns, daß wir jemanden brauchen, der Fähigkeiten vom Kaliber einer Ilse Kronstadt besitzt. Ergo, wir brauchen sie – sie ist einzigartig. Aber unsere Bitte, sie uns zu schicken, die wir an den leitenden Direktor hier gerichtet haben, wurde mit der Aufforderung beantwortet, jemand von uns solle kommen und mit Ihnen reden. Warum?«

Singh stützte seine Ellbogen auf den Tisch, blickte seine Hände an und legte mit peinlicher Sorgfalt die Fingerspitzen aneinander.

Ohne den Kopf zu heben, sagte er: »Im Grunde wollen Sie also wissen, was Ilse Kronstadt hier schon tun kann, das wichtiger sein könnte als eine UN-Befriedungsoperation.«

Hemmikainis Augenlider flatterten.

Nach einer Pause nickte er.

»Da Sie es so unverblümt ausdrücken: Ja, das möchte ich gerne wissen.«

Singh brummte etwas und nickte nachdenklich. Dann sagte er: »Es geht wieder um Südafrika, nehme ich an?«

»Nicht schlecht geraten und naheliegend, wenn Sie die Zeitungen lesen. Aber eine Korrektur muß ich machen.« Hemmikaini beugte sich eindrucksvoll vor. »Es geht nicht nur *wieder* um Südafrika, in diesem Tonfall! Seit dem Schwarzen Treck, als die Hälfte der Arbeiter Südafrikas aus dem Land zog, ist es uns ständig ein Dorn im Fleisch gewesen – vorher auch schon, du meine Güte! Nach jedem neuen Ausbruch von Terrorismus und Gewalt sind wir hin, um aufzuräumen, und wir dachten, wir hätten das Problem endlich gelöst. Das haben wir nicht – nicht ganz. Aber diesmal wollen wir das versuchen, was wir schon immer tun wollten, seit Telepathen für uns arbeiten.«

»Ihr wollt es verhindern, bevor es losgeht«, murmelte Singh.

»Richtig. Wir haben jetzt fast genügend Daten. Makerakera ist seit drei Monaten dort, mit so vielen Helfern, wie wir entbehren können. Aber die Frist läuft zu schnell ab. Wir brauchen Ilse Kronstadt, um schneller zu sein.«

Singh erhob sich unvermittelt von seinem Stuhl am Schreibtisch und ging zum Fenster. Nachdem er den Schalter auf ›volle Durchsicht‹ gestellt hatte, blickte er auf Ulan Bator hinaus. Mit dem Rücken zu Hemmikaini sagte er: »Ich fürchte, Sie können sie nicht kriegen.«

»Was?« Hemmikaini ließ die Zügel sausen.» Jetzt hören Sie mal, Dr. Singh . . .!«
Er hielt inne, wurde sich der Schroffheit seines Tones bewußt und fuhr höflicher fort: »Ist das Dr. Kronstadts Antwort?«

»Keine Ahnung. Die Bitte ist ihr nicht einmal vorgetragen worden.«

»Was um Himmels willen meinen Sie dann?« Hemmikaini machte keinen Versuch mehr, ruhig zu bleiben.

»Sie müssen sich doch schon gefragt haben«, sagte Singh, »warum Ilse das UN-Befriedungsbüro verlassen hat, wo sie praktisch als Pionierin die Techniken gewaltloser Kontrolle entwickelt hat, die anschließend Standardpraxis wurden.«

»Ja, natürlich habe ich mich das gefragt«, zischte Hemmikaini.

»Und?«

»Nun . . . nun, ich nahm an, sie brauchte eine Veränderung. Mein Gott, sie hat sich oft genug bis an den Rand der Erschöpfung gearbeitet!«

»Das Wort Erschöpfung reicht nicht aus, Mr. Hemmikaini.« Singh drehte sich nun um, und das Licht vom Fenster schimmerte auf den ergrauenden Spitzen seines Haares und Bartes. »Ilse Kronstadt steht mit einem Fuß im Grab.«

Hemmikainis hell-rosige Lippen traten auseinander. Kein Laut kam hervor.

»Gewöhnlich«, fuhr Singh unerbittlich fort, »wird jemand, der so unersetzbar ist wie Ilse, ständig von Ärzten, Psychologen, einer ganzen Horde von Experten, beobachtet. Vor einigen Jahren gab es eine Reihe von Krisen, alle dicht hintereinander – Indien, Indonesien, Portugal, Litauen, Guayana –, und diese Vorsichtsmaßnahmen wurden vorübergehend vernachlässigt. Hinterher entdeckten wir in Ilses Gehirn einen bösartigen Tumor. Wenn wir ihn früh genug entdeckt hätten, hätten wir ihn mit Mikrochirurgie entfernen können; ein wenig später, und wir hätten noch Ultraschall oder Elektronenstrahlen einsetzen können. Aber wie die Sache lief, ließe er sich jetzt nur noch durch einen größeren chirurgischen Eingriff von *unterhalb* der Schädelbasis her herausschneiden.«

»Oh, mein Gott«, sagte Hemmikaini. Er sah Singh nicht an. Wahrscheinlich konnte er das nicht. »Sie meinen, Sie müßten durch ihr telepathisches Organ hindurchschneiden, um dranzukommen.«

»Genau.«

»Weiß sie?«

»Haben *Sie* je versucht, vor einem Telepathen ein Geheimnis zu haben? Nur einem anderen Telepathen gelingt das, und in Ilses Fall bin ich mir nicht sicher, daß *irgend* jemand ihr Einblick verwehren könnte, wenn sie wirklich entschlossen wäre. Sie wissen, sie ist in der Lage, die ganze Persönlichkeit eines anderen Menschen zu steuern – oder das ›Hier-und-Jetzt‹-Bewußtsein von ungefähr zwölf Menschen gleichzeitig.«

Singh drehte seine Hand in der Luft um, als wolle er Staub aus seiner Handfläche fallen lassen. »Sie können sie nicht kriegen, Mr. Hemmikaini. Solange sie hier ist, können wir sie am Leben erhalten und ihr helfen, mit ihrer Energie hauszuhalten. Sie ist nicht eigentlich eine Invalide – ihr Leben hier gleicht dem der anderen Stabmitglieder –, aber sie übernimmt nur noch eine Art von Arbeit, und das selten.«

»Weil die Belastung zu groß ist?«

»Natürlich.«

Hemmikaini fuhr sich mit der Zunge über die Lippen. »Was für eine Arbeit macht sie denn?«

»Wissen Sie, was eine katapathische Gruppe ist?« fragte Singh. Auf das verneinende Kopfschütteln hin holte er aus: »Das Wort ist eine Zusammensetzung aus ›Katalepsie‹ und ›telepathisch‹. Ab und zu kommt es vor, daß sich die Persönlichkeit eines Telepathen als unzureichend erweist. Vielleicht macht er sich an eine Aufgabe, die für ihn zu groß ist. Vielleicht ist er einfach der Verantwortung nicht gewachsen, die mit seinem Talent einhergeht. Oder vielleicht meint er grundsätzlich, die Welt sei keiner Unterstützung wert.« Flüchtig dachte er an den verkrüppelten, zu kurz geratenen Howson, fuhr dann eilig fort. »Er zieht sich lieber zurück, um eine Fantasiewelt zu erschaffen, die erträglicher ist. Nun, jeder tut das gelegentlich. Ein Telepath aber kann das im großen Stil tun. Er kann sich ein Publikum holen – bis zu acht Leuten, wenn er stark ist – und es mit sich in seine schöne Welt nehmen. Wir nennen sie ›reflektive Persönlichkeiten‹; sie spiegeln und nähren das Ego des Telepathen.

Wenn das geschieht, vergessen sie nicht nur die Welt um sich herum, sondern auch ihre Körper. Sie spüren weder Hunger noch Durst, noch Schmerz. Und es liegt ihnen, wie zu erwarten, nichts daran, wieder aufzuwachen.«

»Wachen sie *gar* nicht mehr auf?« wollte Hemmikaini wissen.

»Doch, irgendwann schon. Aber daß sie Hunger und Durst nicht spüren, heißt nicht, daß sie nicht existieren. Nach fünf bis sieben Tagen hat das Gehirn irreparablen Schaden erlitten, und was sie schließlich aufweckt, ist der Umstand, daß der Telepath die Kraft verliert, diese komplexe Verbindung aufrechtzuhalten. Aber wenn es soweit ist, sind sie schon verloren.«

»Was hat das mit Ilse Kronstadt zu tun?«

»Selbst ein Telepath mit unzureichender Persönlichkeit ist

kostbar«, sagte Singh. »Es gibt eine Chance, eine katapathische Gruppe zu retten, wenn sie rechtzeitig entdeckt wird. Man muß in die Fantasiewelt eindringen und sie noch unerträglicher machen als die Wirklichkeit. Und Ilse ist ein Mensch, dem das immer gelingt. Sie ist bei dieser Aufgabe noch nie gescheitert. Sie sehen also, Mr. Hemmikaini« – er gestattete sich ein grimmiges Lächeln –, »Ihre Frage: was für eine Aufgabe könnte für Ilse wichtiger sein als eine große UN-Befriedungsaktion? – diese Frage kann ich beantworten. Sie hat fast zwei Dutzend Telepathen gerettet und uns erhalten; zusammen haben die weit mehr erreicht, als sie allein je hätte erreichen können, selbst wenn sie gesund wäre.«

Eine Weile schwieg Hemmikaini. Endlich fragte er: »Wie lange wird sie noch leben?«

»Vielleicht stirbt sie vor Erschöpfung während ihrer nächsten therapeutischen Sitzung. Vielleicht hat sie noch fünf Jahre. Ich kann nur raten.«

Wieder Schweigen. Dann gab sich der UN-Mann einen Stoß und erhob sich. »Danke für die Erklärung, Dr. Singh«, murmelte er. »Wir müssen also wohl mit der zweiten Garnitur auskommen.«

Später am selben Tag ging Singh, von einem unerklärlichen Impuls getrieben, hinauf zu dem Apartment im Westflügel der Klinik, in dem Ilse Kronstadt lebte. Als er den Kopf durch die Tür steckte, sah er sie vor ihrer Schreibmaschine, ihre feingliedrigen Hände flogen über die Tasten wie Kolobris, und der Raum war vom sanften Summen des Motors erfüllt.

»Komm rein, Pan«, forderte sie ihn auf. »Einen Moment noch, dann hab' ich Zeit für dich.«

Singh trat ein, die Tür hinter sich schließend. Unwillkürlich mußte er sie ansehen und über die Veränderung nachdenken, die sie seit der ersten Zeit ihrer Bekanntschaft durchgemacht hatte. Das blonde Haar war vollkommen weiß geworden; über das starke Gesicht zog sich ein Netzwerk von Fältchen, und ihre gesunde Hautfarbe wandelte sich zu wächserner Blässe.

»Ja, Pan, ich weiß«, sagte sie sanft. Sie zog das Blatt aus der Maschine und wandte sich ihm zu. »Es macht mir manchmal Angst . . . Deshalb versuche ich ja, die Geister zu bannen.«

»Was meinst du?« murmelte Singh.

»Ich habe mich entschlossen, meine Autobiographie zu schreiben«, antwortete sie. Ein spitzbübisches Grinsen huschte über ihr Gesicht. »Ein todsicherer Bestseller, sagte man mir! Oh, setz dich doch, Pan! Wir beide brauchen doch nicht förmlich miteinander zu sein, oder? Besonders, wo ich dich doch habe kommen lassen.«

Die Überraschung, die in Singhs Geist Gestalt annahm, verflog im gleichen Moment. Er lachte in sich hinein und ging zu einem Sessel. Ilse Kronstadt sützte ihren Ellbogen auf die Rückenlehne ihres Stuhls und versenkte ihr Kinn in der Schale ihrer Hand.

»Du hast Sorgen, Pan«, sagte sie mit unvermitteltem Übergang in einem ernsten Tonfall. »Das verbreitet hier seit Tagen Düsterkeit. Hauptsächlich hat das mit dem Neuen zu tun, den Dany aufgelesen hat – armer Kerl! –, aber heute morgen merkte ich, daß ich auch irgendwie hineingeraten bin; also dachte ich, sprechen wir mal drüber. Ich habe gewartet, bis du frei warst.«

»Mußtest du mich wirklich kommen lassen?« Singh sprach die Worte laut, weil er wußte, daß der Gedanke zu machtvoll in sein Bewußtsein gerückt war, als daß er ihn hätte verbergen können.

»Ja, Pan.« Die Worte fielen wie Steine herab. »Es wird immer schlimmer. Ich muß den Gebrauch meiner Telepathie jetzt sehr einschränken; ich ermüde schnell, und ich bin schnell durcheinander. Das bewirkt, daß ich mich sehr alt fühle.« Ein Schweigen. Ohne ihn anzublicken, fuhr sie schließlich fort: »Weißt du, ich hätte gern geheiratet, Kinder gehabt . . . Ich glaube, ich hätte es trotz allem versucht, wenn ich nicht von innen gesehen hätte, was für eine Hölle es ist, nichttelepathisches Kind telepathischer Eltern zu sein. Erinnerst du dich an Nola Grüning?«

»Ja, sehr gut«, murmelte Singh. Nola Grüning hatte geheiratet – natürlich einen Telepathen, alles andere war Wahnsinn – und ein Kind gehabt, das die Gabe nicht erbte. Und schließlich hatte sie eine katapathische Gruppe von Kindern gebildet, die sie in helle Märchenwelten hineinzog; Ilse hatte jede der reflektiven Persönlichkeiten einzeln daraus lösen müssen, und Nola war hoffnungslosem Wahnsinn verfallen.

»Deshalb!« sagte Ilse mit erzwungener Heiterkeit. »Deshalb die Autobiographie. Wenigstens Worte kann ich hinterlassen. Aber jetzt sag mir, weswegen du heute morgen, unter all deinen anderen Sorgen, auch an mich gedacht hast.«

Singh fing erst gar nicht an zu reden; er ließ lediglich die Tatsache in seinem Geist aufmarschieren und Ilse sie inspizieren.

Sie seufzte. »Du hast natürlich recht, Pan. Eine derartig komplexe Situation könnte ich nicht bewältigen – nicht mehr. Es würde mich zerbrechen. Die Frustration, weißt du. Du löst das große Problem, aber Hunderte, vielleicht Tausende kleiner Probleme bleiben ungelöst zurück, und jedes einzelne tut weh . . . es gelang mir gewöhnlich, mich damit abzufinden. Jetzt – jetzt muß ich endgültig resignieren.«

Sie machte eine Bewegung, als schüttle sie einen schlimmen Traum ab. »Was soll's! Seit Anbeginn der Geschichte sind Menschen blind geworden, sind Menschen verrückt geworden. Ich bin immer noch ein Mensch, schließlich und endlich! Kommt Danny übrigens mit seinem Neuen weiter?«

»Noch nicht. Deshalb habe ich ja Sorge ausgestrahlt.«

»Was für eine verfluchte Schande! Manchmal denke ich, daß ich trotz allem unglaubliches Glück hatte, Pan. Wenigstens hatte ich intelligente Eltern, eine gesunde Kindheit, erstklassige Erziehung . . . besser konnte ich kaum ausgerüstet sein. Und daß die Gabe erst spät in Erscheinung tritt – niemals unter siebzehn, meistens erst mit zwanzig –, ist wohl eine Art natürliche Versicherung dagegen, daß sie eine unreife Persönlichkeit zerstört. Aber er, er ist wirklich total verhunzt, nicht wahr? Vaterlos, dann auch mutterlos, ein Krüppel, ein Bluter . . .«

»Hast du irgendwelche Ideen, die Danny helfen könnten?« fragte Singh.

»Du kommst spät, Pan!« Sie lachte rauh. »Danny fragte mich schon vor einer Woche, ob ich helfen könne.«

»Und? Kannst du?«

Ihr Gesicht wurde ausdruckslos, als sei ein Licht dahinter ausgeschaltet worden. Steinern sagte sie: »Ich wage es nicht, Pan. Ich habe an die Ränder seines Geistes gerührt und bin umgekehrt. Früher hätte ich es vielleicht riskiert – ich hätte mich darauf verlassen, daß meine Erfahrung seine schiere Kraft aufwiegt. Ich hätte sicherstellen können, daß er nicht in Panik ausbricht. Jetzt bin ich zu alt, um mit ihm zurechtzukommen, Pan – und zu krank.«

»Was wird denn dann aus ihm werden? Werden wir ihn verlieren?« Singhs Stimme klang schleppend.

»Ich kann nicht tief genug in seine Persönlichkeit hinuntertauchen, um dir das zu sagen. Offensichtlich hat er Einfühlungsvermögen, das nur erschlossen werden will; wenn das geschieht, wird er mein Nachfolger sein. Das ist dir doch klar, hoffe ich? Wenn nicht, haßt er sich vielleicht in den Wahnsinn hinein. Wie wir den Gang der Dinge beeinflussen könnten, *weiß* ich einfach nicht, Pan! Ich sage dir, ich wage es nicht, so tief in ihn hineinzublicken!«

11

Wenig später kam eine Zeit, wo sie Howson mehr und mehr sich selbst überließen, und auch das nahm er ihnen – wie er sich ehrlich eingestand, wenn er sich nüchterner betrachtete – übel. Wenn er seine eigenen Gefühle analysierte, fand er, daß das Verlangen, als ein Mann von Wichtigkeit behandelt zu werden, in seinem Unterbewußtsein noch wirksam war; seine Haltung hartnäckigen Widerstands gegen Singhs Bitten und Beschwörungen, gegen Waldemars telepathische Überredungsversuche, war indirekt befriedigend, weil sie das Mittel war, sich der Fortdauer ihres Interesses zu versichern. Hatte er einmal nachgegeben und sich auf Kooperation eingelassen, würde der größte Teil seines Trainings von ihm selbst geleistet werden müssen. Ein anderer Telepath konnte ihn lediglich vor Sackgassen warnen. Jeder war einzigartig, und jeder mußte sein eigener Lehrer sein.

Natürlich war das nur die eine Hälfte. Die andere Hälfte blickte ihn aus dem Spiegel an.

Soviel war ziemlich leicht zu begreifen. Andere Dinge verwirrten ihn ein wenig. Die überaus behutsame, fast zimperliche Art und Weise, in der Waldemar den telepathischen Kontakt mit ihm anging, war ihm für eine geraume Weile nach seiner Ankunft in Ulan Bator ein Rätsel; eines Tages jedoch entglitt Waldemar kurz die Kontrolle über die Erklärung, die er bis dahin vor ihm verborgen gehalten hatte, und der Grund trat ans helle Tageslicht. Er hatte Angst, daß Howson wahnsinnig werden könnte, und diese Vorstellung – ein wahnsinniger Telepath von Howsons Potenz! – war zutiefst erschreckend.

Noch verwirrender war die Entdeckung, die Howson machte, nachdem die Idee in seinem eigenen Geist gekeimt war: der Gedanke, sich in den Wahnsinn zu flüchten, besaß eine abscheuliche Faszination: böte das doch die Möglichkeit zügelloser Machtausübung, ohne das Hemmnis von ihm verursachten und auf ihn zurückschlagenden Leidens – er erinnerte sich nur zu gut, wie er die Schmerzen des Mannes in dem abgestürzten Hubschrauber erlebt hatte.

Vor jedem Ereignis, das die Aufmerksamkeit aller von ihm ablenkte, hatte er sich gnädig durch die Klinik führen lassen, und er hatte den Rundgang immerhin so interessant gefunden, daß er danach gelegentlich allein die Gänge entlanghumpelte: das Personal war von Singh instruiert worden, ihn stets gewähren zu lassen. Immer wieder jedoch hatte Neid ihn überfallen, wenn er Patienten auf dem Weg der Genesung sah, sei es von geistiger, sei es von körperlicher Krankheit, und nun zog er es vor, brütend in seinem Zimmer zu sitzen und seinen Geist wandern zu lassen. Dem konnte er nicht widerstehen; wie er schon entdeckt hatte, als die Fähigkeit zum ersten Mal in ihm erschien: eine Möglichkeit, sie einfach abzuschalten, so wie man die Augen schloß, gab es nicht.

Wenn er sich vollständig öffnete, wurde aus der Klinik und aus der umliegenden Stadt ein Chaos von Unsinn. Allmählich jedoch entwickelte er seine Kraft der Selektion und fand bestätigt, was er vermutet hatte: Genauigkeit der Wahrnehmung war nicht so sehr eine Funktion der Entfernung, sondern unwesentlichen geistigen ›Lärms‹, und sorgfältige Konzentration machte es möglich, aus tausenden einen einzelnen Geist herauszusondern, gerade so, wie man einem einzelnen Sprecher inmitten des Stimmenwirrwarrs einer munteren Party folgen kann.

Einige Individuen ließen sich sehr leicht heraussondern; sie glühten und blühten wie Meteore vor schwarzem Himmel. Die Telepathen des Stabs waren naturgemäß die am leichtesten erreichbaren, aber Howson zögerte, sich auf Kontakt mit ihnen einzulassen; er spürte, wenn er es tat, eine grundsätzliche Freundlichkeit ihm entgegenströmen; sie war aber verfärbt, weil es für sie so selbstverständlich war, daß jeder Telepath die Gabe, die er empfangen hatte, auch gerne annahm, und sie deshalb von Howsons Depression verwirrt und beunruhigt waren.

Jedenfalls waren sie, mit Ausnahme eines einzigen, vollkommen von ihrer Arbeit in Anspruch genommen. Dieser eine besaß einen Geist, der den ganzen Flügel der Klinik, in dem Howson wohnte, mit einem unsichtbaren Strahlen von solcher Helligkeit erleuchtete, daß die Persönlichkeit dahinter wie von einem Schild verborgen wurde. Er hatte an den Randzonen dieser Strahlung herumgetastet und eine Aura zuversichtlicher Kraft gespürt, die ihm Einhalt gebot; dann hatte, unerwarteterweise, eine Störung das Zentrum dieser Strahlung befallen, die Aura dunkelte, schwand fast völlig dahin. Wie ein Stern, den Müdigkeit überkommen hatte. Howson begriff es nicht, fand, es war zu viel für ihn; er zog es vor, seine Aufmerksamkeit in eine andere Richtung zu lenken.

Natürlich hatte er gefragt, wem dieser bemerkenswerte Geist gehörte, und die Antwort – daß das die halblegendäre Ilse Kronstadt war, Vorbild der Heldin jenes Films, den er zusammen mit dem Mann in Braun gesehen hatte – machte ihn noch weniger geneigt, sie zu belästigen.

Und dann gab es auch Nicht-Telepathen, die herausragten. Singh war der beeindruckendste. Sein Geist war klar wie stilles Wasser, man konnte endlos in ihn niedersteigen, ohne je an die Grenzen seiner Liebe zu stoßen. Wieder jedoch zog Howson es vor, nicht in Singhs Bewußtsein hineinzutauchen. Er war zu sehr mit seiner, Howsons, eigenen mißlichen Lage beschäftigt, mit der offenkundigen Unmöglichkeit, seine Verkrüppelung zu heilen.

Statt dessen zog er es vor, an die etwas gewöhnlicheren Geister zu rühren – die von Ärzten und Patienten. Zunächst bewegte er sich mit äußerster Vorsicht; dann, als er sich seines Geschicks sicherer wurde, wurde er auch kühner und verbrachte viele Stunden in Kontemplation, die ihn genauso fesselte wie Kino und Fernsehen ehedem. Diese Kontemplation aber war um so vieles reichhaltiger, daß der Fernsehapparat in der Ecke seines Zimmers nach der ersten Woche seines Aufenthalts nicht mehr eingeschaltet wurde.

In der Klinik waren Patienten und Personal aus mehr als fünfzig Ländern. Ihre Sprachen, Gewohnheiten, Hoffnungen und Ängste faszinierten ihn endlos, und nur wenn er, nach solch einer Reise durch viele Geister, trunken vor Entzücken über geteilte Erfahrungen, zur Realität zurückkam, fand er sich je ernsthaft geneigt, auf die Wünsche Singhs und Waldemars einzugehen.

Aber noch verweigerte er sich. In der Klinik gab es eine Gruppe von Patienten, deren Geister er nicht übersehen konnte und die manchmal dafür verantwortlich waren, daß er mitten in der Nacht schweißüberströmt aufwachte, ein Opfer namenloser Schrecken. Das waren die Geistesgestörten, die Wahnsinnigen, verloren dahintreibend in ihrem privaten Universum der Unlogik: und dies war natürlich das Arbeitsfeld der Telepathen des Stabs.

Einmal, ein einziges Mal, ›sah‹ er zu, wie ein telepathischer Psychiater sich für eine therapeutische Sitzung rüstete. Der Patient war ein Paranoiker mit einer zwanghaften, verzehrenden sexuellen Eifersucht, und der Telepath versuchte, die zugrunde liegenden Erlebnisse ausfindig zu machen. Natürlich war das Problem zu schwierig, um von Telepathie allein gelöst zu werden; sobald die Erfahrungen identifiziert waren, würden Hypnose, Drogen-Abreaktion und wahrscheinlich eine Regression im Koma nötig sein, um dem Mann zu einer Bewältigung seiner Vergangenheit zu verhelfen. Im Augenblick jedoch war sein Hirn eine Hölle irrationaler Qualen, und der Telepath mußte sich seinen Weg hindurchbahnen wie durch einen Dschungel voller Monster.

Howson begleitete den Psychiater nicht über diesen Punkt hinaus. Aber seine Angst vor dem Wahnsinn war größer als je zuvor.

Und dann brach die Krise aus; Howson, der seine Mitarbeit verweigerte, wurde vergessen, während krampfhafte Rettungsversuche gemacht wurden.

Sein Bild von dem, was wirklich geschah, blieb lange Zeit ziemlich verworren. Seit Wochen hatte er keine Zeitungen mehr gelesen oder im Fernsehen eine Nachrichtensendung gesehen; sonst hätte er gewußt, daß Hemmikainis ›zweite Garnitur‹ nicht gut genug gewesen war und daß sich infolgedessen die Krise in Südafrika in ein schmutziges, blutiges, heillos verworrenes Unglück verwandelt hatte.

Während Makerakera, der Experte für Aggression, sich verzweifelt abmühte, eine Mannschaft aus den verfügbaren Männern zusammenzuwürfeln – Choong aus Hongkong, Jenny Pender aus Indiana, Stanislaus Danquah aus Accra und einige Schüler –, wandte der kleine Grieche Perikles Phranakis der Katastrophe, die abzuwenden er nicht vermocht hatte, den Rücken und folgte einem Pfad seiner eigenen Wahl, in ein Land, in dem Erfolg seine Bemühungen mit Lorbeer krönte.

In Salisbury, Nairobi, Johannesburg fielen Truppen vom Himmel; nach ihnen kamen die mobilen Lazarette, die Transporthubschrauber, die Säcke, Kisten und Ballen von Grundnahrungsmitteln; nach ihnen die Juristen und Politiker (was tun mit einem Mann im Gefängnis, des Mordes angeklagt, wenn die Organe der angeklagten Staatsmacht zusammengebrochen sind?). Ein großes hohles Schweigen folgte dem Tumult, und in die Stille hinein klangen die Stimmen weinender Kinder.

Inzwischen brachte ein Mach-Fünf-Stratosphärenjäger den reglosen Körper von Perikles Phranakis nach Ulan Bator, und die Computer behielten recht: es bedurfte einer Ilse Kronstadt, um mit dieser Krise fertig zu werden, und wenn sie nicht an den Ort der Krise kommen konnte, dann kam die Krise zu ihr.

Howson las einige streunende Bilder aus der Fantasie auf, der Phranakis sich hingegeben hatte, und ihn schauderte. Sie erinnerte ihn stark an seine eigenen Tagträume, die – wie jedenfalls Danny Waldemar meinte – ihn schließlich in eine katapathische Gruppe mit dem taubstummen Mädchen geführt hätten. Im Gedanken daran erinnerte er sich des Staubes auf Vargas' Augen, und fast stöhnte er laut auf.

Ein merkwürdiges Gefühl von Isolation plagte ihn nun, da alle ihre Gedanken auf Phranakis gerichtet hatten; in Panik, weil er sich einsam fühlte – um so schlimmer nach der monatelang ihm gewidmeten Aufmerksamkeit, in der er gebadet hatte –, stürzte er sich auf die Probleme, die die herausragenden Geister in seiner Nähe beschäftigten.

Nicht gleich getraute er sich, in Ilse Kronstadts Geist einzudringen, aber er spürte ihre Unruhe und Besorgnis wie einen schlechten Geruch. Undeutlich verstand er, daß Phranakis, selbst nachdem er gescheitert war, immer noch als ihr schärfster, ihr fast ebenbürtiger Rivale auf ihrem Spezialgebiet, der Ausmerzung von Aggression, betrachtet wurde; vor der Aufgabe, seine Fantasie aufzubrechen, sank ihr der Mut.

Betreten richtete er seine Aufmerksamkeit anderswohin und sah, wie das kollektive Bewußtsein des Stabes von dem Gedanken an Phranakis geradezu besessen war. Wie eine Schar von Krähen, die einem Pflüger folgt, strömten Menschen herbei; die ihn kannten und die Stimmen der Toten auf Papier, Tonband und Film berieten Ilse Kronstadt. Als er fünf Jahre alt war, hat er dies und jenes gemacht; mit seinem ersten Mädchen vergnügte er sich so;

während seines telepathischen Trainings hatte er Schwierigkeiten hier- und damit.

So wie ein Bildhauer allerlei Metallabfälle nimmt und sie zu einem Kunstwerk verschmilzt, so überschaute Ilse Kronstadt nun diese Daten und schuf sich ein geistiges Bild von Phranakis. Howson war fasziniert; so hingerissen war er, daß er es nicht merkte, als er das erste Mal in ihr Bewußtsein eintrat. Entweder merkte sie nicht, daß er sie ›beobachtete‹, oder es war ihr egal, weil sie zu sehr beschäftigt war. Er hielt letzteres für wahrscheinlich und empfand einen Stich von Scham und Schuldgefühl angesichts seiner Weigerung, sein eigenes Talent dienstbar zu machen, wie sie es tat.

Reglos wie ein Stein in seinem Spezialsessel sitzend, der bequemer war als alle Sessel, die er je benutzt hatte, nahm er die Übungen der Selbstdisziplin in sich auf, mit denen sie ihr gefährdetes Selbstbewußtsein stützte und aufrichtete. Systematisch erinnerte sie sich vergangener Kämpfe, die zunächst genauso entmutigt, dann aber doch triumphal geendet hatten; Vorstellungen von Selbstachtung, Selbstverherrlichung fast, nährte sie bewußt, um ihre Entschlossenheit zu stärken.

All das verfolgte Howson mit angespannter Konzentration. Gleichwohl, als er seinen Geist zu Phranakis wandern ließ, erzitterte er. Wie konnte irgend jemand – selbst die unvergleichliche Dr. Kronstadt – jetzt noch die eherne Fantasie durchbrechen, die das Ego des Mannes umgab?

Er vergaß, daß er Gerald Howson war. Er vergaß, daß er ein Krüppel, ein Gnom, ein Bluter, ein Waise war. Er wußte nur noch, er war Telepath, er konnte in jedweden Geist hineinblicken, und voll verzweifelten Eifers vervollständigte er sein Wissen von den Umständen, die zu dieser ausweglosen Situation geführt hatten.

Phranakis: so fühlte er sich, so sah er sich selbst, bevor er in seine Fantasie ausstieg; dies war das Gesicht, das er täglich im Spiegel sah; dies die Mutter, wie er sich erinnerte, der Vater, die Geschwister; dies der Weg, der ihn nach Athen und zu den Enttäuschungen des frühen Mannesalters führte, dies der Raum, in dem ihn die Erkenntnis seiner wahren Identität überfiel . . .

Südafrika: dies das Geschwür, das unter der schnittigen modernen Oberfläche schwärte; dies der Haß schwarzer Haut auf weiße und dies die Gier, die in Gewalt ausbrach . . . Er sah Makerakera, den riesigen Polynesier, wie er eine sonnige Straße entlangging und Haß absorbierte wie eine Kamera; er war einer der seltenen rezeptiven Telepathen, der Telepathen, die keine eigene projektive ›Stimme‹ besaßen, wie die Therapie-Wachhunde und Laienanalytiker, denen Howson hier in der Klinik begegnet war. Er sah lange Korridore, Räume, in denen sich feierlich-ernste Männer versammelten, die den ersten Versuch planten, jene uralte Platitüde beim Wort zu nehmen: »Die beste Zeit, einen Krieg zu beenden, ist vor Ausbruch des Krieges.« Er spürte, wie Phranakis reagiert hatte, als er erkannte, daß seine Arbeit gescheitert war: er sah darin Nemesis, die Vergeltung von Hybris, der grenzenlosen Selbstüberhebung, die die Götter seiner Vorfahren beleidigt hatte.

Und ebenso blickte er in die Geister und Lebensgeschichten derjenigen, die Phranakis mit sich genommen hatte. Genommen: das war der wahrlich einzigartige Aspekt dieses Falles und der, der Ilse Kronstadt am meisten ängstigte.

Denn so groß war Phranakis' Macht, daß er nicht auf die Bereitschaft und Zustimmung der reflektiven Persönlichkeiten in seiner katapathischen Gruppe hatte warten müssen. Er hatte sie einfach übernommen – vier seiner engsten nichttelepathischen Mitarbeiter – und sie mit sich hinabgerissen in sein unwirkliches Universum.

So gebannt und fasziniert, wie ein Hase eine Schlange anstarrt, verfolgte Howson die Spur der Ereignisse um ihn herum. Unten, wo die Spezialisten und hohen Politiker, die Angehörigen und Freunde versammelt waren, brachte man Phranakis in den Raum, wo Ilse Kronstadt sich für die Schlacht mit ihm rüstete. Die Klinik schien sich in sich selbst zusammenzuziehen, sich zu spannen, bis sie Erregung sang wie die Saite einer Geige. Howson spannte sich mit ihr, hatte die Welt vergessen; kaum wagte er zu atmen.

12

Durch die Straßen seines Gehirns zog eine Prozession. Knaben und Mädchen tanzten, blumengeschmückt, ihm zu Ehren, und die ehrwürdigen Alten versammelten sich um den Schrein von Pallas

Athene. Dort flochten sie den Lorbeerkranz, den Held zu krönen. Trotz all ihres Gebrülls und all ihrer List waren die Barbaren geschlagen worden. Die Stadt war in Sicherheit; Zivilisation und Freiheit überlebten, und in weiter Ferne fluchte ein Tyrann und ließ seine Generäle hinrichten.

Eine Stadt, freilich. In einem gewissen Sinne waren da auch die ehrwürdigen Alten, die sich um ihren Helden versammelten. Aber Aeskulap war ihren Sinnen näher als Athene, und die Krone, die sie ihm aufsetzten, war ein leichter Metallrahmen, von dem aus Leitungen zu einem komplexen Enzephalographen liefen. Kein Tyrann war da, außer dem Dämon des Hauses, aber eindeutig gab es Barbaren, obwohl sie für zivilisiert gegolten hatten, bis sie gebrochen und demoralisiert waren. Sie hatten Perikles Phranakis geschlagen und trotzten immer noch den gegen sie ausgeschickten Streitkräften. Er hatte sich geweigert, dieses Wissen anzunehmen, und nun hatte er es vergessen.

Zufriedenheit auf seinem dunklen Gesicht, lag er auf einer Vorrichtung, die im Grunde ein Bett war, jederzeit aber, wenn nötig, zu einer Verlängerung seines Körpers werden konnte. Neben den Instrumenten, die jede Körperfunktion überwachten – Herzschlag, Atmung, Gehirnwellenmuster, Blutdruck und ein Dutzend mehr –, waren raffinierte lebenserhaltende Apparate an ihn angeschlossen. Augenblicklich wurde er künstlich ernährt, während die anderen Vorrichtungen untätig blieben. Sollte sich der Schock der Genesung als so heftig erweisen wie der Schock des Zusammenbruchs, war es sehr wohl möglich, daß er jeden Versuch zu leben fahren lassen würde. Dann würden der Herzmasseur, der Oxygenator, die künstliche Niere den Kampf gegen die Hemmung der Funktionsimpulse aufnehmen und das Leben in seinem Körper in Gang halten, bis er in Schmerzen die Vereitelung seiner beabsichtigten endgültigen Flucht aus der Welt akzeptiert hatte.

Nahebei hatte sich Ilse Kronstadt inmitten eines ähnlichen Arsenals von Apparaten zurechtgelegt. Auf einem Stuhl an ihrer Seite saß ein junger Mann mit blassem, besorgtem Gesicht – ein jüngst fertig ausgebildeter rezeptiver Telepath, der ihr als Therapie-Wachhund assistierte. Sobald sie einmal Phranakis' selbstglorifizierende Welt betreten hatte, würde sie zu keiner verbalen Kommunikation mit den nervösen Ärzten, die den Ablauf überwachten, mehr fähig sein. Dieser junge Mann und drei andere würden abwechselnd ihren Kampf ›belauschen‹ und den Ärzten melden, was sie wissen mußten, um sie zu unterstützen.

Einer nach dem anderen nickten die Techniker, die Spezialisten, die Telepathen zu Singh hinüber, der am Fuß von Ilse Kronstadts Bett stand, an ihre früheren Triumphe dachte und versuchte, den Gedanken an das Krebsgewebe, das unter ihrem Hirn wucherte, zu meiden.

Sie sah sehr klein und alt aus, wie sie da zwischen den Maschinen lag, und obwohl sie es ihm nicht direkt gesagt hatte, wußte er, daß sie Angst hatte.

»Wir sind soweit, Ilse«, sagte er im gelassensten Tonfall, den er meistern konnte.

Ohne ihre Augen zu öffnen, antwortete sie: »Ich auch. Seid jetzt ruhig.«

Und dann, ohne weitere Warnung, stieß sie sich ab. Woran es zu erkennen war, das hatte Singh nie dingfest machen können, aber es war unverkennbar: eben noch war sie sich der Umgebung und ihres Körpers bewußt; und dann, von einer Sekunde auf die andere, war ihr Körper nur noch Schale und *sie* in einem anderen Universum.

Er hielt seine schmerzenden Augen auf das blasse Gesicht des Wachhundes gerichtet und war bestürzt, als er nach nur wenigen Minuten sich dort Schock und Überraschung abzeichnen sah. Im selben Augenblick rührte sich Ilse.

»Stark . . .«, sagte sie mit einer Stimme von weit her.

Die Anwesenden, alarmiert, schwitzten fast greifbare Spannung aus. Sie leckte mit der Zungenspitze über ihre Lippen und fuhr fort: »Ich sehe jetzt seine Fantasie. Er ist der große Held, der Retter Athens, Liebling der Götter und Idol des Volkes . . . Ich kann nicht hineinbrechen, Pan! Es wäre so klar zu erkennen, daß er sich mir mit seiner ganzen Willenskraft entgegenstemmen würde.«

»Laß dir Zeit«, sagte Singh beruhigend. »Es muß eine Möglichkeit geben, unter irgendeiner Maske in seiner Fantasie mitzuspielen. Es braucht vielleicht Zeit, eine Rolle zu entwickeln, aber es wird gehen.«

»Ich weiß.« Die Stimme war schwach, fast geisterhaft. Singh fragte sich, wieviel er tatsächlich hörte, wieviel ihm telepathisch eingegeben wurde. Die blutlosen Lippen bewegten sich kaum. »Er hat eine fabelhafte Kontrolle über sein Universum, Pan. Die schizoiden Sekundanten sind unglaublich deutlich konturiert. Und er nimmt sie sich von den Reflektiven wie von sich selbst.«

Singh biß sich auf die Lippen. Nur außerordentlichste Kräfte der Selbsttäuschung konnten die Persönlichkeiten der schizoiden Sekundanten schaffen – Individuen, die in dem Fantasie-Drama auftauchten und deren Gedanken und Reaktionen vom Ego des Telepathen nur beobachtbar, nicht kontrollierbar waren. Ohne zu zögern jedoch äußerte er neue Ermutigung.

»Das macht es doch gewiß leichter! Dann kann ihn das Auftauchen eines Eindringlings nicht überraschen.«

»Er hat für Eindringlinge keinen *Platz* gelassen!« Der Widerspruch war ein schriller Schrei. »Die Fantasie ist wie eine Blüte, die sich öffnet – sie ist vollständig, muß sich nur noch ausbreiten, um perfekt zu sein!«

Wie verzweifelt er es auch wollte, Singh konnte darauf keine tröstliche Antwort finden. Eine so ausgeklügelte Fantasie mußte Phranakis seit Jahren begleitet haben, mußte in seinem Unterbewußtsein gehegt und gepflegt worden sein, poliert und perfektioniert, bis er sie ablaufen lassen konnte wie einen Kinofilm, ohne all die Zweifel und Unentschlossenheiten, die dem Therapeuten, verkleidet als bloße geistige Schachfigur unter anderen, eine Einschlupfmöglichkeit eröffneten.

Schleppend sagte er: »Hab Geduld, Ilse. Wenn die Situation günstig ist, unterbrechen wir seine Gehirnwellenrhythmen und lassen dich rein.«

Keine Antwort. Warum auch? Andere, geringere Therapeuten hatten sich solch grober Verfahren bedient; Ilse Kronstadt hatte das nie nötig gehabt. Noch bevor das Unternehmen recht begonnen hatte, verbreitete sich im Raum der säuerliche Geruch von Niederlage.

Alice Durch den Spiegel: ein Weg, der sich immer auf sich selbst zurückbog, gleichgültig, wie sehr man auch kämpfte, sein Ziel zu erreichen.

Ein Begriff aus der Relativitätstheorie: die Krümmung des Raumes selbst.

Ein Bild aus einem Science Fiction-Film: eine Mauer aus Kraft, blau glühend, aus der Strahlenbündel aufschießen.

Das Bruchstück einer Legende: eine Mauer aus magischem

Feuer umhegt den Ort, an dem eine verzauberte Maid durch die Jahrhunderte schläft.

So aufgewühlt vom Mysterium dessen, was geschah, daß er sich nicht davon losreißen konnte, las Howson diese und andere Vorstellungen aus den Geistern derer, die am Versuch, Phranakis zu heilen, teilhatten. Es waren Chiffren, nicht mehr: es waren die persönlichen Bilder und Kategorien, mit denen Menschen sich den katapathischen Prozeß verständlich machten, Menschen, die unetikettierte Vorstellungen unerträglich fanden. Bis jetzt hatte er Waldemars Erklärung akzeptiert. Er hatte nicht geglaubt, daß die Wirklichkeit so weit jenseits aller vorgefaßten Begriffe war: die Sonne neben dem Mond, der Kontinent neben der Landkarte.

Er hatte in die Geister wacher, vollbewußter Telepathen geblickt. Dort hatte er eine Spiegelung der vertrauten Welt gefunden: Gesetzmäßigkeit herrschte, Ursache erzeugte Wirkung, fest war fest, flüssig war flüssig, die Sinne murmelten ihre Meldungen über den Zustand des Körpers. Aber Phranakis hatte jede Tür zur gewöhnlichen Welt verschlossen und verriegelt; zwar gab es Fenster – aus Einweg-Glas, durch das man hineinsehen konnte –, aber was sich hinter ihnen abspiegelte, war Wahnsinn.

Dies wissend, wünschte sich Howson mit all seiner Macht die Willenskraft, solcher Verlockung zu widerstehen. Er sah in Phranakis' Fantasie die Parallele zu seinen eigenen: die Heldenrolle, die Ausrichtung aller Einzelheiten nach seinem Geschmack und seiner Laune, so daß nichts den weisen Herrn und Meister stören, nichts ihn beunruhigen, nichts ihn beleidigen konnte. Hier konnte sich der menschliche Wille zur Macht, in wachen und bewußten Telepathen von der Erfahrung des Leidens anderer Menschen gebändigt, in gespenstischer Weise austoben. Schon krochen die sado-masochistischen Impulse, die Phranakis so lange verachtet und zurückgewiesen hatte, aus dem Schatten und färbten die Fantasie.

Man warf Gefangene vom Berg der Akropolis herab, auf daß der Retter der Stadt seinen Triumph zur Musik ihrer Schreie um so mehr genieße . . .

Jäh zerbarst der glatte Ablauf der Handlung. Es war wie ein Erdbeben; Gebäude erzitterten, Menschen taumelten, der Himmel verdunkelte sich. Es dauerte nur einen Moment, aber die Wirkung war gewaltig. Howsons Kontakt wurde unterbrochen, er konnte ihn erst nach mehreren Minuten wieder herstellen.

»Sie ist drin«, meldete der Therapie-Wachhund; sein Gesicht hatte sich unter der Anspannung zu einer unmenschlichen Grimasse verzerrt. »Als zum Tode verurteilte Gefangene. Die versucht, die Aufmerksamkeit des Helden-Ego auf sich zu lenken.«

Singh nickte nachdenklich. »Das klingt gut. Das stimmt mit dem überein, was wir von seinen sexuellen Neigungen wissen. Irgendeine Ahnung, wie der langfristige Plan aussieht?«

»Die Sache ist auf schnelle Abwicklung angelegt«, sagte der Wachhund. »Sie will ihn in eine sexuelle Situation hineinlocken, baut darauf, daß er dann die Kontrolle verliert und sie die Oberhand gewinnt . . . Drei mögliche Handlungsabläufe hat sie sich zurechtgelegt – wollen Sie sie hören?«

»Wenn gerade nichts Interessantes passiert.«

»Nein.« Der Wachhund mußte innehalten und schwer schlukken. »Die Gefangenen werden immer noch vom Felsen geworfen. Also, entweder wird sie ein quasi – echtes Messer einführen – im Schutz eines Festgelages vielleicht – und ihn öffentlich kastrieren, oder sie macht ihn betrunken und läßt im Tempel ein Feuer ausbrechen – deshalb hat sie ja die Literatur über die Zerstörung des Parthenon gewollt – oder sie löst die Reflexion heraus und inszeniert einen Sklavenaufstand.«

Singh schloß die Augen. Nach all seinen Jahren als Arzt war er doch immer noch so sensibel, daß die Kaltblütigkeit einiger seiner und seiner Kollegen Methoden in ihm Übelkeit erregte. Was die öffentliche Kastration Phranakis antun würde, wagte er nicht sich auszumalen – aber der Plan war sinnvoll. Wenn irgend etwas ihn aus seinem Schlupfwinkel zu treiben vermochte, dann das. Alles Material über sein Sexualleben deutete auf das Bedürfnis hin, sich seiner Männlichkeit zu vergewissern. Die wirkliche Welt hatte ihn nie mit einem so furchtbaren Anschlag bedroht, wie Ilse ihn vorbereitete. Das könnte ihn aus seiner Traumwelt herauswerfen.

Howson konnte den Ereignissen nur schwer folgen. Er hatte die Ursache des ›Erdbebens‹ entdeckt – dem Funckschen Organ von Phranakis war irgendein elektrischer Impuls versetzt worden, um eine Einstiegsmöglichkeit für Ilse Kronstadt zu schaffen. Nun war es viel leichter, zu lauschen; sie stellte eine Verbindung mit normalem Bewußtsein her. Mit fasziniertem Abscheu begriff er ihren

Plan; er mußte sich zwingen, sich daran zu erinnern, daß Phranakis so gut wie tot war, wenn ihn nicht etwas brutal aus seinem angenehmen Traum aufscheuchte – und mit ihm vier wertvolle, verdienstvolle Nicht-Telepathen, deren kostbare Individualität er vergewaltigt und versklavt hatte. In gewisser Weise verdiente er, was auf ihn zukam. Aber . . . konnte *irgend jemand* das wirklich verdienen?

»Sie ist sehr müde«, flüsterte der Wachhund, als ob Ilse ihn hören könne. Das war absurd: nichts außer der vollen Gewalt eines anderen Telepathen konnte sie jetzt noch erreichen. All ihre Energie war in Willenskraft überführt worden, während sie Phranakis' Fantasie veränderte, unterminierte.

»Kommt die Krise bald?« murmelte Singh.

»Sie sammelt all ihre Kräfte. Versucht, ihn mit sexuellen Lokkungen abzulenken, während sie sich das Messer macht – Oh, *Gott*!«

Alle Anwesenden – und Howson in seinem Zimmer viele Stockwerke höher auch – fuhren zusammen bei diesem jammernden Aufschrei. Mit Augen, die vor Entsetzen rollten, nicht seine Umgebung sehend, sondern das schreckliche geistige Drama zwischen Ilse und Phranakis, keuchte der Wachhund die Wahrheit heraus.

»Sie wird immer schwächer! Sie verliert ihre Kontrolle, und er schafft sich Leibwächter – eine ganze Armee! Er hat sich in Cadmus verwandelt und Drachenzähne verstreut, und jetzt springen daraus Soldaten hervor!«

»Holt sie zurück!« schrie Singh und wußte im gleichen Moment, daß dieser Befehl lächerlich war. Jemand – er sah sich nicht um, zu sehen, wer – faßte die Tatsache in Worte: »Wenn du sie jetzt weckst, bleibt eine Hälfte von ihr zurück, Pan. Und sie wäre lieber tot als ein Krüppel.«

So also schmeckte Niederlage . . .

Sie war sehr müde. Fast war es eine Erleichterung zu fühlen, wie ihr imaginäres Selbst an den Armen gefesselt wurde, unfähig, noch länger zu kämpfen. Sie war von Soldaten umzingelt, riesigen Männern mit dunklen Gesichtern und struppigen Bärten, in Rüstungen aus Bronze und Leder. Wie ein Wald breiteten sie sich aus unter dem Dach der Marmorhalle. Es hatte ein Festgelage gegeben, mit tausend Feiernden – Marionetten, menschliche Staffage für den Ruhm des Herrn, den sie zu Fall bringen hatte wollen.

Hatte ein Festgelage stattgefunden? Schon wußte sie nicht mehr, wo die Illusion endete; der brutale Zugriff der Soldaten verursachte tatsächliche Schmerzen, und das machte Konzentration schwierig. Die Welt wankte. Sie war – sie war – eine Gefangene. Ja; ein verurteilter Feind, durch Gnade vom Tode verschont, dann bei heimtückischem Verrat ertappt. Und nun hatte der, der ihr Opfer hatte sein sollen, das Urteil über sie gesprochen – und er gab keinen Widerruf.

Tod.

Gerechtigkeit! donnerte es zustimmend aus tausend Kehlen, und ihr Kopf bebte wie das echogebende Marmordach. *Gerechtigkeit*!

Gut, dann also – Niederlage. So fremd aber war das gar nicht. Ja, in gewisser Weise war sie in allem, was sie je begonnen hatte, geschlagen worden; denn keine einzige Aufgabe – eine Woge von Erinnerung flutete herauf –, keine einzige Aufgabe war je zu Ende geführt worden.

13

In ungläubigem Entsetzen verfolgte Howson das Verlöschen jener hellen Strahlung von Kraft, die nun kaum mehr Ilse Kronstadt genannt werden konnte. Es war, wie wenn man die letzten Funken eines Feuers im Regen sterben sah und wußte, daß die Wölfe am Rande des Lagers nur knurrend darauf warteten, über die Lagernden herzufallen.

Laut schrie er, mit seiner kleinen, lächerlich pfeifenden Stimme, NEIN NEIN NEIN, wieder und wieder; Tränen liefen ihm übers Gesicht, weil Ilse Kronstadts Geist so herrlich gewesen war, so klar und licht, gleich dem kindlichen Bild eines Engels. Vandalen zertrümmerten die Scheiben kostbar bemalten Glases, warfen Schmutz auf das Meistergemälde, zogen den Teppich in den Dreck. Ein Wahnsinniger biß einem Baby den Kopf ab, Saturn fraß seine Kinder, Blut rann ihm übers Kinn, sein heiser gurgelndes Lachen höhnte menschlicher Hoffnungen.

Und plötzlich, ohne Warnung, kam das Licht zurück – wie ein letzter trockener Ast knisternd in Flammen aufgeht. Und das Licht fiel über ein ganzes Leben, wie über einen Pfad, der von seinem Ende aus überblickt wird, und machte jeden Schritt und Abschnitt der Reise deutlich sichtbar. Von Schreck und Ehrfurcht ergriffen, starrte Howson darauf.

Die Flamme begann zu sterben. Ein Gefühl grenzenlosen Bedauerns war zu spüren – nicht von Bitterkeit, denn unmöglich hätten die Ereignisse einen anderen Weg einschlagen können. Ein sanftes Sich-Ergeben. Nebelschwaden legten sich über den Pfad, nur die Momente des Scheiterns blieben als graue Schatten in der Dunkelheit zurück. So viele; so viele, viele, viele Momente des Scheiterns. Und unter allen dieser: das Symbolkind des Schicksals, in ein verfluchtes Leben geworfen durch die Rücksichtslosigkeit eines Möchte-gern-Tyrannen, die Selbstsucht einer Frau, die nicht Mutter hätte werden dürfen, und die Laune eines grausamen Erbes.

Das verkrüppelte Baby, dem ich nicht helfen konnte ...

Er war blind, und doch bewegte er sich. Ging. Rannte, sein kurzes Bein hinter sich herziehend, fand irgendwie von irgendwoher die Kraft, Türen zu öffnen und gewundene Treppen hinabzusteigen und endlose Korridore zu durchmessen, die er nicht sehen konnten, weil Tränen seine Augen füllten, über seine hohlen Wangen strömten. Nur sein Körper war es, der unterwegs war. Er selbst war anderswo.

»O mein *Gott*!« sagte der Wachhund und stand so plötzlich auf den Beinen, als ob eine gewaltige Hand ihn vom Stuhl gerissen habe. Singh streckte jäh den Arm aus, um ihn zu beruhigen; Verzweiflung verfinsterte seinen Geist.

»Ist sie tot?« flüsterte er.

»Wo kommt das her?« schrie der Wachhund. »Mein Gott, wo kommt das her?« Wie ein in die Ecke getriebenes Tier wirbelte er herum, und kurz flackerte in seinen Augen der Wahnsinn der Angst.

»Was denn?« brüllte Singh. »*Was*?«

Der Techniker, der die Aufzeichnung des Enzephalographen beobachtete, tat einen erstickten Ausruf.

»Dr. Singh!« keuchte er. »Ich habe plötzlich eine Überlagerungsschwingung! Ein anderer Rhythmus – und schauen Sie sich *diese Amplitude* an!«

»Ihr Herzschlag wird kräftiger!« meldete ein anderer Techniker mit ungläubiger Stimme.

Singh spürte, wie zur Antwort sein eigenes Herz einen Sprung machte. Aus dem Wachhund war, in seiner gegenwärtigen Erschütterung, keine vernünftige Auskunft herauszuholen; er lief hinüber zum Enzephalographen.

»Schauen Sie hier!« Der Techniker stach mit seinem Finger auf die sich ineinander verwebenden Spuren. »Jetzt beruhigt es sich, ist fast normal, aber als die Überlagerung zuerst auftrat, war der Ausschlag so wild, daß ich dachte, es wäre ihr Ende.«

»Ist das Phranakis, der Kontrolle über ihren ganzen Geist übernimmt?«

»Das kann nicht sein!« sagte der Techniker wild. »Ich kenne seine Spur wie – wie seine Handschrift. Und das ist nicht seine.«

Die Luft schien starr zu werden, so schnell, wie bei der geringsten Bewegung supergekühltes Wasser einfriert. Vollkommen hilflos blickten sie, Erklärung suchend, einander an.

»Wir können gar nichts tun«, sagte Singh endlich. »Wir können nur warten.«

Die anderen nickten langsam. Und während sie sich noch rüsteten, die letzten kritischen Minuten durchzustehen, erhob sich Lärm im Vorzimmer draußen.

Wütende Stimmen versuchten, jemanden aufzuhalten. Leicht und gedämpft auf dem schallabsorbierenden Boden: laufende Füße. An der äußersten der schalldichten Türen: ein Hämmern, und ein dünnes, kaum hörbares Rufen.

Der Wachhund, noch unter Schock, machte zwei Schritte auf die Tür zu, zuckte wie eine schlecht geführte Marionette. Singh wandte sich langsam um, vorgefaßte Worte – über Schweigen und Gefahr – starben, als er die Wahrheit ahnte und plötzlich wieder wußte, was Hoffnung war.

Dann schlug die Tür auf, und der Gigant trat ein, weinend, hinkend, und kaum einssechzig groß.

Das Kind, da war das Kind, und ich wollte ihm helfen, wollte so gerne helfen, und dann mußte ich diese billigen, rationalisierenden Worte sagen über große Probleme und kleine Probleme . . . Der Arzt sagte: eine Schulter höher als die andere, ein Bein kürzer als das andere – eine ziemliche Mißgeburt. Und später fand ich die Wahrheit über seinen Großvater heraus und las sie im Geist der Frau: sie wußte und ließ sich trotzdem das Kind machen, um es als Druckmittel zu benutzen . . . Große Probleme! Welches Problem könnte denn größer sein? Und ich wollte so gerne helfen, mein ganzes Leben ist so gewesen, weil es so viele kranke und traurige Menschen gibt und ich helfen kann . . . helfen konnte . . . VERFLUCHTER KNOTEN IN MEINEM GEHIRN! *Nicht größer als eine Kugel, und wie eine Kugel tötet er mich, bevor ich zu sterben bereit bin.*

Da war es, daß Howson sich selbst vergaß.

Zuerst begriff sie die Kraft nicht, die ihr plötzlich zuströmte. Es war, als würde sie plötzlich zu einem reißenden Fluß, weit und tief und furchtbar. Die Kraft war roh, weil sie so neu war wie ein Baby, aber sie *loderte.*

Lebenskraft??? Das konnte nicht – und doch: Lebenskraft!

Niederlage? NIEDERLAGE?

Kein Platz war mehr für Gedanken an Tod und Niederlage!

Langsam und ruhig, so wie sie sich auf Untergang eingestellt hatte, begann sie zu begreifen, was ihr gegeben worden war. Sie stemmte sich ihr nicht entgegen, und sie fragte nicht, woher die Kraft kam: zu sehr war sie es gewöhnt, Fremde in ihrem eigenen Geist anzutreffen, als daß sie Energie mit Suchen hätte vergeuden wollen. Die tödlichen Bilder, die Phranakis ihr aufgezwungen hatte, wichen zurück, wurden schemenhaft schwach; sie spürte sein Entsetzen. Sie selbst war ein wenig erschreckt, aber noch ruhig.

Und als sie die Kraft ergriff und suchte, wie sie sie dirigieren könne, fand sie fast augenblicklich eine vertraute Vorstellung, und die hatte einen so starken Zusammenhang mit ihren letztvergangenen bewußten Gedanken, daß sie bestürzt war.

Mutter – Kind: Bilder von Geburt, Stillung, von Zärtlichkeit, Wärme, Liebe. Kind – Mutter: Bilder gespiegelten Stolzes, Bilder von Hoffnung, Dankbarkeit, Liebe. Die Formen waren undeutlich, als entsprängen sie einem Geist, der im wirklichen Leben wenig dergleichen erfahren hatte. Eine leichte Verwirrung durchflog ihren Geist, und sie löste sich davon. Mit ihrem losgelösten, distanzierten Bewußtsein wußte sie, daß sie die Kraft nutzen mußte, bevor sie wieder schwach wurde und sie nicht mehr führen konnte; und das erste – das einzige Gebot – war, sich freizukämpfen von dem Haß, den Phranakis auf sie schleuderte.

»Sie macht sich los!« rief jemand.

»Ihre Augenlider haben geflattert«, flüsterte Singh. In seiner Brust war ein Druck, den er sich nicht erklären konnte. Seine Augen schmerzten von angestrengtem Schauen; all sein Wollen vereinigte sich in der Hoffnung, daß seine liebe, alte, wunderbare Freundin leben möge. Mit welchen Mitteln sie gerettet wurde, war ihm egal. Später – später!

»Aber sie macht sich *nur* los!« murmelte der Techniker am Enzephalographen. »Sie bringt Phranakis nicht mit zurück – nein, eine Sekunde!« Er beugte sich dicht über das Phranakis-Band, als könne er durch die Gegenwart hindurchblicken und lesen, was noch nicht aufgezeichnet war. »Etwas passiert, aber der Himmel weiß, was!«

Eingeschüchtert, verwirrt, ratlos, spürte der Held, wie sein Glück zu Asche wurde. Eben noch war er seiner selbst sicher und zuversichtlich gewesen; er hatte einen Angriff auf – nun, auf sein *Leben* – das klang besser als die Wahrheit, die für ihn fürchterlich war – vereitelt. Der letzte heimtückische Versuch der Barbaren, sich an ihm zu rächen, war zurückgeschlagen worden. Die größte Stadt aller Zeiten, Athen, die Blüte der Zivilisation, war sein, und ihre Bürger gehorchten ihm auf den leisesten Wink. Über die Jahrhunderte hinweg würden sie sich seiner erinnern: Perikles des Großen!

Doch nun empfand er unerklärliche Angst. Es schien ihm, als hüpfe und zapple er herum wie ein verschreckter Hase: ein Schwert in der Hand, nach seinen Feinden Ausschau haltend, hysterisch sie auffordernd, sich doch zu zeigen. Herauszukommen aus der Marmorhalle, heraus unter den blauen Bogen des Himmels, wo er den Göttern selbst seinen Trotz entgegenbrüllen würde, wenn es sein mußte! Er warf den Kopf zurück, füllte seine Lungen: und konnte nicht sprechen. Vor seinem entsetzten Blick schien der Himmel sich aufzurollen wie ein zerschlitztes Zelt, und die Götter traten hervor.

Er wollte auf sein Gesicht niederfallen, seinen Kopf in der Erde verbergen, dies leugnen, so wie er – was? – geleugnet hatte. Etwas

Furchtbares, aber nichts so furchtbar wie dies! Er war gelähmt. Winselnd mußte er hinblicken, und was er sah, schien ihm die Majestät Zeus' des Donnerers zu sein, der seinen Keil emporhob und einen Blitz auf den Sterblichen niederzucken ließ, der sich göttliche Rechte angemaßt hatte.

Perikles der Große wurde Perikles Phranakis. Perikles Phranakis wachte auf wie ein Kind aus einem Alptraum, weinend, und diejenigen, die an seinem Körper Wache hielten, sprangen hinzu, um ihn nicht wieder zurücksinken zu lassen.

Und Zeus, der Donnerer, aller Energie beraubt durch diesen einen gewaltigen Ausstoß geistiger Meisterschaft, fiel, ohnmächtig, der Länge nach zu Boden.

»Wissen wir, wie er es geschafft hat?« murmelte Danny Waldemar und betrachtete voll Ehrfurcht und Unglauben den schlaffen kleinen Körper im Krankenbett.

»Der Wachhund war zu überwältigt, es genau zu verfolgen«, erwiderte Singh. Er konnte es kaum erwarten, daß Howson wieder zu Bewußtsein käme; er wußte, er würde seine Dankbarkeit dafür, daß er Ilse die Demütigung, in einer Niederlage zu sterben, erspart hatte, niemals ganz ausdrücken können, aber der Krüppel sollte sie wenigstens in seinem Geiste sehen. »Ein bißchen haben wir mitbekommen. Am Ende hat natürlich die schiere Kraft den Ausschlag gegeben; er war in der Lage, alles, was Phranakis ihm hinhielt, aufzugreifen und in ein feindliches, verhaßtes Bild zu verkehren. Ich glaube, er plapperte irgend etwas von griechischen Göttern, als er aufwachte – vielleicht sah er sie, als Howson in seine Fantasie hineinbrach . . . Warten wir ab; wir werden es bald erfahren.«

»Ich möchte nur wissen, was ihn veranlaßt hat zu helfen«, sagte Waldemar. »Mit Ilse konnte ich natürlich noch nicht Kontakt aufnehmen; sie ist noch sehr schwach . . . Weißt du es?«

»Ja, als sie ihr die Apparate abnahmen, war sie gerade lange genug wach, es mir zu sagen.« Singh hielt inne und wischte sich über das Gesicht. »Es hat den Anschein, daß Howson der Sohn von Gerald Pond ist. Sagt dir der Name etwas?«

»Der – der Terrorist? *Der*? Aber ja, Ilse war damals bei der UN-Befriedungsaktion dabei und hat hinter ihm aufgeräumt!«

»Genau. Und während sie in dem Krankenhaus dort bei den

verletzten Überlebenden nach Ursachen des aggressiven Verhaltens forschte, begegnete sie Howsons Mutter. Er war gerade ein paar Stunden zuvor geboren worden.

Er ist nie geliebt worden – weißt du das? Seine Mutter wollte ihn, um Pond mit einem Kind zu erpressen, sie zu heiraten, ansonsten lag ihr nichts an ihm. Und die Leute haben immer zuerst sein Gesicht gesehen und waren – verstört. So ist er nie geliebt worden, außer einmal.«

»Ilse?«

»Ja. Sie sah ihn nie mit eigenen Augen, deshalb erinnerte sie sich nicht, als er gute zwanzig Jahre später hier auftauchte. Aber sie sah ihn durch den Geist seiner Mutter, kurz nach seiner Geburt, und seitdem ist er für sie stets eine Art Symbol gewesen, stellvertretend für all die Menschen, die sie liebt, denen sie aber nicht helfen kann. Und sie dachte an ihn, als sie meinte, ihr letzter Augenblick sei gekommen.«

»Er hat zugeschaut«, sagte Waldemar. »Wie wir alle. Wenn eine telepathische Potenz wie die von Ilse in voller Aktion ist, kann man nicht anders. Aber ich konnte ihr nicht hinab ins Dunkel folgen. Und so habe ich das versäumt. Mir war so . . . elend, daß ich meinen Geist wegnehmen mußte, um sie nicht zusätzlich zu schwächen.«

»Er blieb nicht nur bei ihr. Er hat sie gerettet.«

»Wird sie weiterarbeiten können?«

»Nein. Aber sie wird noch eine Weile leben. Dessen bin ich sicher. Sie wird lange genug leben, Howson alles beizubringen, was sie weiß.«

»Das ist besser, als Kinder zu haben«, sagte Waldemar. »Für uns, meine ich.« Er blickte Singh an. »Wißt ihr, daß wir euch beneiden?«

»Ja«, murmelte Singh. »Und wir euch.«

»Einschließlich Howson?«

»Nein«, sagte Singh. »Er wird es nie leicht haben. Er wird vielleicht eine gewisse Kompensation darin finden, sein Talent zu entwickeln, jetzt, wo er es in einer Weise nützt, die ihn befriedigen wird. Aber er wird immer gegen seinen Neid und seine Aggressionen auf Menschen ankämpfen müssen, die ohne zu hinken über die Straße gehen und anderen gerade ins Gesicht sehen können.«

Waldemar starrte ihn an. Dann lachte er in sich hinein. »Das wollte ich dir klarmachen«, sagte er. »Aber wenn du schon selbst dahintergekommen bist . . . nun, mit dir und Ilse als Führern wird er überleben.«

»Er wird viel mehr tun als nur überleben«, antwortete Pandit Singh.

Drittes Buch

MENS

14

Weil er war, der er war, hatte er einmal um ein privates Flugzeug gebeten – und man hatte es ihm gegeben –, um hinzureisen, wohin es ihn auf Erden gelüstete; so gedachte er, den bestürzten Blicken und dem Getuschel der gewöhnlichen Menschen zu entfliehen. Aber weil er war, was er war, tat selbst der schwache Schock, den er im Gesicht des Piloten bei ihrer ersten Begegnung las, weh, tat sehr weh. Eine kurze Weile hielt er es durch; dann brach er die Reise ab und bat nie wieder um das Flugzeug.

Weil er war, wie er war, konnte er kaum alleine sein. Am besten lebte es sich noch hier im Therapiezentrum in Ulan Bator, wo die, die ihn kannten, ihren ersten instinktiven Reaktionen entwachsen waren, und die, die ihn nicht kannten, annehmen konnten, er wäre ein Patient wie sie selbst.

In elf Jahren hatten gewisse Veränderungen stattgefunden, aber er war derselbe, obwohl er nun eine bestimmte offizielle Rolle spielte. Er war Gerald Howson, Psi. D., Heiltelepath Erste Klasse, Weltgesundheitsorganisation. Er war einer der hundert am wenigsten ersetzlichen Menschen auf Erden. Das war gut. Es half – ein wenig. Aber immer noch war er ein Gnom, und sein kurzes Bein schleifte immer noch hinterher, wenn er durch die Gänge humpelte, und jeden Morgen begrüßte ihn im Spiegel dasselbe häßliche Gesicht.

Lange hatte er sich an Hoffnung geklammert. Immer hatte er an das taubstumme Mädchen gedacht, dem Sprache und Gehör gegeben worden waren, und daran, wie sie zu ihm gekommen war, ihn mit Tränen in den Augen zu danken – ihm, Gerald Howson. Aber das hatte nicht ewig angedauert. Die Besuche wurden seltener; schließlich hörten sie ganz auf, und er hörte, sie habe einen Mann aus der Stadt geheiratet, in der sie und er, Howson, früher gelebt hatten, und habe Kinder.

Wogegen er ein abscheulicher Krüppel war.

Versuche waren unternommen worden – neue Techniken, neue chirurgische Verfahren. Einmal hatten sie eine Hauttransplantation an ihm versucht. Doch lange bevor das langsam-wachsende Gewebe sich zusammengeschlossen hatte, bevor Blutgefäße sich hineinflechten konnten, war es brandig geworden und hatte sich abgelöst. Zu dem Zeitpunkt hatte er schon stumpf resigniert. Gleichgültig, wie viele Gedanken er darauf wandte, er konnte seiner Statur nicht die fehlende Elle hinzufügen; jede andere Beschäftigung war besser als Selbstmitleid.

Doch wenn das Bewußtsein im Schlaf weniger auf der Hut war, dann gab es kein Entrinnen, so es den lauernden Kümmernissen der Vergangenheit gefiel, ihn wieder heimzusuchen.

Aus düster traumgeplagtem Schlaf fuhr er auf. *Das* war nicht die übliche Bilderwelt seiner Alpträume! Er hatte sie oft genug, ihre Wurzeln im wirklichen Leben erkennen zu können, und nichts von dem, was ihn geweckt hatte, korrespondierte mit direkter Erfahrung.

Er öffnete die Augen nicht. Das hätte keinen Sinn gehabt: der Raum lag in Dunkelheit, und die Quelle des Signals, das in sein Hirn hineingestochen hatte, war mit Sicherheit weiter entfernt, zum Teil verhangen vom ›Lärm‹ träumender Menschen. Die Botschaft war plötzlich aufgesprungen wie ein Schrei aus stiller Konversation. Und es war ein Angstschrei.

Gleichmäßig atmend, sich zwingend, entspannt zu bleiben, suchte er identifizierende Bilder in dem geistigen Strom. Hohe Berge, schneebedeckte, Karawanen, sich windend durch Täler, und die Kadenzen einer Sprache, die er nicht verstand . . .

Ich hab's – glaube ich.

Da war doch in Station Vier jenes Mädchen aus Nepal, die Telepathie-Novizin, die sie zu spät gefunden hatten, nachdem ihre unwissende und verschreckte Familie sie als ein Gefäß des Bösen gesteinigt hatte. Sie hatte offenbar ihren eigenen schlimmen Traum.

Nun, wenn dem so war, dann konnte er Hilfe bringen, ohne auch nur sein Bett zu verlassen. Er machte Anstalten, offen mit ihr Kontakt aufzunehmen und ihre formlose Angst zu beschwichtigen. Doch gerade, bevor er sich zu erkennen geben wollte, stutzte er und hielt sich zurück. Er spürte, wie seine Stirn sich in Falten legte.

Das war nicht das Nepal dieses Jahrhunderts. Nicht einmal ein so isoliertes und gebirgiges Land wie das ihre konnte noch so primitiv sein. Feudale Sitten? Magie? *Magie*?

Er setzte sich auf und hatte auf die Taste des Bettelefons gedrückt, bevor er sich dessen recht bewußt war. Während er auf Antwort wartete, drang er forschend tiefer ein in diese außergewöhnliche Bilderwelt, deren Echo ihn erreichte. Ein Gefühl von Abhängigkeit und absoluter Herrschaft; eine Stimmung trotziger Arroganz. *Die* stammten nicht von dem Mädchen. Am allerwenigsten das Gefühl von Maskulinität, das die Gedanken färbte. Wie die meisten Menschen bäuerlicher Abstammung hatte sie rigide Begriffe von männlich und weiblich; aufs gewissenhafteste hatte sie sich der sozialen Ordnung in ihrer Heimat eingefügt, um die schlimmsten Konsequenzen ihres knospenden Talents zu vermeiden.

Aus der Sprechanlage kam eine müde Stimme. »Hier Schacht – diensthabender Arzt. Was ist los?«

»Hier spricht Gerry, Ludwig. Etwas stimmt nicht mit der Nepalesin auf Station Vier – schlimm genug, mich aufzuwecken.«

»Hmmm?« Eine wortlose Frage, während Schacht die Kontrolltafel von Station Vier überflog. »Nichts hier von ihr. Laut Anzeige schläft sie.«

»Sie ist nicht der Ursprung«, sagte Howson. Er schwitzte; der geistige Hintergrund der Bilder, die er auffing, besaß ungeheure Tiefe und Komplexität, und je tiefer er hineintauchte, desto weniger war er sich seiner fix-und-fertigen Erklärungen noch sicher. Aber er hatte keine besseren Deutungen.

»Haben wir irgendwelche chinesischen Paranoiker männlichen Geschlechts in Therapie?«

»Ja; im selben Trakt wie das Mädchen ist einer, der mit Koma und Regression behandelt wird.« Schacht zögerte. »Sie ist nicht der Ursprung, sagst du? Willst du sagen, sie empfängt Gedanken aus dem Geist eines Verrückten?«

»Sie empfängt irgend jemand, und es macht ihr höllische Angst. Überprüfe mal den Paranoiker. Vielleicht ist er es.« Er hörte selbst den Zweifel in seiner schrillen Stimme.

»Die Chemotherapie-Tafeln zeigen auch nichts an. Ich dachte, im Koma wäre das Ego völlig maskiert – unerreichbar.«

»Vielleicht ist die Zufuhr der Depressiva zusammengebrochen. Überprüfe ihn bitte doch.«

Eine Pause. Ein Eindruck wie von einem Achselzucken. »Gut. Aber wenn es nicht der Chinese ist, bist du sicher, daß es nicht das Mädchen selbst sein kann?«

»Sicher«, erklärte Howson. »Beeil dich, Ludwig – bitte!«

Pause.

»Gerry? Er ist vollkommen ohne Bewußtsein. Bist du *sicher,* daß es nicht das Mädchen selbst ist – ein schizoider Sekundant vielleicht?«

Howson unterdrückte einen Impuls, ihn anzuschnauzen. Er wußte es sicher, aber er konnte mit Worten nicht erklären, warum. »Bleib dran«, sagte er resigniert. Dahin die Hoffnung auf eine ungestörte Nachtruhe!

Er drückte auf den Knopf, der das Kopfstück seines Bettes zu einer konturierten Stütze für sein deformiertes Rückgrat aufrichtete, und lehnte sich gegen die Polsterung, starrte ins Dunkel.

Zuerst mußte er in der Abfolge telepathischer Vorstellungen mehr Anhaltspunkte finden, als er bereits hatte. Maskulinität, asiatische Herkunft und Lust an der Macht waren auf dieser dichtbevölkerten Seite des Planeten kaum besondere Charakteristika. Behutsam erforschte er die tieferen Schichten. Immerhin, sagte er sich, fühlte sich dies kaum an wie die Hervorbringung eines kranken Geistes. Es war nicht einmal so irrational wie die Träume der meisten ansonsten heilen und normalen Menschen.

Nein; warte mal. Das muß falsch sein. Erregt unterbrach er sich. Hatte es bei dem ersten Kontakt nicht Eigentümlichkeiten gegeben, die er spontan als Magie definiert hatte?

Mit jeder Sekunde verwirrter, untersuchte er genauer. Erfolglos. Es war von der Verständnislosigkeit des Mädchens verzerrt, wahrscheinlich unkenntlich gemacht. Er würde die eigentliche Quelle suchen müssen. Einerseits dürfte das nicht zu schwierig sein: um in das Bewußtsein einer schlafenden Novizin einzutreten, mußte das Signal sowohl stark sein als auch aus der Nähe kommen. Aber andererseits war die Aufgabe immens. ›Nahe‹ konnte heißen: irgendwo in der Stadt, und die zählte rund eine Million Einwohner.

»Gerry? Bist du noch dran?« wollte Schacht wissen.

»Still«, befahl Howson. »Das riecht nach was Großem. Groß – und schlimm.«

Er spürte Schachts unausgesprochenen Unglauben und ignorierte ihn. Dr. Schacht machte zumindest den Versuch, seinen instinktiven Widerwillen gegen Telepathen zu beherrschen, und das war mehr, als so manch einer sich angelegen sein ließ.

Er ließ seinen Geist über die nächtliche Stadt wandern, wo aus Millionen Hirnen Träume aufseufzten wie Winde zwischen großen weißen Türmen, in weiten schnurgeraden Straßen. Ein kosmopolitisches Bewußtsein war dies, zusammengespült aus allen Teilen der Erde, und manchmal noch von weiter her – vom Mond, vom Mars . . .

Er hatte seine Unlust, auf Reisen zu gehen, rationalisiert. Warum irgendwohin gehen, wenn doch alles zu ihm kam? Im Geiste dieses Mannes: die Erinnerung an eine Wüste; im Geiste jenes: ein Dschungel; im Geist eines anderen: nackter Weltraum, schmerzend ob messerscharfer Sterne.

Aber es war keine gute Rationalisierung. So zu leben hieß, ein Parasit zu sein, und selbst ein Symbiot konnte wenig Selbstrespekt haben.

Mit jähem Ruck zwang er den Gang seiner Gedanken wieder unter seine Kontrolle. Er hatte kaum eine Stunde geschlafen, bevor er aufgewacht war, und er fühlte sich äußerst müde. Nichtsdestoweniger mußte er vollenden, was er begonnen hatte, bevor er wieder schlafen konnte.

Und auf einmal hatte er's.

»Schon was gefunden?« fragte Schacht mit wachsender Ungeduld. Howson hörte die Worte kaum; zu niedergeschlagen war er von der Erkenntnis dessen, was vor sich ging.

»Gerry!«

»Ich – ich höre, Ludwig«, zwang Howson sich zu sagen. »Du solltest Pan wecken und ihn zu mir schicken, und Deirdre auch. Und laß einen Krankenwagen kommen und ein Auto für uns.«

»Was um Himmels willen hast du denn gefunden?«

»Eine neue katapathische Gruppe hat sich etabliert. Irgendwo draußen in der Stadt; ich nehme an, ich kann sie aufspüren.« Einflutende Bilder von absoluter Macht, von Macht über Naturgesetz und Menschengeist, verstießen die Worte in Howsons Aufmerksamkeit auf den zweiten Platz.

»Oh, wunderbar!« sagte Schacht bitter. »Das ist wirklich meine Nacht heute! Zwei Stichwunden, drei Verbrennungen, ein Autounfall und zwei vorzeitige Entbindungen, seit ich Dienst habe!

Howson achtete nicht auf ihn. Er taumelte innerlich unter der Gewalt der Ereignisse, die auf seinen Geist einstürmten. Ohne irgendeine Verbindung mit der äußeren Realität und doch geladen mit der vollen Macht des Bewußtseins – wie es Träume, wiewohl gleichermaßen alogisch, nie waren –, boten sie ihm keinen Dreh-

und Angelpunkt. Als er sie durch den vermittelnden Geist der Nepalesin (der unbedingt eine Schlaftablette gegeben werden mußte, um sie vor diesem Bombardement zu bewahren, sagte er sich benommen) beobachtet hatte, hatte er nicht das Ausmaß der Kraft hinter ihnen erkannt. Und schlimmer noch: diese Aura vollkommener Ruhe mit einem Ton von – von Belustigung . . .

Unter Einsatz aller Kraft seines Willens löste er den Kontakt; er zitterte am ganzen Leib. Seine Fingernägel hatten sich tief in die Handflächen gebohrt. Warum sollte ihn das überraschen? Dies war es doch, was er auf der Welt am meisten fürchtete.

Laut sowohl als auch geistig sprach er den unbekannten Telepathen an und legte all seinen Haß und Zorn in einen einzigen Gedanken: *Sei verflucht, wer du auch bist*!

Geborgen und sicher in seinem Reich, aus seinen eigenen privaten Gründen sich in einer prunkvollen Fantasie ergehend, vernahm der Unbekannte vielleicht das Signal und lachte sich ins Fäustchen, lud Howson ein, die Burg seines Geistes zu belagern, wenn ihn danach gelüstete – oder das war nur Howsons eigene Vorstellung. Er war zu durcheinander, um das zu klären.

Unter Qualen sah er der unvermeidbaren Zukunft entgegen. Jeder projektive Telepath war wertvoll, und dieser war, nach den gegenwärtigen Signalen zu schließen, eine Ausnahme unter Ausnahmen. Was für eine unerträgliche Belastung ihn dazu gezwungen hatte, die Wirklichkeit zu verlassen, war gleichgültig; sie würden ihn zurückhaben wollen. Sie würden auf Howson zurückgreifen, und weil es das war, was er auf der Welt am besten konnte, würde er es versuchen, und er würde Angst haben und vielleicht, diesmal vielleicht, entdecken, daß . . .

NEIN.

Die Order war an sich selbst gerichtet, kam aber als ohrenbetäubender telepathischer Schrei, und in anderen Räumen der Klinik reagierten andere Telepathen, einschließlich des Mädchens aus Nepal, mit schläfriger Überraschung. Blind tastete er auf dem Bord neben dem Bett, wo er seinen Vorrat an Medikamenten aufbewahrte – nicht weniger als bei irgendeinem Patienten –, nach der Flasche mit den Beruhigungspillen. Er schluckte zwei und saß still wie ein Felsen, während sie seinem zuckenden Geist die chemische Zwangsjacke anlegten.

Sein Atem ging wieder leichter. Die Versuchung, seine Aufmerksamkeit aufs neue den glühenden Fantasien des Unbekannten zuzuwenden, schwand, so als habe er den Impuls gemeistert, einen faulen Zahn durch Druck schmerzen zu machen. Als er sich für bewegungsfähig hielt, stieg er umständlich aus dem Bett, griff nach seinen Kleidern und machte sich fertig, seinen anonymen Feind zu suchen.

15

Aus dem Aufzug tretend, begann er den langwierigen Weg durch das Foyer der Klinik, vorbei an den wartenden Nothilfegeräten: Sauerstoffzylinder auf eckigen elektrischen Wagen, gleich gigantischen Heuschrecken, ihre bizarren Schatten auf der weißen Wand; Bahren auf Rädern mit sauber zusammengefalteten Dekken; eine Maschine, ›Herz‹ genannt; eine ›Lunge‹; eine andere, ›Niere‹, so als könne man sie nehmen, zusammensetzen und einen Menschen daraus machen.

Mit wessen Gehirn? Meinem? Eher würde ich ...

Aber die Tür war aufgeschwungen, mit dem leisen Schmatzen der Gummilippe, die den Gummiboden küßte, und herein kam Pandit Singh in schwarzem Pullover und grauen Hosen, und das Licht lag auf seinem Haarschopf wie eine Aura.

»Gerry! Was höre ich da von einer katapathischen Gruppe? Ohne Ankündigung eingeliefert? Von wo? Und was machst du eigentlich hier? Ist Ludwig Schacht nicht auf seinem Posten?«

Der Frost von Ingrimm in seinen Worten zeugte genausowenig von Verärgerung, wie der Frost von Grau auf seinen buschigen Augenbrauen von Alter zeugte. Er schien unwandelbar jung zu sein – innen, wo es zählte. Beförderung von seinem alten Posten als Leiter von Therapie A zum Chef der ganzen Klinik hatte ihn um kein Jota verändert. Howson hatte ihn auf den ersten Blick gemocht; nun, nach langen Jahren der Zusammenarbeit, liebte er ihn, wie er gern seinen Vater geliebt hätte.

Einmal hatte er gewünscht, seine Fähigkeit möge von ihm genommen, vernichtet werden. Der Wunsch tauchte gelegentlich wieder auf, aber nun hätte er sie nicht mehr ganz aus der Welt verschwinden sehen mögen. Lieber hätte er sie Pandit Singh anvertraut, als einem Mann, der reif war, solche Macht zu handhaben.

Warum ich? Warum ich, der Schwächling?

Er war schrecklich müde. Aber seine dünne Stimme war fest genug, als er Singhs irrtümliche Annahmen korrigierte.

»Du bist, scheint's, direkt heruntergekommen, ohne Ludwig nach Details zu fragen, Pan. Es ist keine Gruppe eingeliefert worden. Draußen in der Stadt ist eine. Das Mädchen aus Nepal hat ein paar Bilder im Schlaf aufgefangen – zufällig korrespondiert die Szene der Fantasie mit ihrer eigenen Herkunft –, und ihre instinktive Furcht hat mich geweckt.«

»Ich verstehe!« Singh strich sich über den Bart. »Kannst du sie für uns lokalisieren, oder müssen wir sie suchen?«

»Oh, ich finde sie«, sagte Howson säuerlich. »Deswegen habe ich mich ja angezogen.«

Singh musterte ihn ein paar lange Sekunden. Dann, mit einem seiner Blitze von plötzlicher Einsicht, sagte er: »Gerry, dich plagt etwas. Nicht nur, daß du nicht geschlafen hast. Ist dies ein besonders übler Fall?«

Unglücklich nickte Howson. »Irgend etwas stimmt nicht, Pan. Der Unterton von . . . Schwäche, von Flucht, fehlt. Es wirkt . . . Wie zum Teufel soll man das nennen? Sardonisch! Abgebrüht! Wohlweislich geplant!«

Singhs geistige Reaktion war ernst. Und doch war sie auch irgendwie tröstlich; in Worte gefaßt, hätte sie vielleicht gelautet: *Wenn er sich Sorgen macht, muß er guten Grund haben, also kann ich ihm nicht widersprechen. Aber er ist der Größte; ich weiß, was er kann.*

Howson versuchte ein Lächeln.

Wieder ging die Tür des Foyers auf, und Deirdre van Osterbeck, Singhs Nachfolgerin als Chefin von Therapie A, kam hereingeschritten – füllig und wuchtig wie eine Gewitterwolke in ihrem blau-schwarzen Umhang, mit einem Gesicht darüber, das rund und blaß war wie der volle Mond. Ludwig Schacht kam nervös aus dem Nachtdienstbüro und meldete, daß Wagen und Ambulanz unterwegs waren.

»Wird eine genügen?« fügte er hinzu und blickte Singh fragend an.

Die automatische Antwort formte sich schon auf Singhs Lippen: daß noch nie eine katapathische Gruppe aus mehr als acht Personen bestanden hatte, so daß also eine große Ambulanz und der Direktionswagen genügen würden. Howson bremste ihn mit einer stummen geistigen Geste.

»Laß zwei kommen, Ludwig«, sagte er. »Ich fürchte, dieser Mann bricht alle Regeln.«

Und, nur zu sich selbst, wiederholte er: *Ich fürchte ...*

Bruchstücke von Bildern peinigten Howson, als der Wagen über die breite Autobahn ins Herz der Stadt raste. Sie führte ihm helleuchtende, unmögliche Ereignisse vor, die – wenn er es ihnen erlaubte – für immer an die Stelle der Realität treten konnten. Das lautlose Dahingleiten ihres Autos, die dunklen Fassaden der Gebäude, die Straßenlampen, selbst die Gegenwart anderer Menschen in seiner Nähe würden ausgelöscht, aller eigenen Kraft beraubt werden. Wer konnte der Unbekannte sein? Sein reales Gedächtnis war so nahezu vollständig ausgeschaltet, daß Howson fürchtete, er werde tief, tief in den geistigen Strudel hineintauchen müssen, bevor er einen Hinweis fand ...

»Gerry!« rief Singh. Howson riß sich zusammen. Ohne es zu merken, hatte er sich treiben lassen.

»Tut mir leid«, sagte er schleppend. »Es ist so ungeheuer stark ... Ich muß mich auf die Quelle konzentrieren, weil ich sie ja lokalisieren soll, und immer wenn ich in diese Richtung gehe, werde ich ... ich ... Sag dem Fahrer, er soll rechts abbiegen. Es ist jetzt ganz nahe.«

Der Wagen bog in einen breiten, von vielstöckigen Gebäuden flankierten Boulevard ein. Leuchtschriften auf ihren Fassaden – rot, grün, blau – wiesen die meisten als Hotels aus.

»In einem dieser Hotels, meinst du?« fragte Singh.

»Höchstwahrscheinlich«, murmelte Howson mit vor Müdigkeit tonloser Stimme.

»Dann zieh deinen Geist jetzt davon ab!« sagte Singh. »Wir können vom einen Hotel zum anderen gehen und in der Registration nach Neuankömmlingen fahnden. Ein paar Minuten Verzögerung sind jetzt nicht so wichtig.«

»Ich kann sie aber finden!« protestierte Howson. »Nur ein wenig ...«

»Du sollst davon runtergehen, hab' ich gesagt! Du bist entschieden zu kostbar, um als Bluthund benützt zu werden, hörst du?« Mit Absicht visualisierte Singh einen großen, sabbermäuligen, schnüffelnden Hund, dessen Ohren so weit auf den Boden herabhingen, daß seine Vorderpfoten ständig darauftraten. Howson fing das Bild auf und mußte lächeln.

Du gewinnst.

Der Wagen hielt an. Singh öffnete die Tür, und Howson machte Anstalten, ihm zu folgen.

»Es ist durchaus nicht nötig, daß du mitkommst, Gerry!« wandte Singh ein.

»Wenn ich mich nicht mit irgend etwas ablenke, kann ich . . . äh . . . meinen Geist nicht von der Sache fernhalten«, entgegnete Howson. »Ich komme mit.«

Eine halbe Stunde lang marschierten sie von Empfangshalle zu Empfangshalle. Marmorwände und Tafeln aus künstlichen Edelsteinen, Tierhäute als Wandteppiche und illuminierte Aquarien grüngetönten Wassers sahen zu, wie schläfrige Nachtportiers die Köpfe hoben, überrascht Howson und Singh anstarrten, mit der Vorführung ihrer Gästelisten zögerten, Singhs alle Türen öffnenden WHO-Ausweis prüften und schließlich widerstrebend nachgaben.

Sechs Hotels und keine Anhaltspunkte. Als sie aus dem letzten herauskamen und den im Wagen und Ambulanz Wartenden Ergebnislosigkeit signalisierten, warf Singh Howson einen scharfen Blick zu.

»Du bist doch nicht schon wieder dort, Gerry?«

Howson grinste beinahe schuldbewußt. »Wie gut du mich kennst, Pan!« erwiderte er mit erzwungener Leichtigkeit.

»Laß es!« sagte Singh rauh. »Wenn unser Mann nicht verdammt nahe wäre, hättest du mich niemals den Wagen anhalten lassen, und ich kann mir nicht vorstellen, wo ein auswärtiger Telepath eher zu finden sein könnte als in einem dieser Luxus-Hotels. Wahrscheinlich kriegen wir ihn im nächsten.«

Das nächste war mit bombastischem chinesischen Rokoko dekoriert: riesige gewundene Messingsäulen, rotschwarze Lackdrachen an den Wänden. Der Nachtportier war eine beleibte Frau mittleren Alters, deren eine Hand während der ganzen Dauer des Gesprächs mit ihnen nicht vom Alarmknopf wich; sie hatte schreckliche Angst vor Vergewaltigung, und die Vorstellung flammte leuchtfeuerhell in ihrem Geist. Howson mußte sich eines Anfalls von Widerwillen erwehren: der Masochismus, der unterhalb ihrer bewußten Angst lag, war nur allzu deutlich.

Singh überredete sie, ihm den Stoß von Registrationskarten vorzulegen; ein gutes Dutzend überflog er, bevor er mit einem Ausruf innehielt. Er löste die betreffende Karte aus der Halterung und zeigte sie wortlos Howson. Mit kühler Schrift war der Name eingetragen: Hugh Choong.

»Aber das ist . . .«, begann Howson und unterbrach sich, als er sah, wie Singh die Stirn runzelte. Schweigend fuhr er fort: *Aber das ist einer von ganz, ganz oben!*

Korrekt. Elf Jahre enger Zusammenarbeit mit Howson hatten Singh befähigt, eine ungesprochene Kommunikation fast so klar zu verbalisieren wie ein Telepath. *Ein Schlichter und Vermittler mit der Basis Hongkong. Betreut das ganze Pazifik-Revier praktisch mit einer Hand. Gelegentlich auch Therapeut für UN-Spitzenkräfte. Du hast ihn nie kennengelernt?*

Nein.

Ich auch nicht. Aber wir haben bald die Ehre, nicht wahr?

Um sein Leben nicht hätte Howson diesem gespielt-zynischen Kommentar einen ähnlichen an die Seite stellen können. Er empfand nur Bestürzung. Was hatte ein Schlichter mit einer katapathischen Gruppe zu tun? Sie wurden alle aus dem Kreis der stabilsten, fähigsten, bestausgebildeten Telepathen ausgewählt; sie mußten alle sein wie Caesars Frau, über jeden Hauch von Argwohn erhaben; denn auf der Messerschneide ihrer Selbstkontrolle ruhte der empfindliche Frieden des Planeten.

Wenn selbst ein solcher Mann der Welt seiner Fantasie vor der der Wirklichkeit den Vorzug geben konnte, wie sicher war dann er, Howson, der Krüppel, den schon jede Begegnung mit fremden Menschen verletzte?

Singh sprach in energischem Ton mit der Hotelangestellten. »Welches Zimmer hat Mr. Choong, bitte? Ich werde ihn stören müssen.«

»Mr. Choong hat eine Suite«, verbesserte die Frau verdrossen. »Er und seine Begleiter sind am frühen Abend in unser Penthouse eingezogen. Aber ich glaube, ich kann nicht zulassen, daß Sie . . .«

»Seine Begleiter! Wie viele?« unterbrach Singh.

»Zehn, insgesamt.« Und, ungern: »Sir.«

»Du hattest recht mit der zweiten Ambulanz, Gerry«, knurrte Singh. »Gut«, fügte er, zu der Frau gewandt, hinzu. »Rufen Sie uns jemanden, der uns hinaufführt – und schnell, bitte! Die da oben brauchen dringend einen Arzt, verstehen Sie?«

Howson war es zufrieden, sich dem Gang der Ereignisse zu überlassen. Er sagte nichts, als er auf den Lift zuhumpelte, im

Kielwasser eines Portiers, der einen Schlafanzug und einen verdutzten Gesichtsausdruck trug. Die Besatzung der Ambulanzen war mit ihren Bahren zu den Lastenaufzügen gegangen. Howson überließ das alles Singh; er war vollauf mit dem Versuch beschäftigt, das bockende Wildpferd seiner Gedanken zu reiten, das außer Kontrolle zu geraten drohte, sobald er seine Aufmerksamkeit zu den telepathischen Fantasien wandern ließ, die Choong kreierte.

Versuche nicht, an ein weißes Pferd zu denken ...

Der Fahrstuhl hielt auf Penthouse-Höhe. Automatisch wollte Singh den Schlüssel benützen, den er von der Frau unten erhalten hatte, aber die Tür ging schon vorher von selber auf. Und vor ihnen ...

»Es erinnert mich«, sagte Singh mit gespenstischer Ruhe, »an die Bühne am Ende einer Aufführung von *Hamlet*.«

Leichen überall! Nur ... waren es keine Leichen, noch nicht. Wachsblaß saßen oder lagen sie bewegungslos auf Sesseln, Sofas, zusammengeschichteten Kissen, neun von ihnen in einem Kreis um den zehnten herum – einen untersetzten Mann mit eurasischen Gesichtszügen, der entspannt in einem großen Sessel saß und eine glanzvolle Seidenrobe trug. Neben ihm lag, als sei sie eben erst abgenommen und hingelegt worden, eine Brille mit altmodischer Hornfassung. Und das war, deshalb, Hugh Choong.

Howsons Fäuste ballten sich lächerlich. Wie eine schlecht zusammengefügte Puppe hinkte er auf den trance-verlorenen Telepathen zu, und die Heftigkeit seines Zorns verpestete die Luft.

Verfluchter, verfluchter Kerl du ...

»Gerry!« Singhs Worte stachen in sein Gehirn. »Du kannst ihn nicht erreichen, also verschwende deine Energie nicht!«

Howsons Wut, so punktiert, fiel in nichts zusammen, ließ ihn in grämlicher Apathie zurück. Er machte eine leere Geste und wandte sich ab.

»Wo er jetzt ist, will er von niemandem erreicht werden.«

»Da bin ich mir nicht so sicher«, entgegnete Singh. »Schau!« Über den weichen Teppich ging er zu dem Telefon an der Wand und deutete auf einen Gegenstand auf einem niedrigen Tisch nahebei. Howsons matter Blick folgte ihm.

»An dem Telefon ist ein Zeitgeber angebracht, und der ist auf acht Uhr früh eingestellt. Und das hier ist ein Recorder. Mal sehen, was er sagt.« Er hob den kleinen Apparat in die Höhe, der in eine schöne Lackdose eingelassen war, und entdeckte, daß er mittels eines hauchdünnen Kabels mit dem Telefon verbunden war. Ein leichter Zug löste die Wiedergabe aus.

Sogleich erklang eine feste Stimme.

»Hier spricht Hugh Choong im Penthouse. Guten Morgen. Bitte erschrecken Sie nicht über diese Tonbandbotschaft, die nachher noch einmal wiederholt wird, falls Sie beim ersten Mal nicht gleich alles verstehen.

Bitte rufen Sie den Chef des WHO-Therapie-Zentrums, Dr. Pandit Singh an. Sagen Sie ihm, wer ich bin, und bitten Sie ihn oder einen seiner engeren Mitarbeiter, rüberzukommen und mich zu besuchen. Die Aufzugstür ist auf automatische Öffnung eingestellt, so daß er keine Schwierigkeit haben wird, hereinzukommen. Danke!«

»Stell das aus!« fauchte Howson in wilder Wut. »Er hat es also alles vorbereitet! Die beste Therapie, ohne einen wirklichen Grund! Und nun, nehme ich an . . .« Er brach ab, sein Mund aber bewegte sich noch weiter.

»Ja, Gerry?« ermutigte ihn Singh.

»Du weißt genau, was ich sagen wollte!« zischte Howson. »Jetzt muß jemand ihm hinterher, muß ihn mit Gewalt aus seinem Schlupfloch zerren, muß Zeit und Mühe verschwenden, die eigentlich jemandem gehören sollten, der ihrer wirklich bedarf!«

»Soweit ich sehen kann, Gerry«, sagte Singh in einem Tonfall, dem er nicht erst den Beiklang von Tadel geben mußte, »macht die Tatsache, daß Hugh Choong hier ist, in diesem Zustand, aus ihm eine Person, die der Therapie bedarf. Irre ich mich?«

Howson errötete. Er wollte widersprechen, aber bevor er sprechen konnte, kamen die Männer mit den Bahren aus dem Lastenaufzug, und Singhs gesamte Aufmerksamkeit konzentrierte sich auf die Anleitung ihrer Arbeit.

Howson verzog sich in eine Ecke, wo er nicht im Wege war, und starrte auf die wächserne Ruhe in Choongs Gesicht, während man ihn auf eine Bahre schnallte.

Nein, ich verfluche dich. Deshalb stinkst du so nach Selbstgefälligkeit! Du kannst Hilfe nicht wirklich gebraucht haben, weil du so gut dafür gesorgt hast, daß du sie kriegst!

Und natürlich kriegst du sie, verfluchter Kerl du. Sie werden mich in diesem Niemandsland nach dir jagen, deine Träume zerstören, dich verfolgen und belästigen lassen, bis du zurück-

kommst. Und natürlich übernehme ich die Aufgabe, denn das ist alles, was ich habe: meine Arbeit, die niemand auf der Welt so gut beherrscht wie ich.

Aber wer wird hinter mir herkommen, fragte er sich bang, *wenn ich Hilfe brauche, Choong? Wen sonst gibt es noch? Sei dreimal verflucht!*

16

Seine Bitterkeit, von seinem Mangel an Schlaf verschärft, war immer noch im Anwachsen, als am nächsten Nachmittag die Sonderkonferenz zusammentrat. Für jeden gewöhnlichen Patienten mußte ein Platz auf der Tagesordnung der täglichen Routinekonferenz genügen; für andere UN-Stabsmitglieder wurde höchstens eine multilineare Telefonverbindung benützt, um den Fall zu diskutieren. Aber wo es um Choong ging, kamen die hohen Beamten mit Mach-Fünf-Express herbeigeschwärmt.

Er saß in dem Sessel, der zur Rechten von Singh für ihn reserviert war, und versuchte, an Unwichtiges zu denken: die weite, niedrige, meergrüne Decke, das erlesene Mobiliar aus Buchenholz. Es mißlang ihm. Zu sehr war er sich der schuldbewußt neugierigen Blicke der Fremden bewußt, die so deutlich wie ein direktes telepathisches Signal fragten: *Der größte Heiltelepath der Welt? Der?*

Er konnte sich nur schwer zurückhalten, sie laut anzufahren: »Was zum Teufel habt ihr denn erwartet? Einen Supermann? Ein Paar Hörner?«

Glücklicherweise war ihre Aufmerksamkeit durch die Ankunft von vervielfältigten ärztlichen Bulletins über Choong und seine Gefährten abgelenkt worden. Nun pflügten sie verbissen durch einen Wirrwarr von Details, in der Hoffnung, später keine ignoranten Fragen zu stellen und sich nicht zu blamieren.

Außer einem, merkte er plötzlich. Lockspeiser, der hochgewachsene Kanadier mit dem roten Gesicht und dem kahlen Fleck auf seinem Scheitel, hatte die Mappe mit Papieren geschlossen und weggeschoben. Das war jedenfalls ehrlich . . .

»Verzeihen Sie mir, wenn ich unhöflich bin, Dr. Singh«, sagte der Kanadier. »Aber dieses Zeug ist für Ärzte, und ich bin keiner.

Ich bin ein eingestandenermaßen pragmatischer Politiker und sitze in der Kommission für Koordination des Welthandels; mein Interesse an Dr. Choong beschränkt sich auf die Tatsache, daß er in der Kreditausgleichskrise, von der Sie vielleicht gehört haben – dem sino-indonesischen Schlamassel –, als Schlichter fungieren sollte. Es war mühselig genug, die Emotionen der Beteiligten soweit zu kühlen, daß sie einen außenstehenden Schlichter akzeptieren, und sie wollen Choong oder keinen. Das ist es, was für mich zählt. Können wir die Fachsimpeleien übergehen und ein paar harte Tatsachen aufkochen?«

Also war er *doch* vor einer Aufgabe davongelaufen? Der Gedanke war für Howson seltsam tröstlich. Doch nur für ein paar Sekunden. Singh hob den Kopf.

»Hat man ihm mitgeteilt, daß seine Dienste gebraucht werden würden?«

»Ich weiß nicht«, grunzte Lockspeiser. »Ich habe sein Büro in Hongkong verständigt, natürlich. Sie sind von dort, nicht wahr?« Er blickte den besorgt wirkenden Chinesen ihm gegenüber an, der der Versammlung als Mr. Jeremy Ho vorgestellt worden war.

»Ja. Äh . . .« Er sah sehr unglücklich aus. »Die Antwort auf Dr. Singhs Frage ist negativ. Wir hatten seit mehr als einer Woche nichts mehr von Dr. Choong gehört.«

»Und das hat Sie nicht irritiert?« fragte Lockspeiser ungläubig.

»Sagen wir es anders rum: wir haben uns bemüht – bemühen uns, ihn nicht zu irritieren.« Er sagte es mit leisem Tadel. »Wir nahmen an, er wäre auf einer seiner regelmäßigen Studienreisen. Er fährt weg, um die öffentliche Meinung auszuloten und Daten zu sammeln, die sich in der Zukunft als nützlich erweisen könnten. Nur er kann sagen, was für ihn wichtig ist.«

Singh ließ ein höfliches Husten vernehmen. »Ich glaube, wir brauchen das nicht weiterzuverfolgen. Wir haben Choong; unser gegenwärtiges Problem ist, ihn zu erreichen. Darauf sollten wir uns konzentrieren.«

»Einverstanden.« Das war die Frau mit kastanienbraunem Haar, Alter – vermutlich – fünfunddreißig bis vierzig, in Schwarz und Grün, die neben Lockspeiser saß und sehr in sich selbst zu ruhen schien. Ihr Status war Howson bis jetzt nicht bekannt, und sie machte ihn neugierig. Er war sich sicher, daß sie Telepathin war, aber als er den automatischen höflichen Annäherungsversuch gemacht hatte, war ihm mit einer wohldisziplinierten geistigen Geste geantwortet worden. In der Tat hatte sie ihm die kalte Schulter gezeigt, und das hatte ihn geärgert.

Singh warf der Frau ein Augenzwinkern zu. »Danke, Miß Moreno. Nun, soweit ich von Ihnen gehört habe, ist nichts Wichtiges über Dr. Choongs Gefährten bekannt. Korrekt?«

Miß Moreno nickte mit Nachdruck. »Keiner von ihnen ist uns vorher aufgefallen«, bestätigte sie.

»*Uns* aufgefallen?« sagte Howson. Aller Augen wandten sich ihm zu und wandten sich sofort wieder ab, außer Miß Morenos. Ihre Antwort kam prompt und gelassen.

»Dem Welt-Geheimdienst, Dr. Howson.«

Aber natürlich. Wenn ein Mann, der den Schlüssel zum Frieden für ein Sechstel des Globus in Händen hält, sich absetzt, kann man erwarten, daß diese Leute zur Stelle sind. Peinlich berührt von seinem eigenen Mangel an Scharfsinn und stärker als zuvor verstört von ihrer Weigerung, ihn auf telepathischer Ebene zu begrüßen, murmelte Howson etwas Unverständliches.

Singh fuhr eilends fort. »Sie sind natürlich alle darüber informiert worden, was mit Choong passiert ist. Was wir uns noch nicht erklären können, ist, warum er es getan hat. Wir analysieren die vertraulichen psychomedizinischen Berichte, die Mr. Ho uns aus Hongkong gebracht hat, aber solange wir damit nicht fertig sind, können wir nur spekulieren. Bis heute hätte ich gesagt, daß der Grund für die Schaffung einer katapathischen Gruppe derselbe ist, der irgendeinen Nicht-Telepathen bewegt, in Wahngebilden Zuflucht zu suchen – um einer unerklärlichen Krise im realen Leben zu entfliehen. All unsere Daten deuten jedoch darauf hin, daß Choong in höchstem Maße zufrieden ist, mit seiner Arbeit, seinem Privatleben, seinem Talent . . . Ja, Miß Moreno?«

»Müssen wir wirklich diese Konferenz noch lange ausdehnen?« fragte die Frau gereizt. Howson stutzte. Trotz all ihrer sorgfältigen Kontrolle erreichte ihn eindeutige Alarmstimmung, die aus ihr heraussickerte. »Es bleibt nur ein Weg des Handelns, und je früher der beschritten wird, desto besser!«

Lockspeiser schlug mit der Handfläche auf den Tisch. »Fantastisch! Möchte mir mal jemand verraten, *was* für ein Weg? Ich hatte von dieser – dieser katapathischen Sache keine Ahnung, bevor ich das von Choong erfuhr. Scheint so, als hätte er jeden Weg, auf dem man ihn erreichen könnte, abgeblockt . . . oder nicht?«

»Folgendes muß geschehen«, sagte Howson mit einer Stimme, schrill und hart wie ein Schrei. »Jemand muß ihm in seine Fantasie hineinfolgen. Jemand muß seinen eigenen Verstand riskieren, um die Regeln zu entdecken, nach denen sein Universum funktioniert – um unter zehn wirklichen Persönlichkeiten und Gott weiß wie vielen schizoiden Sekundanten das Ego des Telepathen auszusondern; um die Fantasie so unbewohnbar zu machen, daß er aus schierem Ekel die Verbindung zwischen sich und den anderen einzieht und auf die Ebene normaler Wahrnehmung zurückkehrt.«

Er hob den Blick, um Miß Moreno direkt anzusehen. Sie erwiderte seinen Blick ruhig, während er rief: »Und leicht ist das nicht!«

»Sagte ich, es wäre leicht?« Ein Anflug von Röte vertiefte das Oliv ihrer Wangen.

»Sie sagten, je früher wir uns daran machten, desto besser.« Howson parodierte eine einladende Verbeugung. »Sie sind herzlich dazu eingeladen! Zum einen muß man den Betreffenden zuerst in- und auswendig kennen. Wenn nicht, kann er sich hinter einer endlosen Parade von Masken vor Ihnen verbergen, bis sie zu wütend sind, ihn zu überlisten, oder zu erschöpft, oder – oder zu fasziniert . . .« Er schluckte und leckte sich die Lippen, immer noch Miß Moreno anblickend, ohne sie aber noch zu sehen. »Zum anderen, solange der Körper noch Energiereserven hat, muß ein Eindringling aalglatt hineinschlüpfen oder lieber draußenbleiben. Wenn er es plump und auffällig macht, stößt er geradewegs auf die vereinigten Kräfte der Teilnehmer, und sie leugnen seine Existenz, so wie sie ihre eigenen Körper geleugnet haben. Diesmal sind zehn in der Gruppe, und Sie können sich darauf verlassen, daß Choong nicht Einfaltspinsel und Schlappschwänze zur Teilnahme geladen hat! Und vor allem . . .« Er hielt inne, sie wartete, die Pause wurde wie das Intervall zwischen Blitz und Donner.

»Und vor allem«, wiederholte Howson sehr langsam, »Choong ist kein Mensch mit zu schwacher Persönlichkeit, der vor etwas flieht.«

Warum dann? Warum? WARUM?

Danach verließ er sie. Nur Randfragen waren noch zu beantworten, und es war egal, wer welche stellte; sie waren alle vorhersagbar.

»Kann ihr Widerstand nicht gesenkt werden . . . durch Drogen vielleicht?«

»Nicht durch Drogen. Manchmal hilft es, dem Funckschen Organ einen Elektroschock zu versetzen. Aber jedes Depressivum würde die motorischen Funktionen beeinträchtigen – Herz – Atmung –, nicht nur die höheren Zentren, die mit Imagination zu tun haben. Wir haben kein Mittel, das *derartig* fein unterscheiden könnte.«

»Nun – künstliches Herz, Lunge?«

»Die sind erst verwendbar, wenn die telepathische Verbindung schon abgebrochen ist. Vorher würden sie sich nur darüber freuen. Es hieße, daß ihr Körper entsprechend weniger Energie verlangt, und die natürlichen Funktionen könnten endgültig aussetzen.«

»Macht physische Trennung einen Unterschied?«

»Telepathen werden eingesetzt, um mit den Leuten auf dem Mars zu kommunizieren. Das dürfte Ihre Frage beantworten!« Singh wurde unruhig; seine Gedanken waren nicht bei den Fragenden, sondern bei dem abwesenden Howson, und er fragte sich, ob der von anderswo lausche. Natürlich lauschte er. Er konnte nicht widerstehen.

Die wachsende Ungeduld des leitenden Direktors spürend, verzichteten die anderen darauf, noch weitere Fragen zu stellen, und Lockspeiser schnitt unumwunden den letzten Punkt an.

»In Ordnung, Dr. Singh! Jetzt müssen wir nur noch wissen: wird Dr. Howson diese Aufgabe übernehmen, und welche Chance hat er, einigermaßen bald Erfolg zu haben?«

Ich wünschte, das wüßte ich. – Aber diesen Gedanken maskierte Singh geschickt; vielleicht entdeckte ihn nicht einmal Miß Moreno. Laut sagte er: »Zur ersten Frage: ich bin sicher, daß er es macht. Was den baldigen Erfolg angeht: er ist bisher noch nie gescheitert, und wenige seiner Heilsitzungen haben länger als achtundvierzig Stunden gedauert, sobald sie einmal begonnen hatten. Aber denken Sie dran, daß der Boden gründlich vorbereitet werden muß, wie er vorhin erklärt hat; er muß das Leben des Patienten von Geburt an kennenlernen, bevor er in seine Fantasie eintritt.«

»Was sein muß, muß sein«, brummte Lockspeiser und erhob sich.

Aber Miß Moreno blieb noch sitzen, fing Singhs Blick auf, und als sich die Tür hinter Ho und Lockspeiser geschlossen hatte, sagte sie: »Ich werde diese Frage noch einmal stellen, Dr. Singh, wenn Sie nichts dagegen haben. Es ist von größter Wichtigkeit, daß wir in dieser Sache keine Risiken eingehen. Sind sie *sicher*, daß Dr. Howson Choong zurückholen wird?«

Darauf: Zorn, soviel, wie sich Pandith Singh überhaupt je zugestand. Und, laut ausgesprochen: »Das dürfen Sie nicht sagen oder auch nur denken! Kreuzteufel, ich arbeite seit elf Jahren mit Gerry zusammen. Ich habe gesehen, wie er sich von einem verschreckten, scheuen, zurückgebliebenen Jugendlichen zu einem fähigen – Teufel, einem brillanten! – Therapeuten entwickelt hat. Sein Geist ist scharf und präzise wie ein Skalpell. Das weiß ich; wie kommt es, daß Sie das nicht auch wissen? Sie sind doch selbst Telepathin, oder nicht?«

Einen Augenblick lang herrschte Stille. Mit geschlossenen Augen, ein wenig auf seinem Spezialstuhl schaukelnd, wartete Howson darauf, daß Singh die Antwort vernähme. Er hatte kein Bedürfnis, Miß Morenos Geist zu erforschen, wo sie ihm zuvor den Kontakt verweigert hatte.

Dann: »Woher wissen Sie das? Mein Büro hatte Anweisung, Ihnen das nicht zu sagen, und ich glaube, ich habe Howson ziemlich klar zu verstehen gegeben, daß ich . . .«

»Das mußte mir nicht gesagt werden!« Singh wischte die Worte mit einer ungeduldigen Geste beiseite. »Ich habe mehr als zweihundert Telepathen gesehen, gesunde und kranke, Anfänger und Vollausgebildete. Aber ich möchte immer noch eine Antwort auf meine Frage haben. Wie kommt es, daß Sie nicht wissen, daß Gerry der einzige Mensch auf Erden ist, der Choong zurückholen kann?«

»Weil . . .« Sie machte eine Pause, und es war zu spüren, wie sie ihren Willen zu einer Entscheidung zusammennahm. »Weil Choong mir Angst macht, wenn ich ehrlich sein soll! Seit dem Tag, als Vargas die katapathische Verbindung entdeckte, aus – was weiß ich – Frustration, Ekel vor der Wirklichkeit . . . Oh, lassen wir das. Jedenfalls ist sie seitdem für uns alle eine ständige Versuchung. Sie sind wahrscheinlich eine Ausnahme, wenn Sie mit so vielen Telepathen gearbeitet haben, aber die meisten Menschen denken, der Besitz telepathischer Gaben sei *absolut* befriedigend. Trotz der sorgfältigen Propaganda, die vom Gegenteil überzeugen soll, werden sie neidisch.« Ihre Worte klangen nun bitter. »Nun, ein Telepath kann sehr wohl unzufrieden sein oder deprimiert oder den Mut verlieren. Und jeder von uns könnte irgendwann einmal sagen: ›Soll sich die Welt doch zum Teufel scheren! Ich kann mir meine eigene schaffen!‹ Aber etwas hält uns zurück. Der Gedanke: ›Das sind die Schwächlinge, die der Versuchung nachgeben!‹

Aber jetzt hat Choong es getan. Ein Schwächling? *Der*? Niemals! Er scheint einfach aus freier Wahl in seine Fantasiewelt gegangen zu sein, in vollem Besitz seiner Kräfte. Ist das das Ende, das auch mir bevorsteht? Oder Howson? Oder uns allen? Ich habe mich geweigert, mit Gerry Howson Verbindung aufzunehmen, Doktor. Ich weiß, es ärgert ihn. Aber sehen Sie . . . Ich habe Angst, wenn ich herausfinde, daß er genauso in Versuchung ist wie ich, und er entdeckt, daß ich in Versuchung bin, werden wir nicht nur Choong verlieren, sondern ihn – und mich ebenfalls.«

Singh konnte nichts antworten. Er senkte nur den Kopf.

Da war sie also, in all ihrer Nacktheit: die Angst. Nun plötzlich hatte Howson nichts mehr gegen Miß Moreno. Sie hatte es gut gemeint. Sie hatte lediglich nicht gewußt, daß es ihm hilfreicher war zu wissen, daß seine Angst geteilt wurde, statt annehmen zu müssen, er habe sie aus individueller Not und Schwäche ausgebrütet.

Wie hatte Marlowe es seinen Mephistopheles sagen lassen? Süß sei es, in der Not Gefährten zu haben, oder so ähnlich? Er konnte sich nicht mehr genau erinnern. Egal. Um den Grundgedanken ging es, und der traf zu; er fühlte sich getröstet.

Er drückte auf die Taste der Sprechanlage. Eine Pause, dann die Stimme von Deirdre van Osterbeck.

»Ja?«

»Hier Gerry, Deirdre. Schick mir, bitte, das Material für den Fall Choong. Ich fang jetzt mit der Arbeit an.«

17

Gewöhnlich verließ er sich wenigstens teilweise auf Inspiration, um auf dem Höhepunkt des Kampfes den Sieg davonzutragen. Viele Male hatte er in der Vergangenheit eine rasche und drastische Zerstörung einer katapathischen Gruppe dadurch erzielt, daß er eine Schwäche aufgriff, die sich nur in der Fantasie selbst enthüllte, die der Telepath zuvor nicht einmal seinem Analytiker eingestanden hatte, oder seiner Frau – wenn er eine Frau hatte; ziemlich wenige Telepathen heirateten angesichts der Unwahrscheinlichkeit, Kinder mit dem Talent zu bekommen.

Diesmal aber überließ er nichts der Improvisation. Er zog alle Register seiner Begabung.

Zuerst kamen die langen, langen Stunden unter der Haube – dem enganliegenden Helm, der Mikrofilmvorführer, Mikrofon und Wiedergabe von Tonbandaufnahmen vereinigte. Er benutzte ein mildes Stimulans, um sich die endlose Reihe von Fakten besser einzuprägen; schwitzend und schlaff kam er aus jeder Sitzung.

Dann folgten die direkten Nachforschungen. Sie brachten ihm jeden, den sie finden konnten, der Choong wenigstens etwas näher gekannt hatte: ehemalige Schulkameraden, ältliche Verwandte, Ex-Freundinnen, Berufskollegen – alles in allem mehr als zweihundert Geister, in die er hineintauchte, in denen er Hinweise und Aufschlüsse sammelte.

Als letzte brachten sie ihm Choongs Frau.

Er hatte die Begegnung nicht gewollt. Er hatte versucht, sich selbst, ihr und Singh einzureden, daß es nicht notwendig sei, daß er bereits genug Material hätte. Aber schließlich mußte er sich doch darauf einlassen. Sie selbst bestand darauf. Sie wollte ihren Mann zurück, und wenn ihr Gedächtnis irgend etwas beinhaltete, was Howson nützen konnte, so sollte er es haben.

Sie war eine kleine Frau, pummelig, nicht sonderlich attraktiv, eine rezeptive Telepathin von ansehnlicher Leistung. Ihre Vorfahren stammten aus Polynesien, aber ihre gegenwärtige Arbeit hatte mit kultureller Anpassung in Neu-Guinea zu tun: den Druck moderner Technologie auf Menschen, deren Großväter noch in der Steinzeit lebten, zu mildern. Die Arbeit hatte sie seit mehr als drei Monaten von ihrem Mann ferngehalten, und sie hatte nicht erwartet, ihn vor Ablauf von weiteren sechs Wochen wiederzusehen.

Als Howson begann, sie zu durchforschen, war er überzeugt, schon zu wissen, was er finden würde. Wenn irgendwo, dann lag gewiß hier die unerträgliche Situation, vor der Choong davonlief! Er suchte nach den Anzeichen ehelicher, wahrscheinlich sexueller Probleme – und war bestürzt.

Es gab sie nicht. Er fand nur ein verletztes Staunen, eine stumme Frage: *warum hat er mich nicht mitgenommen*?

Und sie wußte die Antwort nicht, auch im Chaos ihres Unterbewußtseins nicht. Allem äußeren und *inneren* Anschein nach war Choong der problemfreieste Telepath, dem Howson je begegnet war, und die Beziehung zu seiner Frau war so harmonisch wie die zu jedem anderen Teil seiner Existenz.

Verdattert widerstand er dem stärker werdenden Impuls, die Vorbereitungen schon abzuschließen. Er wußte, Lockspeiser und Ho wurden unruhig; er wußte, daß selbst Singh, dessen Vertrauen in ihn gewaltig war, sich zu fragen begann, ob derartig ausführliche Vorbereitungen nötig waren oder ob er damit nur die eigentliche Therapie hinausschob. Nicht einmal, wenn plötzlich Krieg aus der Sino-Indonesischen Krise auflodern würde, würde er es wagen, Choong gegenüberzutreten, ohne um seine schwachen Punkte zu wissen.

Und da Choong keine hatte, keine nennenswerten, blieben nur seine Gefährten.

Hier war die Aufgabe ungleich einfacher. Obgleich keiner dieser neun Menschen sich aus eigenen Stücken eskapistischer Fantasie ergeben hätte, war es für Choong nicht schwierig gewesen, sie zur Teilnahme an seiner Fantasie zu überreden. Folglich fand er in ihren psychologischen Biographien vielversprechende Hinweise.

Bei diesem Mann: unterdrückter Machtwille, Herrscher-Sklaven-Fantasien, die in einer Analyse ein paar Jahre zuvor zutage getreten waren.

Und bei diesem Mann: eine Kindheit voller Lügen, kleiner Diebstähle und mutwilliger Zerstörungen.

Und bei dieser Frau: versuchter Selbstmord nach einer unglücklichen Liebesaffäre.

Ich bin ein Unhold, dachte Howson, dachte es nicht zum ersten Mal. *Hier sind Menschen am Ende ihrer Kräfte, und in ihrer Verzweiflung reißen sie sich von der Wirklichkeit los. Und was mache ich? Ich spiele auf ihrem privaten Elend herum und mache ihnen selbst die Flucht unerträglich.*

»Mach alles bereit, Deirdre. Ich komme jetzt runter.«

»Gut! Bis du hier bist, ist alles fertig; der Stab steht schon den ganzen Tag bereit.«

Howson schaltete die Sprechanlage ab, stand auf und streckte sich. Er wünschte, er hätte sich gänzlich strecken, die verkümmerten Muskeln seines Rückens dehnen können. Aber Wünschen war nichtig. Das hätte er inzwischen eigentlich begreifen müssen.

Sein Geist summte und schwirrte von all den Informationen, die er während der letzten paar Tage hineingepackt hatte, als er durch die Korridore zu dem Raum hinkte, in dem sein Patient wartete. Es war, als verfolgten ihn Hornissen.

Außerdem folgte Erinnerung ihm auf dem Fuße. Vielleicht war es ein Fehler, daß er nie aus dem Zimmer ausgezogen war, das ihm bei seinem ersten Eintreffen hier zugewiesen worden war. Vielleicht hätte er sich ein Apartment draußen in der Stadt nehmen sollen. Dann würde er jetzt nicht denselben Weg gehen müssen, den er damals, tränenblind, gegangen war, als Ilse Kronstadt in ihrem Kampf mit Perikles Phranakis dem Tod so nahe kam.

War dies die Stunde *seiner* Krise? Auch Ilse war vorher nie gescheitert, bis (womit hatte sie es verglichen?) der gewehrkugelgroße Tumor in ihrem Gehirn sie schwächte. Seine körperlichen Kräfte waren nicht schwächer, als sie es immer gewesen waren, aber seine Kontrolle war gleichwohl heimtückisch unterhöhlt worden: aus genau den Gründen, die Miß Moreno Pandit Singh anvertraut hatte. Verängstigt brach er zu einem Unternehmen auf, bei dem ihn nur das erhabenste Vertrauen in seine eigenen Fähigkeiten zum Erfolg führen konnte. Und kein zögernder Novize würde in der letzten Minute zu *seiner* Rettung herbeistürzen.

Es wird wohl schließlich auf Teamarbeit hinauslaufen: wir werden zwei oder drei projektive Telepathen niederen Ranges nehmen müssen und vielleicht mit Hypnose ihre individuellen Egos ausschalten und sie dann unter das Kommando eines Therapeuten stellen und – Aber das wäre schon fast eine katapathische Gruppe!

Nein, das war nicht die Lösung. Noch nicht. Nicht, solange der Prozeß, Telepathen in eine von gewöhnlichen Menschen gemachte Welt zu assimilieren, nicht vollendet war. Und dann würden Telepathen vielleicht sowieso nicht mehr dem Druck ausgesetzt sein, der sie in ihre Fantasiewelten trieb.

Vielleicht würde es dann nur noch Fälle wie Choongs geben . . .

Er trat in den Raum, in dem sie ihn erwarteten, und blickte sich um, nickte. Er hatte sich vorher nicht vergewissert, wer anwesend sein würde – zu sehr war er mit seinen eigenen Sorgen beschäftigt gewesen –, und so war er überrascht, Miß Moreno zu sehen. Er warf einen Blick auf Singh, stellte eine wortlose Frage.

Bevor Singh sprechen konnte, antwortete sie ihm direkt.

Ich möchte Ihnen gerne zusehen, Dr. Howson. Was Dr. Singh mir von Ihnen gesagt hat, hat mich sehr beeindruckt.

»So was, so was!« sagte Howson laut. »Wie sich die Dinge ändern!« Er sah sie festen Blickes an und sah, wie sie zusammenzuckte, aber sie verschloß ihren Geist nicht. Der hatte eine gute, kraftvolle Ausstrahlung: stabil, elastisch, in gewisser Weise mit Choong vergleichbar, aber mit einer starken weiblichen Komponente.

»Ich verstehe«, sagte er schließlich. »Mir soll wohl eingeschärft werden, daß nicht alle Telepathen den Weg gegangen sind, den Choong für sich gewählt hat. Ziemlich elementare Lektion: ich meine, hier sind wir ja schließlich und endlich . . . Aber schauen Sie zu, soviel Sie wollen. Nur versuchen Sie ja nicht einzugreifen, was immer auch passiert.«

Ohne eine Antwort abzuwarten, ging er zu der bereitstehenden Liege. Ein aufmerksamer Assistent machte Anstalten, ihm zu helfen. Das war nicht notwendig; es war vielleicht das dreißigste Mal, daß er diesen Platz in derartigen Missionen einnahm. Er blickte sich um, als er an die verschiedenen Apparate angeschlossen wurde.

Sehr wenig hatte sich geändert, seit er diesen Raum zum ersten Mal gesehen hatte, sinnierte er: der Zuwachs an Erfahrung hatte gewisse Verbesserungen in der Anordnung nahegelegt; die medizinische Technologie hatte sich weiter entwickelt, und bessere Registrierverfahren und bessere Organmaschinen hatten die aus Ilse Kronstadts Tagen ersetzt. Davon abgesehen war die Szene im wesentlichen mit jener identisch, in der er seine Laufbahn begonnen hatte.

Er blickte Singh an, dessen Lächeln in seinem Bart fast unterging. Er blickte zu Deirdre van Osterbeck hinüber, die zu beschäftigt mit der Überprüfung des Enzephalographen war, um seinen Blick zu bemerken. In ihrer beider Geist spürte er einen Konflikt zwischen Hoffnung und Sorge.

Der Therapie-Wachhund – Pak Chang Mee, ein dicklicher junger Mann mit Schlitzaugen und einem feststehenden, mechanischen Lächeln – setzte sich in seinen Stuhl neben Howson. Er hatte schon zweimal mit Howson zusammengearbeitet, und eine kurze geistige Besichtigung ergab, daß er am erfolgreichen Ausgang der Sache nicht den mindesten Zweifel hatte.

Und dort drüben Choong.

»Fertig«, sagte Deirdre knapp. Die Techniker nickten zu Singh hinüber. Howson nahm wahr, wie sich Miß Moreno nahe der Tür in einem Sessel zurechtsetzte; er sah die Bewegung nicht, denn er hatte seine Augen schon geschlossen.

»Aufnahme, bitte«, sagte er. Bilder quollen herauf, sobald er sich auf den Kontakt hin zu entspannen begann. »Ich empfange das Hauptthema – die Stadt, die Berge . . . letztes Mal habe ich Winter gemeldet. Der ist jetzt fast vorüber. Vorfrühling. Die Szene wird auf irgendein großes Ereignis eingerichtet. Ich werde versuchen, über Randpfad K hineinzukommen, den Pfad der Händler und Reisenden. Karawanen ziehen zur Stadt, und ich habe mindestens einen wichtigen schizoiden Sekundanten entdeckt, der das als Hintergrund benutzt.«

Während er seine Informationen gesammelt hatte, hatte er Choongs Fantasie mehrere Male vorsichtig besucht und erforscht. Nun wirkte diese imaginäre Welt vertraut, fast, als hieße sie ihn willkommen. Das Bewußtsein von der Klinik schwand, und jetzt gab es nur noch . . .

18

. . . das Schaukeln wie von einem kleinen Boot auf rauher See und einen Geruch, der einzig war unter allen Gerüchen.

Kamele. Er öffnete die Augen. Die Illusion war absolut, aber anders hatte er es auch nicht erwartet. Er hatte es schließlich mit einem brillanten Gegner zu tun.

Nach und nach schälten sich mehr Fakten heraus. Er war . . . er war Hao Sen, der Söldner, der Beschützer der Karawane, und gelassen ritt er auf seiner prachtvollen Kamelstute ›Sternenlicht‹, neben dem buntscheckigen Zug von Händlern und Reisenden durch die Tore von Tiger-Stadt. Die Luft war würzig und belebend; der Winter war fast vorüber, und dies war die erste der

Frühlingskarawanen, die den Banditen getrotzt und die Berge vom Norden her überquert hatte.

Banditen . . . Der Gedanke brachte ein Gefühl von Erschöpfung und Befriedigung, und er erinnerte sich. Es hatte Kämpfe gegeben; die Banditen hatten sie überfallen. Überall um ihn herum waren die Spuren davon zu sehen: dort ein Mann, der hinkte, und dort einer mit einem blutigen Verband um den Kopf. Er selbst – sein breiter, muskulöser Körper spannte sich – hatte nicht wenige blaue Flecken, wo seine Rüstung aus Messingschuppen auf Leder den Hieb eines Schwertes aufgefangen hatte. Aber am Ende hatten sie gewonnen, und diesen Sommer, so wußten Gerüchte, würde der Herrscher ein Heer aufstellen und den Banditen ein für allemal den Garaus machen.

Er gähnte herzhaft hinter seinem spatenförmigen schwarzen Bart. Seine Hand fiel auf das vertraute Heft seines kurzen, breiten Schwertes, und vorwärts trieb er sein Kamel, zum Stadttor hin.

Die Mauern waren hoch und stark; schwarze Puppenformen von gepanzerten Soldaten schritten auf ihnen hin und her. Über dem Tor selbst war ein Balkon mit Schildern, die das stilisierte schwarz-gelbe Emblem eines Tigerkopfes trugen. Dies war magischer Schutz, weise gewählt; die Stadt war eindrucksvoll und verdiente, den Namen des zweitmächtigsten Tieres auf Erden zu tragen. (Woher wußte er das? Wer hatte ihm gesagt, daß so die alten Chinesen den Tiger einschätzten? Für einen Augenblick runzelte er die Stirn und mußte die Frage dann für spätere Überlegung beiseite setzen.)

Nun, innerhalb der Mauern, strömte jubelnd und winkend die Bevölkerung herbei, und einige der Akrobaten an der Spitze des Zuges schlugen tolle Räder, um die Begrüßung zu erwidern. Hao Sen lachte dröhnend über ihre Possen und warf im Vorbeireiten den mondgesichtigen Mädchen die innigsten und heißesten Blicke zu wie jeder Soldat, der lange Zeit ohne Frauen verbracht hat.

Abordnungen von Stadtsoldaten kamen, um die Karawane zu führen und ihr den Weg frei zu machen; scharfnasige Kaufleute verschlossen ihre Häuser, um zum Markt zu eilen und anderen die besten Geschäfte wegzuschnappen. Schlepper für örtliche Tavernen tauchten auf – oh, eine Myriade verschiedenster Menschen strömte zusammen.

Auf den großen Marktplatz ergossen sie sich, zur Begleitung von Gebrüll, Knallfröschen, bronzenen Gongs. Gleichmäßig ritt

Hao Sen im Schritt-Tempo dahin, nahm alle nur mögliche Informationen über seine Umgebung in sich auf.

Er war ganz benommen von dem Reichtum an Details. Dies war – *fantastisch*!

»He, du da!« Eine schmetternde Baßstimme schnitt durch seine Betrachtung, und ein Offizier der Stadtwache, glanzvoll in magischem Schwarz und Gold, stapfte auf ihn zu. »Steig sofort herunter! Es ist verboten, irgendein Tier über den Markt zu reiten.«

Hao Sen brummte und fügte sich. Dies war ein wenig irritierend, aber er wagte nicht zu widersprechen: noch war es viel zu früh, Aufmerksamkeit auf sich zu ziehen. Sternenlicht bekundete ihre Meinung mit dem verächtlichen Kräuseln der Oberlippe, das unter Kamelen als Ausdrucksform beliebt ist, und er konnte ein Grinsen nicht unterdrücken.

»Was soll ich dann mit meinem Kamel machen?« begehrte er zu wissen.

Der Offizier wies in die Richtung zurück, aus der er gekommen war.

»Da vorne findest du Herbergen mit Ställen nach deinem Geschmack. Ich würd' mich beeilen, wenn ich du wäre, sonst sind sie besetzt.«

Kurz darauf kehrte er zu Fuß – das Schwert in der Leder- und-Messing-Scheide klapperte an seiner Seite – zum Markt zurück. Der war nun ein Schauplatz ungeheurer Aktivität; die Lasten, die die Packtiere der Karawane getragen hatten, waren auf drei Seiten des viereckigen Platzes ausgebreitet worden, und überall in der Mitte waren Händlerstände emporgeschossen: Barbiere bedrängten Passanten, sich die Haare schneiden und ihre Nasen und Ohren ausputzen zu lassen; Zauberer, Akrobaten und Jongleure führten ihre Künste vor, Musikanten stimmten, zur Begleitung näselnder Mondgitarren, jammernde Gesänge an. Inmitten der Masse ließ Hao Sen sich hierhin, dorthin treiben, in tiefe Falten legte er seine Stirn.

Auf der vierten Seite des Platzes, dort, wo sich die Händler nicht hatten ausbreiten dürfen, herrschte trotzdem Geschäftigkeit. An dieser Seite erhob sich ein riesiges Gebäude mit zwanzig pagodenhaft geschwungenen Dächern, und vom Platz aus führte eine Flucht von wohl hundert Stufen zu seinem Hauptportal. Rote und goldene Ideogramme auf der Fassade verkündeten: TEMPEL DER HIMMLISCHEN WOHLTATEN.

Auf den Stufen legte ein Trupp von Arbeitern eifrig letzte Hand an einen Podest für einen Thron. Hao Sen betrachtete sie. Den prunkvollen Seidengehängen nach zu schließen, die sie über ihr Werk breiteten, wurde ein Besuch des Herrschers erwartet.

Die Annahme wurde von der weiteren Beobachtung unterstützt, daß ein beleibter Mann, von Soldaten begleitet, einen Rundgang durch den Markt machte und auf besonders erlesene Stücke deutete, die die Händler zurückhalten sollten. Einige dieser Stücke wurden von grunzenden jungen Burschen in schmuddligen weißen Kleidern eingesammelt und über den Platz zum Fuß der Tempeltreppe gebracht.

Der Herrscher. Hao Sen fragte sich, ob der Erwartete der wirkliche Gebieter dieser Welt war. Er entschied sich gegen diese Möglichkeit; mindestens eine der reflektiven Persönlichkeiten, die mit dieser exquisiten imaginären Stadt zu tun hatten, hatte Herrscher-Sklaven-Fantasien gehabt, und der Herrscher war wahrscheinlich nur eine untergeordnete Persönlichkeit. Die Hauptpersönlichkeit dagegen . . .

Jäh unterbrach Hao Sen den Fluß seiner Gedanken. Eben war sein Blick auf einen Drachen-Dompteur zwischen zwei farbenprächtigen Buden auf der anderen Seite des Platzes gefallen.

Mit Schultern und Ellbogen bahnte er sich einen Weg zu dem Schauspiel und ignorierte die Beschwerden derer, die er zur Seite drängte; im Innern des Rings von Zuschauern, der den Dompteur und sein Tier umgab, blieb er stehen. Die Zuschauer hielten respektvollen Abstand.

Nicht, daß dies ein besonders toller Drache gewesen wäre. Er sah halbverhungert aus und war nicht sehr groß; außerdem waren seine Schuppen mit Flecken einer mehltauähnlichen Pilzkrankheit bedeckt. Seine zehn Zentimeter langen Zähne waren gleichwohl weiß und scharf, als er sie mit bösartigem Fauchen entblößte. Der Dompteur – ein gedrungener, dunkelhäutiger Mann, wahrscheinlich ein Zigeuner aus dem Süden – ließ ihn seine Beine in einer Art plumpen Tanzes heben; er spornte ihn mit einem spitzen Eisenstab an, den er zwischendurch in einer Kohlenpfanne erhitzte.

Hao Sen erzitterte, während er zuschaute, und nicht ob der bösen Drohung in den Augen des Tieres, die verkündete, daß es sich solche Behandlung nicht mehr lange gefallen lassen würde, sondern ob der Bedeutsamkeit der Krankheit, die es befallen hatte.

Während er noch über diese Bedeutung nachdachte, erschollen hinter ihm Fanfarenstöße, und er wandte sich um. Eine Prozession herrlich uniformierter Soldaten hielt ihren Einzug, ihr folgten Männer, die eine Sänfte aus kostbaren Hölzern und edler Seide trugen. Offiziere forderten brüllend Ehrerweisung für den Herrscher, und wie ein Wald, der von einem einzigen Schlag gefällt wird, lagen plötzlich alle auf dem Boden und machten ihren Kotau.

Als Erlaubnis zum Aufstehen gegeben wurde, saß der Herrscher bereits auf dem Thron, von seinem Hofstaat umgeben: Mandarinen vom Zeichen der Pfauenfeder, persönlichen Dienern mit symbolischen Fächern und hohen Offizieren seiner Armee. Hao Sen musterte sie mit großem Interesse. Seine Aufmerksamkeit wurde fast sogleich von einem hochgewachsenen Mann in einer herrlichen Seidenrobe angezogen, der zur Rechten des Herrschers stand, ein wenig abseits von den anderen und anscheinend ohne persönliche Diener in seiner Begleitung.

Irgendwie . . . roch das richtig. Hao Sen ignorierte das Zeremoniell, das nun folgte, die Vorstellung des Karawanenleiters, die Vorführung der ausgesuchten Waren, und studierte den hochgewachsenen Mann. Es gab keine äußerliche Ähnlichkeit, aber das hatte kaum etwas zu sagen. Er brauchte ja nur seinen eigenen Körper zu betrachten . . .

Er brach diesen Gedanken mit einem fast körperlichen Ruck ab und überlegte, ob es immer noch zu früh war, Aufmerksamkeit auf sich zu ziehen. Einerseits war die Vollkommenheit der Detailausführung ein Anlaß zu besonderer Vorsicht; andererseits implizierte sie, daß die Sekundanten außergewöhnlich gut entwikkelt waren. Er war in der von ihm selbst gewählten Verkleidung angekommen, und bis jetzt deutete nichts darauf, daß seine Gegenwart Argwohn erregte . . .

Er faßte einen Entschluß und drängte sich durch die Menge nach vorne zur ersten Reihe derer, die die Attraktionen der Zauberkünstler und Marktschreier für das Privileg eingetauscht hatten, den Himmlischen Herrscher aus nächster Nähe zu sehen. Inzwischen hatte der Herrscher seine Inspektion der vorgelegten Waren abgeschlossen, lehnte sich zurück in seinen Thron und ließ seinen Blick lässig über die Szene schweifen. Es dauerte nicht lange, bis er Hao Sen bemerkte und sich an den Karawanenmeister wandte.

»Oh, Herr, wir schulden ihm viel!« rief selbiger aus. »Er war es hauptsächlich, der unsere Männer anspornte und ihnen den Mut gab, die Banditen zurückzuschlagen.«

»Er soll vortreten«, sagte der Herrscher gleichgültig.

Ein Offizier gab Hao Sen ein Zeichen, der gehorsam zum Fuß der Treppe marschierte und im Kotau auf die Knie fiel. Nachdem er die Huldigung entboten hatte, erhob er sich sogleich und stand nun aufrecht da, mit der Hand auf dem Knauf seines Schwertes und mit zurückgeworfenen Schultern.

Der Herrscher betrachtete ihn von oben bis unten. »Ein guter Kämpfer«, sagte er anerkennend. »Frag ihn, ob er Lust hat, in meine Armee einzutreten.«

»Himmlischer Herr, dein ergebener Diener hört, daß das Heer in diesem Sommer gegen die Banditen ausziehen wird. Wenn es ihm vergönnt ist, daran teilzunehmen, wird er dir mit seinem ganzen Herzen dienen!«

»Gut«, sagte der Herrscher knapp. Seine Blicke ruhten einen Moment auf Hao Sens muskulöser Gestalt. »Schreibt seinen Namen auf, einer von euch«, fügte er hinzu. »Und nun schafft mich in den Palast zurück.« Mechanisch nannte Hao Sen dem Offizier seinen Namen und Einzelheiten seiner Berufserfahrung. Dies war eine routinemäßige Vorsichtsmaßnahme; wenn er darauf angewiesen sein sollte, die Spiegelungen einzeln herauszulösen, verfügte er nunmehr über den Hintergrund, eine Herrscher-Sklaven-Fantasie in etwas durchaus viel weniger Schmackhaftes umzuwandeln. Aber er war sich vollkommen sicher, daß der Herrscher selbst nur eine gespiegelte Persönlichkeit war.

War der wahre Herr dann jener hochgewachsene Mann, der ein wenig abseits stand? Oder jemand anders, der in diesem Nebenzweig des Dramas gar nicht aufgetreten war?

Erneut verschob er eine Entscheidung.

Die herrscherliche Prozession hatte den Platz verlassen, als der Schrei erscholl.

»Der Drache! Der Drache!«

Er wirbelte herum, sah, wie sich eine Welle katastrophischer Panik über den Markt erbrach, gleich einer Springflut in einer Flußmündung. Käufer, Verkäufer und Artisten drängten sich gleichermaßen vom Platz, schmissen Stände um, verstreuten Waren und trampelten in ihrer Panik über alte Leute und Kinder hinweg. Hao Sen aber wich nicht von der Stelle, wartete, bis er besser sehen konnte.

Und als er sehen konnte, schauderte ihm. Der Drache war nicht mehr düster gefügig. Er war eine Inkarnation von Drohung. Auf dreien seiner scharfkralligen Füße stand er über der Leiche seines früheren Herrn, hieb auf sein Gesicht ein und machte daraus blutigen Brei.

Er wurde seines Spiels müde und hielt inne, seine gelben Augen spähten über den großen Platz. Hao Sen hatte halb erwartet, daß er die Leiche auffressen würde, denn sein Herr hatte ihn sicherlich hungrig gehalten, um ihn zu schwächen. Aber er senkte den Kopf nicht, um den Toten zu verzehren, und Hao Sens Herz machte einen Sprung, als er merkte, daß der Platz, mit Ausnahme seiner selbst, nun völlig leer war.

Ein wenig früher hätte er noch laufen können. Er hatte zu lange gewartet. Die geringste Bewegung würde nun den Drachen auf ihn aufmerksam machen, und irgendwie war er sich sicher, daß der ihn einholen würde, egal, wie schnell er floh. Die Erkenntnis, warum man ihn gezwungen hatte, sein Kamel zurückzulassen, traf ihn wie ein Schlag. Einmal zu oft hatte er seinen Lieblingstrick angewandt, und hier war ein Gegner, der ihn selbst benützte.

Der Drache begann sich zu bewegen, schlängelte auf ihn zu: seine Augen blinzelten nicht, brannten hell wie die Kohlen in der Pfanne, die er umgeschmissen hatte. Wild blickte sich Hao Sen nach einer Waffe um. Er sah in der Nähe die abgebrochene Stange eines Zeltes und sprang darauf zu. Im selben Moment griff der Drache an.

Er schleuderte die Zeltstange wie einen Wurfspieß und fiel zu Boden. Eher seinem Glück als genauem Zielen war es zu danken, daß das spitze Holz sich in eine der aussatzgeschwächten Schuppen bohrte. Es riß eine kaum erkennbare Wunde, aber der Drache heulte auf vor Schmerz. Er wirbelte herum und setzte erneut zum Angriff an.

Beim ersten Mal warf er sich zur Seite, gleichzeitig sein Schwert herausziehend. Beim zweiten Mal wich er nicht genug aus; listig krümmte das Biest mitten in der Luft seinen Schwanz und schnellte ihn gegen seine Schulter, und der Hieb streckte ihn zu Boden. Dieser Schwanz war wie eine Keule, der Drache mußte soviel wiegen wie ein ausgewachsener Mann.

Das Tier landete zwischen einem Gewirr von Stricken auf dem Stand eines Seilverkäufers; während es sich freimachte, hatte Hao Sen gerade Zeit genug, sich auf seinen nächsten Sprung vorzubereiten. Diesmal schnellte er sich, statt seitwärts zu springen, nach hinten und stieß mit derselben Bewegung sein Schwert nach oben, so daß es sich in die weiche Unterseite des Drachens bohrte.

Das Heft wurde ihm mit solcher Gewalt entrissen, daß es ihm fast das Handgelenk verstauchte, und sein Kopf schlug dröhnend auf den Boden. Vor Todesangst kreischend, kratzte der Drache mit den Klauen seiner Hinterfüße, die Hao Sens Gamaschen aufschlitzten und sich dreifach in sein Bein gruben.

Mit all seiner Kraft riß er den anderen Fuß hoch und trat mit der Spitze seines Stiefels dem Biest unter den Schwanzansatz. Das tat ihm immerhin so weh, daß es ihn momentan vergaß; es bog seinen Hals unter seinen Körper und versuchte, das Schwert mit seinen Zähnen herauszuziehen. Dunkles Blut rann am Heft herunter, aber nur langsam.

Hao Sen rollte sofort unter dem Tier hinweg. Er dachte daran, die Augen des Drachen herauszuquetschen, aber die waren von ringförmigen Knochenwülsten umgeben, wahrscheinlich würde er sich dabei alle Finger brechen. Verzweifelt spähte er nach einer Waffe aus, die das verlorene Schwert ersetzen konnte, und fand keine. Der Drache gab das fruchtlose Ziehen am Schwert auf, fletschte die Zähne, sprang aufs neue.

Gekrümmt flog er durch die Luft auf ihn zu, weil die Klinge in seinem Bauch eines seiner Hinterbeine schwächte; nichtsdestoweniger holte sein schwerer Schwanz im Vorbeiflug zu einem Schlag gegen seinen Kopf aus, der ihm leicht den Garaus machen konnte. Keuchend packte Hao Sen den Schwanz mit beiden Händen, stemmte sich mit den Fersen in den Boden und begann das Vieh herumzuwirbeln.

Eine fantastische Sekunde lang dachte er, das Tier wolle an seinem eigenen Schwanz herunterklettern, um an ihn heranzukommen. Das Gewicht an seinem Arm wurde schwächer, der Sog nach außen stärker. Viermal – fünfmal – wirbelte der Markt um ihn herum; des Drachen Blut spritzte in immer größer werdenden Kreisen auf den Boden. Er legte seine letzte Kraft in einen Aufwärtsschwung und ließ los.

Über den Stand des Seilverkäufers flog das Tier, über die verstreuten Münzen um den Stand eines Geldwechslers und schlug, mit seltsam verrenktem Kopf, auf der untersten der Tempelstufen auf.

Schwer keuchend ließ Hao Sen seine schmerzenden Arme sinken. Er blickte auf den Kadaver des Drachen, dann wanderte sein Blick die Stufen hinauf, bis er den des hochgewachsenen Mannes traf, der, an einen Stab gelehnt, zugeschaut hatte.

Und da wußte er.

19

»Ein guter Kampf«, sagte der Mann mit dem Stab, und der Ton seiner Worte gab wohlberechnet zu verstehen, daß er dergleichen dutzendfach gesehen habe. Hao Sen gab keine Antwort; sein Herz hämmerte zu wild. All seine Pläne waren zunichte geworden. Er war jetzt vollkommen ungeschützt.

Seine einzige Hoffnung lag darin, die Fiktion aufrechtzuerhalten, daß sein Erscheinen lediglich Effekt der Erschaffung durch eine schizoide Sekundantenpersönlichkeit innerhalb des Themas der Fantasie war. Er spuckte in den Staub, rieb seine Hände aneinander und ging zu dem Drachen hinüber, um das Schwert aus seinem Bauch zu ziehen.

Ein Blick zeigte ihm, daß es nicht mehr zu gebrauchen war; das Heft war in rechtem Winkel zur Klinge verbogen. Fluchend holte er aus, es wegzuwerfen.

»Warte!« befahl der Mann auf der Tempeltreppe. »Von einem Schwert, das einen Drachen getötet hat, sollte man sich nicht so leicht trennen. Gib es her.«

Widerstrebend gehorchte Hao Sen. Der Mann nahm die Waffe und untersuchte sie sorgfältig; dann murmelte er etwas, das Hao Sen nicht verstand – einen Zauberspruch vermutlich – und formte mit Daumen und Zeigefinger einen Ring; den ließ er zunächst die ganze Länge seines Stabes entlanggleiten. Während er dann den Stab in die Krümmung seines Ellbogens klemmte, hielt er den Ring geschlossen und ergriff mit seiner freien Hand das Heft des Schwertes. Dann ließ er den Ring die Klinge entlangwandern.

Das Blut gerann und fiel ab, hell erglänzte das Metall. Als er die Stelle der Verbiegung erreichte, zitterte es zuerst und sprang dann singend zurück in seine gerade Form.

»Ich bin der Zauberer Chu Lao«, sagte der hochgewachsene Mann mit lässiger Stimme. »Hier, nimm dein Schwert!«

Und eine Sekunde später war er verschwunden.

Finster bedachte Hao Sen die Lage, wie sie sich nun präsentierte. Alles in allem war sie deprimierend.

Es war klar, daß er trotz all seiner sorgfältigen Vorbereitungen eine stillschweigende und möglicherweise verhängnisvolle Annahme gemacht hatte: die nämlich, daß sein Gegner grundsätzlich seinen früheren Gegnern glich. Aber so war es *nicht*. Er war gegen einen Mann angetreten, der bei der Schaffung seiner Fantasien genauso umsichtig zu Werke ging wie in jedem anderen Bereich seines Lebens. Die Mehltauflecken auf den Schuppen des Drachen hätten ihm Warnung genug sein müssen. Derartige Feinheiten waren fast unvorstellbar, wenn sie nicht aus Hao Sens Wechselwirkung mit seiner Umgebung hervorgingen; oder der Drache war ein schizoider Sekundant, kein Konstrukt.

Er hatte diesen Trick selbst oft genug benützt; mit der Einführung seines Kamels Sternenlicht hatte er ihn erneut benutzen wollen. Aber den Plan hatte ihm sein Gegner, sei es aus Voraussicht, sei es aus purem Raten, sofort durchkreuzt.

Der Drache war also ein schizoider Sekundant mit seiner eigenen ›wirklichen‹ Persönlichkeit gewesen. Und der wahre Herr von Tiger-Stadt war nicht der Himmlische Herrscher, der sich mit Pomp und Schmeichlern umgab. Der Herr war Chu Lao, der Zauberer. Zauberer! Er zitterte. Kein Wunder, daß die ersten Bilder dieser Fantasie ihm einen Hauch von Magie zugeweht hatten!

Zwar erinnerte er sich früherer Begegnungen, wo Magie einem Welt-Bild einverleibt worden war. Aber nie war sie mehr als kindischer Prunk gewesen, hastig zusammengeflickt, ohne innere Stimmigkeit. Die Magie des Chu Lao dagegen würde in sich folgerichtig, genau und von sorgfältig ausgearbeiteten Gesetzen beherrscht sein; sie würde so rigoros und unbequem sein wie Wissenschaft. Und Chu Lao kannte diese Gesetze. Hao Sen kannte sie nicht.

Er ließ seine ursprünglichen Pläne gänzlich fallen. Die subtile Unterwanderung, das geschmeidige Ringen um eine Chance, Kontrolle zu ergreifen, das in der Vergangenheit seine bevorzugte Technik gewesen war, kam nun nicht mehr in Frage. Die Waffen zu benützen, die sein Gegner geschmiedet hatte, und auf von ihm gewählten Terrain zu kämpfen – das war der sichere Weg zu Erschöpfung und Niederlage. Er betrachtete das Schwert, das der Magier ihm gerichtet hatte, und seine Gedanken waren voll Grimm.

Um jeden Preis mußte er eine Niederlage vermeiden. Einmal geschlagen zu werden, wäre ein unwiderruflicher Urteilsspruch.

Und doch mußte er irgendwie weiter innerhalb des Musters arbeiten, das sein Widersacher entworfen hatte; erschütterte er die grundlegenden Hypothesen zu drastisch, würde er ihm die Chance geben, die geistige Verbindung zu zerbrechen, und dann wanderte er vielleicht plötzlich in einer eigenen Fantasiewelt umher, der Täuschung verfallen, er habe tatsächlich gesiegt, während er lediglich Strohfiguren überwunden hatte.

Er traf seine Entscheidung. Rohe Gewalt war nun seine einzige Chance. Gut, dann eben mit Gewalt.

Sie kamen von den Hügeln, zielstrebig, in wohlgeordneten Reihen: kein Barbarenmob, diese Banditen, sondern eine Armee, die strenge Zucht zu einer einzigen tüchtigen Maschine zusammenschweißte. Als sie noch Meilen von Tiger-Stadt entfernt waren, erregte schon das Glitzern der Morgensonne auf ihren Schilden und Helmen die Aufmerksamkeit der Stadtwachen, und alsbald herrschte auf den Wehrgängen der Mauer große Geschäftigkeit.

Locker und lässig auf seinem Kamel an der Spitze seiner Armee reitend, grinste Hao Sen in seinen Bart. Seine lange Lanze mit ihrer grausamen Spitze hing an Sternenlichts stattlichem Hals; sein Schwert schlug leicht an seinen Schenkel.

Sollten sie ruhig schaffen und werkeln! Es würde ihnen wenig nützen. Was er auf Lager hatte, reichte aus, jedermann in Tiger-Stadt, einschließlich des arroganten Chu Lao, das Zittern zu lehren.

Länger als eine Stunde dauerte der Marsch der Banditen von den Hügeln herab, und die kamen schweigend: nur Gongschläge begleiteten ihren rhythmischen Schritt. Sie versuchten nicht, der Stadt auf Pfeilschußweite nahezukommen, sondern folgten einer Kreislinie und umzingelten sie. Lasttiere, die mit Reisig beladen waren, Wagen mit zerlegten Belagerungsmaschinen und große Vorräte an Nahrung ließen nur eine Schlußfolgerung zu: sie wollten die Stadt belagern und stürmen, bevor der Herrscher sein Heer zusammenstellen und für seinen geplanten Feldzug gegen sie angemessen ausrüsten konnte.

Zufrieden musterte Hao Sen sein Werk. Für sich selbst hatte er einen vergleichsweise untergeordneten Posten gewählt: er befehligte eine Abteilung der Kamel-Kavallerie; der eigentliche Häuptling der Banditen aber genoß all den Luxus, den solch eine Horde sich leisten konnte: eine riesige Reisejurte aus herrlichen Pelzen und bunten türkischen Teppichen auf einem vierrädrigen Wagen, den zehn Ochsen zogen. Um diesen Wagen herum summte unaufhörlich ein Schwarm von Offizieren, Boten und Sklaven.

Die Armee hielt an. Auf den Wehrgängen der Stadt waren nun die Befehlshaber der Verteidigungskräfte zu erkennen. Nach einer Weile versammelten sie sich auf dem Balkon über dem Haupttor, dem gegenüber der Wagen des Häuptlings Stellung bezogen hatte. Ein Herold ging hinunter, um das formale Vorspiel zu beginnen: er forderte die Stadt auf, sich ohne Widerstand zu ergeben. Die Antwort war würdevoll, aber negativ. Ihr folgte ein Hagel von Pfeilen, und der Herold ritt hastig hinter seine eigenen Linien zurück.

Schön und gut. Hao Sen beobachtete, wie sich die Verteidiger duckten, als der Beschuß erwidert wurde. Dann folgte eine nur von vereinzelten Schüssen unterbrochene Pause, während Kundschafter Informationen über die Verteidigungsanlagen überbrachten.

Das Haupttor schien die einzige verwundbare Stelle in der Stadtbefestigung zu sein. Bogenschützen sorgten dafür, daß die Verteidiger sich hinter der Brustwehr ducken mußten, während Stöße von Reisig und Töpfe voll Pech zu den schweren hölzernen Türen geschaft wurden, die es verschlossen. Einige Männer fielen, aber die Arbeit war schon weit gediehen, als sie abrupt aufgegeben wurde. Die Angreifer zogen sich zurück, und die überraschten Verteidiger versuchten, sich über die Situation klarzuwerden. Vorsichtig lugten sie hinter den schwarzgelben Tigerkopf-Schildern hervor, um zu sehen, was den Sinn der Banditen geändert haben mochte.

Die Antwort war bald offenkundig. Der Himmel bezog sich rasch mit Wolken, und schon fielen die ersten Tropfen. Kein Feuer konnte einen Guß wie den, der sich da ankündigte, überleben!

Mit zusammengekniffenen Augen starrte Hao Sen zu dem Balkon über dem Tor hinüber. Das war doch sicher . . . ja, wirklich! Auf dem Balkon stand der Zauberer Chu Lao, in einem dunklen Umhang, der von der steinernen Mauer hinter ihm kaum zu unterscheiden war, und blickte hinauf zu den heranstürmenden Wolken. Seine Magie eilte der Verteidigung der Stadt zu Hilfe, und soweit hatte es den Anschein, als behalte er die Oberhand.

Wieder erschien auf Hao Sens Gesicht ein wölfisches Grinsen, und die Angreifer stürzten sich in die Aktion.

Die Pelze und farbenprächtigen Gehänge am ›Häuptlingswagen‹ wurden zurückgerissen und enthüllten, daß sie lediglich ein leichtes Bambusgerüst bedeckt hatten, in das gerade ein Mann hineintreten konnte, der dann wartete, als rede er mit dem Häuptling, und dann wieder heraustrat. Abgesehen davon war der ganze Wagen eine Brandstiftungsmaschine voll Zunder, Pech und Krügen voller Öl.

Nun peitschten sie auf die beiden Ochsen ein, die als einzige nicht abgeschirrt worden waren. Die erschreckten Tiere brüllten auf und legten sich in die Stränge. Nach zehn Metern schossen Männer mit Schwertern herbei und hieben die Ochsen frei, und der Wagen rollte von selbst, laut polternd, die abschüssige Straße hinunter auf das Tor zu.

Gespannt wartete Hao Sen. Die Verteidiger hatten gesehen, was vor sich ging, und drängten sich wild vom Balkon über dem Tor.

Noch zehn Meter . . .

Zischend jagten die Feuerpfeile dem Wagen hinterher; der zweite und dritte bohrten sich in ölgetränkte Wickel am Ende des entzündlichen Haufens, und Flammen schossen auf, sechs Meter hoch, gekrönt von züngelndem schwarzen Rauch. Der Wagen krachte gegen das Tor, Bretter fielen zusammen, und sofort brach ein Inferno aus.

So weit, so gut. Doch hatte das Chu Lao unvorbereitet getroffen?

Anscheinend nicht; denn nach nur wenigen Minuten des Zögerns prasselte der Regen hernieder. Als Rauch und Flammen starben, war zu sehen, daß eine breite Öffnung in das Tor gerissen worden war. Ein anderer Brandwagen wurde gerade bereitgemacht, als das Tor plötzlich aufflog und die Streitmacht der Verteidiger herausprescht.

Dieses Vorgehen war so unlogisch, daß Hao Sen völlig verblüfft war. Tiger-Stadts beste Strategie wäre es eindeutig, die Angreifer hinzuhalten und zu erschöpfen – so hatte er jedenfalls gedacht. Einen Augenblick lang stellte er seinen Plan in Frage; dann näherten sich die Stadtsoldaten, beritten und zu Fuß, mit viel Geschrei und Schwertergefuchtel, und er hatte keine Zeit mehr, über nächstbeste Strategien nachzudenken.

Die Kämpfe breiteten sich nach und nach um die ganze Stadt herum aus. Es war schwere Arbeit. Nach einer Weile sah Hao Sen, daß ein großes Seidenbanner vom Tor her näher rückte, und er übergab sein Kommando einem jungen Offizier, den er für einen seiner schizoiden Sekundanten hielt. Das Banner war mit einem Tiger bestickt und mußte dem Herrscher gehören.

Nein! Warte!

Plötzliche Einsicht, blendend hell wie ein Blitz, stieß durch die graue, nüchterne Stimmung von Hao Sens Geist. Das Tiger-Banner konnte nicht dem Himmlischen Herrscher gehören; dessen Symbol war der Drache, das mächtigste aller Tiere. Der Tiger würde also für Chu Lao, den Zauberer, reserviert sein; denn dies war seine Stadt – Tiger-Stadt –, und hier wirkte Magie nach strengen Regeln, Magie, wie er sie gesehen hatte, als Chu Lao sein Schwert richtete und ihm sagte, eine Waffe, die einen Drachen getötet habe, sei es wert, behalten zu werden . . .

Und der Tiger war nur das *zweit*stärkste Tier!

Hao Sen trieb Sternenlicht vorwärts, und während seine Gedanken sich überstürzten, versuchte er, sich seinen Weg dorthin freizuschlagen, wo das grellfarbige Tigerbanner aufgepflanzt worden war.

Um es herum tobte die Schlacht, und so dauerte es eine Weile, bis er einen Fleck erreichte, von dem aus er sehen konnte, ob tatsächlich Chu Lao herausgekommen war, seine Truppen zu dirigieren. Dreimal mußte er seinen Spieß benutzen, einen Konstrukt-Soldaten zu durchbohren, und beim dritten Mal fiel er ihm fast aus der Hand; erschreckt, weil dies bedeutete, daß er viel müder war, als er geglaubt hatte, nahm er all seine Konzentration und Selbstbeherrschung zusammen und sein Schwert in feste Hand.

Im selben Augenblick sah er den Zauberer unter seinem Banner, und der Zauberer sah ihn. Sogleich formierten sich Wächter, ihm den Weg zu versperren. Hao Sen schnellte sich seitwärts aus dem Sattel, und Sternenlicht bäumte sich auf ihren Hinterbeinen ausschlagend. Die Wächter flogen durch die Luft.

Das Kamel verschaffte ihm jedoch nur eine momentane Atempause. Sobald ihre Vorderbeine den Boden berührten, schnitten Schwerter hindurch. Hao Sen ignorierte ihr Todesjammern und kämpfte sich voran, und sein Schwert fegte einen Bogen des Todes. Zweimal erklirrte sein Helm unter feindlichen Schlägen; zweimal spürte er, wie seine Klinge langsam wurde und dann sich plötzlich wieder befreite, und er wußte, sie war durch Fleisch gefahren. Einen bizarren Augenblick lang schien ein abgehackter Arm ihn am Bart packen zu wollen.

Dann war er hindurch, war in dem Kreis verzauberten Bodens, der den Zauberer umgab.

»Chu Lao!« rief er. »Chu Lao!«

Erstaunt blickte der Zauberer ihn an – aber das war nicht nur Erstaunen. Das war auch . . . spöttisches Vergnügen . . .

Und Hao Sen schrie: »Chu Lao, *ich nenne deine Stadt beim Namen!*«

Überall auf dem Schlachtfeld schien Männern der Kampfesmut zu sinken. Als habe ihn eine Vorahnung ereilt, wankte Chu Lao.

»Die Stadt ist Tiger-Stadt! Der Tiger dort *ist* deine Stadt! Und der Tiger ist nicht so mächtig wie der Drache!«

Wie es geschah, war nicht zu sehen; aber wo eben noch die Stadt gestanden hatte, war nun eine grünäugige, gestreifte Katze, die sich duckte und die Zähne fletschte und ihre Klauen zeigte und die über alle Maßen groß war.

»Mein Tiger!« schrie Chu Lao. »Ja, das ist mein Tiger!«

»Und dies Schwert hat das Blut eines Drachen getrunken!« rief Hao Sen »*Dies Schwert ist mein Drache!*«

Er wirbelte die Klinge einmal um den Kopf und schleuderte sie in die Luft; als sie funkelnd sich drehte, veränderte sie sich, und als sie fiel, fiel sie auf vier gigantische Krallenfüße. Und ein Drache hob seinen stachligen Kopf und schlug mit seinem monströsen Schwanz. Sein aufgerissener Rachen brüllte dem Tiger Trotz.

Er bäumte sich auf. Er schlug zu, und seine Krallen fügten dem Fell des Tigers Streifen aus Blut hinzu. Vergeblich hieben des Tigers Pranken auf die undurchdringlichen Schuppen ein. Er hatte keine Chance. Augenblicke später wurde er zu Boden gestreckt, und sein Fall dröhnte dumpf und erschütterte die Welt. Alles brach auseinander, und mit allem Hao Sen.

Einen Augenblick lang sah er die kämpfenden Heere, den blutgetränkten Boden, die Toten und Sterbenden, und . . .

Und es war vorüber, und er war Howson, nicht Hao Sen, und das Wissen, wie er gewonnen hatte, erfüllte ihn mit namenlosem Entsetzen.

20

Er stand am Fußende von Choongs Bett und wartete auf sein Erwachen. Und währenddessen gab es kein Entrinnen vor seinen eigenen Gedanken. *Ich glaube, Miß Moreno hat es gewußt; jedenfalls ist sie gegangen, bevor ich aus meinem Erschöpfungsschlaf aufgewacht war . . . Und Pan weiß es, aber ihm kann ich vertrauen, nach all der Zeit, die wir zusammengearbeitet haben.*

Pandit Singh hatte natürlich nicht die leiseste Ahnung von der fürchterlichen Wahrheit, die Howson aufgegangen war. Er strahlte väterlichen Stolz aus, und die UN-Leute – Lockspeiser und Ho und die anderen – waren beschämt, daß sie an ihm gezweifelt hatten, aber Howson empfand hauptsächlich einen stumpfen Schmerz.

Sein Triumph war Schein gewesen. Die ganze Sache war für ihn aufgebaut worden wie ein Kegelspiel, und ihm war eine unbegrenzte Zahl von Würfeln zugestanden worden.

Und hier war Choong, der ihn wie ein Spielzeug behandelt hatte, der glücklich verheiratet und körperlich heil und ganz war . . . die Welt war so gemein und ungerecht, daß er nicht wußte, wie lange er es noch würde ertragen können.

Choong regte sich, und es war, als sei in dem Zimmer ein gewaltiges Licht angeschaltet worden; alles zeichnete sich in hellen, dreidimensionalen Formen ab, wo vorher graue Dämmerung geherrscht hatte. Das war sein wahrnehmendes Bewußtsein, das erwachte. Nur ein anderer Telepath konnte den Unterschied merken.

Seine Augen öffneten sich. Ein Moment von Leere. Dann:

Ich scheine Sie zu kennen . . .?

»Ja, Sie kennen mich. Gerald Howson.« Absichtlich benutzte er Worte; er verschloß seinen tobenden Geist, so gut er nur konnte. »Sie haben mich zum Narren gehalten, nicht wahr? Nun, ich möchte wissen, warum!«

Erneut ein Moment der Leere, während Choong seine Gedanken mit einer Behendigkeit ordnete, die Howson trotz seiner Wut beeindruckte.

»Sie haben also meinen . . . äh . . . meinen Fall übernommen«, sagte Choong und lächelte schief. »Es tut mir leid. Ich hätte es nicht für nötig gehalten, Sie damit zu belästigen, ausgerechnet Sie. Ein Anfänger hätte gereicht. Ich dachte, ich hätte ziemlich klar zu verstehen gegeben, daß ich nicht auf der Flucht war und daß ich bereit war, zurückgeholt zu werden.«

Howson erstickte fast, bevor er antworten konnte; und er benutzte Projektion anstelle von Worten, um seine ganze Wut hinauszuschleudern.

Wie können Sie so unbekümmert selbstsüchtig sein? Sind Ihnen denn die Sorgen und Mühen, die Sie verursacht haben, ganz gleichgültig? Fragen Sie sich nicht, was das für mich bedeutet hat? Und die Zeit, die ich vergeudet habe – Zeit, die ich jemanden in wirklicher Not hätte widmen können?

Choong schrie auf und faßte sich an den Kopf. Die Tür des Zimmers wurde aufgerissen, und eine Krankenschwester fragte besorgt, was los sei. Sich erholend, winkte Choong sie weg, und sie gehorchte mit einem argwöhnischen Blick auf Howson.

»Sie haben da aber eine ganz schöne Kraft!« sagte Choong. »Wollen wir uns nicht lieber ans Sprechen halten? Mein Geist fühlt sich nach Ihrer vorangegangenen Schock-Therapie noch ziemlich . . . äh . . . wund an.«

Howson verharrte in finsterer Stummheit.

»Kam Ihnen ehrlich nicht der Gedanke, daß ich keinen Widerstand leisten würde?« fuhr Choong fort. »Nein, offenbar nicht, bis zum letzten Moment nicht! Ich finde das erstaunlich, wenn Sie mir meine Offenheit verzeihen. Sie müssen voreilig geschlossen haben, daß ein Telepath einzig und allein dann eine katapathische Gruppe schafft, wenn er fliehen will; Sie haben nie daran gedacht, daß ich vielleicht mein Talent einmal nur aus Spaß an der Sache ausübe!«

»Reiten Sie nicht noch drauf herum«, murmelte Howson. »Ich weiß, daß ich Sie nie hätte zurückholen können, wenn Sie nicht kooperiert hätten.«

»Ich glaube, Sie verstehen mich falsch.« Choong ließ das Kopfstück seines Bettes hochgehen und setzte sich so, daß er Howson bequem anblicken konnte. »Verdammt, Howson, Sie nehmen es doch einem Mann mit körperlichen Gaben nicht übel, wenn er sich sportlich vergnügt. Aber die Idee, daß Telepathie zum Vergnügen gebraucht werden kann, blocken Sie, scheint mir, ab. Warum? Sie haben ein fabelhaftes Talent! Und ich bin durchaus nicht sicher, daß Sie mich nicht zurückgeholt hätten, selbst wenn ich Widerstand geleistet hätte; die plötzliche Inspiration zum Schluß war brillant und hat mich vollkommen überrumpelt. Vergnügen Sie sich denn nie mit Ihrer Gabe? Meine Frau und ich zum Beispiel, wir stellen gewöhnlich Kontakt her, bevor wir einschlafen; meine Träume sind viel kräftiger als ihre, und ich habe es gern, wenn sie sie miterlebt.«

»Ich bin nicht verheiratet«, sagte Howson mit spröder Stimme. Choong warf einen schnellen, unhöflichen Blick in seinen Geist, der unter der Stärke seiner Emotion für einen Moment verletztbar war. Als er wieder redete, hatte sich sein Ton geändert.

»Es tut mir leid. Das war taktlos von mir. Aber . . .«

»Ich . . .« Howson hielt verwirrt inne. Warum sollte er es plötzlich nötig haben, sich vor diesem Mann zu rechtfertigen, der ihm soviel Scherereien verursacht hatte? Aber er tat es. Stockend fuhr er fort: »Ich habe etwas Derartiges gemacht. Mit einem taubstummen Mädchen, das ich kannte.«

»Na also! Und Sie müssen doch auch Ihre Arbeit bis zu einem gewissen Grad genießen. Und wenn nur aus dem einen Grund, daß es doch mal ganz schön ist, ein starker, unverwüstlicher Mann zu sein, der großer körperlicher Anstrengung fähig ist.«

»Ich . . . ja, ich genieße das. Manchmal habe ich Angst, daß ich meine Heilsitzungen länger als notwendig ausdehne, um so meinen Begrenzungen entfliehen zu können.« Howson leckte sich über die Lippen.

»Das klingt gefährlich«, sagte Choong ernst. »Von einem bin ich überzeugt: wenn Sie sich gestatten, mehr Genuß aus Ihrem Talent zu schöpfen, kämen Sie nicht mehr in die Versuchung, sich . . . äh . . . die Fantasien anderer Menschen zu borgen.«

»Was schlagen Sie denn vor?« wollte Howson wissen. »Das ich selbst eine katapathische Gruppe bilde? Wie dürfte ich das wagen? Selbst wenn ich Ihre lässige Haltung dazu akzeptieren würde!« *Vargas und Staub auf seinen Augenlidern . . .* »Ich hätte keinen großen Antrieb, in die Realität zurückzukommen, oder? Und wem könnte ich zutrauen, in die Realität zurückzukommen, oder? Und wem könnte ich zutrauen, mich zurückzuhalten? Ich kenne ja all die Tricks und Schliche, die er benützen könnte. Und außerdem, *wenn* es jemandem gelänge, mich zurückzuholen, was würde dann aus meinem Vertrauen in meine eigene Fähigkeit werden?«

Die Krankenschwester streckte erneut den Kopf zur Tür herein. »Dr. Howson! Eine Botschaft von Dr. van Osterbeck: Sie sollen nicht Ihre eigene Arbeit dadurch hinfällig machen, daß Sie Dr. Choong überanstrengen!«

Howson machte eine leere Geste und wandte sich um, hinauszuhinken. Hinter ihm ergriff Choong ein letztes Mal das Wort.

»Daß ein Weg, der für mich oder jemand anders gut ist, für Sie nicht taugt, Howson, heißt noch lange nicht, daß es für Sie keinen gibt. Sie sind ein einmaliges Individuum. Finden Sie Ihren eigenen Weg. Es muß einen geben!«

Howson wußte nicht recht, ob Choong diese letzten Worte wirklich ausgesprochen oder ob er sie telepathisch in seinen Geist hineingeleiten hatte lassen, so geschickt wie ein erstklassiger Psychiater, der eine Idee in das Bewußtsein eines Patienten einpflanzt. Eines Patienten ... das war komisch! Ein paar Tage zuvor war Howson der Arzt gewesen; innerhalb eines Augenblicks hatten sich die Rollen verkehrt.

Nur daß Choong tatsächlich nie der Patient gewesen war, für den Howson ihn gehalten hatte.

Er hatte seinem persönlichen Assistenten schon den Auftrag gegeben, seine Koffer zu packen. Nun, vor Singhs Büro, zögerte er. Würde er klarmachen können, was er fühlte, was er wollte?

Er stählte sich und ging hinein. Gewiß war alles andere besser als sein gegenwärtiges Dilemma!

Ohne den Kopf von dem Stoß von Papieren zu heben, die vor ihm lagen, deutete Singh auf einen Stuhl. »Setz dich, Gerry; es dauert nur eine Sekunde. Ah ... na also!« Er kritzelte eine hastige Unterschrift auf das oberste Dokument und warf es in die Schale mit der Aufschrift: Hinaus.

Sich zurücklehnend, sagte er: »Ich bin ganz deiner Meinung, Gerry. Du brauchst einen Urlaub.«

Nicht zum ersten Mal, nicht erst zum hundertsten Mal fragte sich Howson, ob Singh selbst embryonale telepathische Fähigkeiten besaß. Errötend sagte er: »Wie ...?«

»Oh, Gerry, um Himmels willen!« Singh stimmte ein fröhliches

Gelächter an. »Man hat mir gesagt, daß du deine Koffer hast pakken lassen. Als ich das hörte, habe ich nachgerechnet und festgestellt, daß deine letzte Ruhepause sechs Jahre her ist. Das ist zum Teil meine Schuld: ich habe mich daran gewöhnt, mit dir zu rechnen. Aber dein Erfolg im Fall Choong hat dich anscheinend nicht halb so glücklich gemacht, wie er es hätte tun sollen, und daraus ziehe ich den Schluß, daß du Erholung brauchst. Ich bin froh, daß du mit mir übereinstimmst.«

Einen langen Augenblick schwieg Howson. Dann sagte er: »Pan, ich fürchte, du irrst dich.«

»Du wirst uns doch nicht . . .?« Der Verdacht, Howson plane eine endgültige Abreise, sprang in Singhs erschrecktem Geist auf.

»Ohhhh!« Ärgerlich löschte Howson die irrige Annahme mit einer telepathischen Korrektur und fuhr laut fort: »Der Fall Choong war kein Erfolg für mich, Pan. Er wollte zurückgeholt werden. Wenn er nicht kooperiert oder wenigstens mir keinen ernsthaften Widerstand entgegengesetzt hätte, wäre ich geschlagen worden.«

»Gerry, ich verstehe nicht.«

»Nein? Ich habe es auch nicht verstanden, zunächst«, pflichtete Howson bitter bei. »Und Choong hätte es dir wohl nicht erzählt; ich bat ihn, das zu lassen, bis ich mich an den Gedanken gewohnt hätte. Hör zu! Alle Telepathen, die ich zuvor aus ihren Träumen aufgescheucht habe, hatten in der Tat die angeknackste Persönlichkeit, die wir bei ihnen unterstellt haben: die harte Wirklichkeit hat sie gebrochen. Mit ihnen werde ich fertig. Choong, in vollem Besitz seiner Kräfte und Fähigkeiten, in einer Welt seines eigenen Entwurfs, die nach seinem Geschmack funktioniert, hätte mich wegfegen können wie eine lästige Fliege.

Das hat er nicht getan. Er war klug genug, zu begreifen, daß er dem, der ihm nachging, würde helfen müssen, als Vorbeugung gegen die Gefahr, seine absolute Macht allzu hemmungslos zu genießen. Also folgte er einem System leicht ableitbarer Regeln. Insbesondere als er Magie in sein privates Universum einbaute: er benutzte die grundlegenden James-Frazer-Regeln, Gleich-zu-Gleich und Teil-zum-Ganzen. Es war für ihn eine Überraschung, als ich das während der entscheidenden Konfrontation plötzlich entdeckte, und . . . nun, lassen wir die Einzelheiten. Das ist so ziemlich das einzige, was mich freut, aber zufrieden stellt es mich nicht, weil es nur eine glückliche Inspiration war, nicht das Resultat von Planung und Voraussicht.

Pan, er hat mein Selbstvertrauen durchlöchert! Ich habe etwas zugeben müssen, das ich seit Jahren vor dir verberge, sogar vor mir selbst. Ich *beneide* Menschen, die in ihre Fantasiewelt entfliehen können! Warum nicht? Schau mich an! Und ich habe Angst, weil ich sie beneide. Ich kenne niemanden, der hinterherkommen und *mich* aus meiner Fantasie zurückholen könnte! Wenn ich nicht etwas unternehme, mir selbst zu helfen, kann es passieren, daß ich in das Universum irgendeines Patienten einsteige und mich darin so wohl fühle, daß ich nicht zurückkommen will. Ich habe nicht den Mumm, so hineinzugehen wie Choong. Aber vielleicht habe ich auch nicht den Mumm, eine . . . eine Reise in irgendeine besonders attraktive Fantasiewelt abzubrechen.«

Singh starrte auf die Platte seines Schreibtisches. Er sagte: »Verstehe ich also richtig, daß du etwas im Sinn hast, womit du dir selbst helfen kannst?«

»Ich . . . ich weiß es nicht genau.« Schweiß kribbelte jetzt auf Howsons Gesicht und Händen. »Bis jetzt habe ich nur beschlossen, für eine Weile wegzugehen. Alleine. Nicht wie früher, in den ersten Jahren hier, als mich immer jemand begleitete für den Fall, daß ich mich schnitt oder Kinder mich verhöhnten, nein, allein. Vielleicht kann ich nicht im Kaukasus bergsteigen gehen; oder am Bondi Beach wellenreiten. Aber . . . verdammt, Pan, ich habe mich zwanzig Jahre lang mehr oder weniger allein durchgeschlagen, bevor ich entdeckt und hierher gebracht wurde. Wenn ich wenigstens soviel wieder lernen kann, dann bin ich vielleicht auf der richtigen Spur zu einer Lösung meiner Probleme.«

»Ich verstehe.« Singh drehte zwischen seinen kurzen, tüchtigen Fingern einen Kugelschreiber um. »Du wirst aber nicht so töricht sein, dein Prothrombin wegzuschmeißen, hoffe ich?«

»Kaum! Unabhängigkeit hat Grenzen. Aber Abhängigkeit auch. Ein paar möchte ich neu ziehen, das ist alles.«

»Was willst du also jetzt tun?«

»Ein Taxi kommen lassen, zum Flughafen fahren, irgendwo hinfliegen. In . . . oh . . . einigen Monaten bin ich wohl zurück. Du kümmerst dich darum, daß ich Geld kriege?«

»Natürlich.«

»Nun, dann . . .« Howson fühlte sich hilflos. »Nun, das scheint alles zu sein, nicht wahr?«

»Es scheint so.« Singh stand auf, kam um den Tisch herum, streckte seine Hand aus. »Viel Glück, Gerry. Ich hoffe, du findest, was du dir wünschst.«

Jäh sah er nicht mehr Howson vor sich. Er stand einem braunhäutigen Mann mit breitem schwarzen Bart gegenüber, der größer war als er selbst und ein eigenartig barbarenhaftes Kostüm trug, eine Rüstung aus Leder, mit angelaufenen Messingaufschlägen besetzt. Von seinem Gürtel hing ein riesiges Schwert. Er war muskulös und gutaussehend; er strahlte Gesundheit und innere Ruhe aus.

Der Fremde veränderte sich; schmolz; schrumpfte, bis er kaum noch einssechzig war und bartlos und verbogen – er Gerald Howson war.

»Das ist es, was ich mir wünsche«, sagte Howson mit dünner Stimme. »Aber das kriege ich nicht. Und es würde auch nicht gut sein für mich. Auf Wiedersehen, Pan. Und danke.«

21

Auf dem Flugplatz erkundigte er sich nach Flügen in die Stadt seiner Geburt; fast war die Erinnerung, daß sie einmal sein Zuhause gewesen war, ein Schock für ihn.

Zuhause! Wie lang war es her, daß er zum letzten Mal an die Stadt als an sein Zuhause gedacht hatte? Jahrelang war sein Apartment im Therapiezentrum sein Zuhause gewesen, wo alles auf seine besonderen Bedürfnisse zurechtgeschnitten war – sogar die sanitären Vorrichtungen im angrenzenden Badezimmer –, so daß der normal große Sessel für Besucher wie ein Eindringling wirkte. Doch hatte ein Teil von ihm diesen Wechsel der Perspektive nie mitvollzogen. Vielleicht war es der eigentliche Sinn dieser Reise, das zu suchen, was er zurückgelassen hatte.

Würden sich die Menschen an ihn erinnern, ihn erkennen? Er hatte sich nicht sehr verändert, aber er war jetzt gut gekleidet, nicht mehr schäbig, wohlgenährt, nicht mehr dürr und notleidend – Veränderungen, die vielleicht ausreichten, ein sofortiges Erkennen zu verhindern. Die Leute würden die Stirne runzeln und nach irgendwelchen halbverschwundenen Erinnerungen kramen: da war doch einmal . . .

Eine seltsame, ungestüme Erregung ergriff Besitz von ihm, als sein Taxi durch vertraute Straßen in das Viertel rollte, in dem er den größten Teil seiner Kindheit verbracht hatte. Spontan ließ er das Taxi halten und stieg aus. Seine Koffer hatte er in der Gepäckaufbewahrung auf dem Flugplatz zurückgelassen und nur eine kleine Reisetasche behalten, die er leicht handhaben konnte; er wollte diesen Abschnitt der Reise langsam machen, zu Fuß, um seinen Geist ganz der Wirkung alter Assoziationen auszusetzen.

Die erste bedeutendere Tatsache, die er registrierte, war die, daß das Haus, in dem er gelebt hatte, nicht mehr da war. Er stand an einer Straßenecke und blickte auf das gigantische Hochhaus billiger Apartments, das an die Stelle jener Mietskaserne mit dem abbröckelnden Putz gerückt war. Dieselbe Art von Straßenbanden jagte an ihm vorbei; dieselben schnaufenden alten Autos rollten vorüber; dieselben überfüllten Busse klapperten und röhrten durch die Straße. Aber das Haus stand nicht mehr.

Unerwartet überfiel ihn nostalgische Wehmut. Er hatte nie gedacht, daß ihn das Verschwinden eines Hauses, in dem er so wenig Freude erlebt hatte, traurig machen könnte. Er nahm seine Reisetasche in die andere Hand und humpelte weiter. Als er so ging, merkte er, daß die Leute ihn anstarrten; ein kleiner Junge schmiß ihm kühn ein schmutziges Wort hinterher und kringelte sich vor Lachen. Er wußte jetzt, warum dergleichen geschah, und fühlte keinen Ärger.

Ein oder zwei Blocks weiter nördlich, so fiel ihm ein, war ein Grillrestaurant mit Bar, wo er während der Krankheit seiner Mutter Gelegenheitsarbeiten übernommen hatte. Der Weg dorthin würde ihn an seiner alten Schule vorbeiführen. Er wandte sich nach Norden, und unterwegs stellte er Vergleiche an.

Die Atmosphäre war anders als früher. Er meinte, so etwas wie Ruhe zu spüren, eine Stimmung, die sich deutlich von der hektischen Modernität Ulan Bators mit seinem Durchzug von Fremden aus aller Welt abhob. Vielleicht war dies der letzte und dauerhafteste Effekt jener Krise, in deren Schatten er geboren worden war. Die Worte, mit denen er seinen Eindruck noch am ehesten beschreiben konnte, waren: ›gezüchtigt, geläutert.‹ Aber kein Bedauern war zu spüren.

Er entdeckte, daß er die Stimmung mochte, und wünschte, er wäre früher gekommen.

Einrichtung und Dekor der Kneipe hatten sich geändert, aber sie war noch da. Sie schien besser zu gehen als in den alten Zeiten. Am Tresen waren hohe Hocker, aber er setzte sich an einen Tisch, was ihm eine Grimasse von dem hinter der Theke herumlümmelnden Servierer eintrug; aber die Hocker waren für ihn viel zu schwierig.

»Was soll's sein?« rief der Servierer.

Nach seiner Reise war Howson hungrig. »Ein kleines Steak mit Pommes frites und ein Glas Bier«, erwiderte er.

Während er darauf wartete, daß das Essen aus der Küche käme, musterte der Servierer seinen Besucher neugierig. Der Grund war klar, aber Howson wartete, bis er die Frage laut stellte.

»Hier, dein Essen, Kleiner«, sagte der junge Mann freundlich genug, als er Teller und Glas auf Howsons Tisch stellte. »He, sag mal . . . ich glaube, ich hab' dich hier irgendwo schon mal gesehen, aber das muß lange her sein. Kann das stimmen?«

Er mußte an die zwölf Jahre alt gewesen sein, als Howson wegging; gut möglich, daß er sich erinnerte. »Könnte stimmen«, sagte Howson zurückhaltend. »Ist Charlie Birberger noch der Chef hier?«

»Hm-hm. Bist du ein Freund von ihm?«

»War ich früher.« Howson zögerte. »Wenn er da ist, würde ich ihn ganz gerne mal sprechen.«

»Ich ruf' ihn«, sagte der Servierer entgegenkommend.

Ein Gebrüll ging hin und her, dann kam Birberger selbst, älter, fetter, sonst aber unverändert, blinzelnd in die Bar. Er sah Howson und blieb wie angewurzelt stehen, sein Geist ein Kaleidoskop des Erstaunens.

Er erholte sich rasch und watschelte mit jovialer Attitüde durch den Raum. »Bei Gott! Sarah Howsons Junge! Na, ich hätte nie gedacht, dich hier noch mal zu sehen, nach allem, was wir über dich gehört haben! Dir geht es ziemlich gut, häh?«

»Ziemlich«, sagte Howson. »Wollen Sie sich nicht setzen?«

»Äh? Oh, klar!« Täppisch zog Birberger einen Stuhl zu sich heran und vertraute ihm behutsam seine Massen an. Er stützte beide Ellbogen auf den Tisch und beugte sich nach vorne. »Weißt du, manchmal lesen wir was über dich in der Zeitung! Muß 'ne wunderbare Arbeit sein, die du da hast. Ich gebe ja zu, ich hatte keine Ahnung, was in dir steckte! Äh . . . ist ziemlich lange her, daß du von hier weg bist, häh? Zehn Jahre!«

»Elf«, sagte Howson ruhig.

»So lang? Meine Güte!« Birberger redete drauflos. In seiner dröhnenden Stimme schwang ein leises Zittern mit, und Howson machte plötzlich eine merkwürdige Entdeckung: *Verdammt, der Mann hat Angst!*

»Äh . . . irgendein besonderer Grund für deinen Besuch?« forschte Birberger plump. »Oder wolltest nur mal alles wiedersehen?«

»Hauptsächlich alte Freunde besuchen«, verbesserte ihn Howson. Er nippte an seinem Bier. »Du bist der erste, den ich treffe, seit ich vor ein oder zwei Stunden angekommen bin.«

»Ah, das ist nett von dir, daß du mich unter deine alten Freunde rechnest«, sagte Birberger erfreut. »Weißt du, ich denk' oft an die Zeiten, wo ich dich hier hab' aushelfen lassen. Ich weiß noch, daß du einen ganz schönen Appetit hattest für einen . . .« Vielleicht war er drauf und dran gewesen, »Bluter« zu sagen, aber er unterbrach sich rechtzeitig und schloß: »Äh . . . so jungen Burschen!«

Er lehnte sich zurück. »Weißt du, ich bilde mir gerne ein, daß ich dir ab und zu behilflich sein konnte. Ich meine, wo deine Mutter krank war und so . . .«

Howson konnte sehen, wie die rosagefärbten Filter sich vor sein Gedächtnis zogen. Er verbarg ein Lächeln. Charlie Birberger war ein reizbarer Boß gewesen, mit dem nicht gut Kirschenessen war und der seine Angestellten erbarmungslos anbrüllte – besonders Gerry Howson.

Nun, egal. Er nickte in scheinbarer Zustimmung, und Birbergers ursprüngliche Unruhe ebbte weiter ab.

»He, paß mal auf!« sagte der fette Mann. »Ich hab' immer noch die ganzen Zeitungsausschnitte von damals, als sie dich fanden. Ich glaub', ich sollte sie mal hervorgraben und dir zeigen. Warte!«

Schnaufend und ächzend erhob er sich und verschwand in den hinteren Räumen. Nach wenigen Minuten kehrte er mit einem staubigen Album zurück; er machte einige unergiebige Versuche, es sauberzupusten, während er wieder Platz nahm.

»Hier!« sagte er, öffnete es und drehte es herum, so daß Howson die vergilbten Ausschnitte darin lesen konnte.

Howson legte Messer und Gabel nieder und blätterte neugierig das Album durch. Er hatte nicht gewußt, daß die Entdeckung eines Telepathen solches Aufsehen in der Stadt erregt hatte.

Hier waren Artikel von den Titelseiten aller örtlichen Zeitungen, einige mit Bildern von Danny Waldemar und anderem UN-Personal.

Er hatte die letzte Seite erreicht und wollte das Buch gerade mit einem Wort des Dankes zurückgeben, als er innehielt. Der letzte Zeitungsausschnitt schien vollkommen irrelevant zu sein; es handelte sich um einen einzelnen Absatz, der die Hochzeit von Miß Mary Hall und Mr. Stephen Williams meldete, und das Datum lag etwa zwei Jahre nach seiner Entdeckung.

»Das hier«, sagte er und legte seinen Zeigefinger drauf. »Hat das irgend etwas mit dem Rest zu tun?«

Birberger reckte den Hals, um den Artikel zu studieren. Er runzelte die Stirn. »Also, da laust mich doch . . .! Wenn es hier drin ist, dann hat das seinen guten Grund. Muß etwas mit . . . Guter *Gott*, jetzt fällt es mir ein!« Erstaunt blickte er Howson an. »Kennst du den Namen nicht? Ich dachte, wenn jemand . . .!«

Verständnislos erwiderte Howson den Blick. Und dann hatte er es.

Er schloß die Augen; die Erkenntnis traf ihn mit fast körperlicher Wucht. Mit belegter Stimme sagte er: »Nein . . . nein, ich habe ihren Namen nie gewußt. Sie war ja taubstumm, also konnte sie ihn mir nicht sagen. Und nachdem sie sprechen und hören konnte, hat sie mich nur einige wenige Male besucht.«

»Sie hat dir nie geschrieben?« Birberger blätterte die Seiten des Albums zurück. »Nach allem, was du für sie getan hast? Das überrascht mich wirklich. Ja, hier ist es: ›Mit einer Maschine aus Ulan Bator traf heute die achtzehnjährige Mary Hall, das taubstumme Mädchen, das mit dem Telepathie-Novizen Gerry Howson befreundet war, ein. Sie sagte Reportern am Flughafen, daß die Operation, mit der ihr künstliches Gehör und Sprechen gegeben wurde, absolut erfolgreich war und daß sie nun nur den einen Wunsch habe, ein ruhiges, normales Leben zu führen.‹ Hier, sieh dir's an!«

Er mußte es übersehen haben wollen, sagte sich Howson. Denn das Foto neben dem Artikel war kein schlechtes. Da war sie, vor der Tür des Flugzeugs: schick angezogen zwar und mit Make-up und ordentlicher Frisur, aber doch eindeutig das Mädchen, das er gekannt hatte.

»Läßt sich irgendwie herausfinden, wo sie wohnt?« Unbeabsichtigt war die Frage herausgekommen, aber ihre Unvermeidlichkeit wurde ihm klar, während Birberger noch sein Kinn rieb und das Problem erwog.

»Ich hole das städtische Adreßbuch!« sagte er ein wenig zu eifrig, als sei ihm daran gelegen, Howson bald loszuwerden.

Es gab mehrere Dutzend Williams, aber nur einen Stephen Williams. Howson studierte die Adresse.

»West Walnut«, sagte er. »Wo ist das?«

»Eine neue Siedlung, nach deiner Zeit entstanden, glaube ich. Ein riesiges Wohnviertel außerhalb der Stadt. Der Bus Nummer neunzehn fährt direkt hin.« Birberger bemühte sich nun kaum mehr zu verhehlen, daß er gern den Hintern seines Besuchers sähe.

So tat ihm Howson denn, niedergeschlagen, den Gefallen, zahlte für Speis und Trank und nahm seine Tasche an sich. Birberger stapfte mit ihm zur Tür und bestand darauf, ihm die Hand zu schütteln, die er behutsam nahm, als berühre er etwas Seltenes und Zerbrechliches. Aber seine Einladung, ihn so bald wie möglich wieder zu besuchen, klang reichlich dünn.

Einer plötzlichen Eingebung folgend, fragte Howson ihn: »Sagen Sie mal, Mr. Birberger, was ist eigentlich Ihre Vorstellung von der Arbeit, die ich heutzutage mache?«

Überrascht und betreten improvisierte der fette Mann: »Naja, du – du schaust sozusagen in die Köpfe von Verrückten hinein und findest heraus, was bei ihnen nicht stimmt. Und dann biegst du sie zurecht. Oder nicht?«

»Das stimmt«, sagte Howson ein wenig unfreundlich. »Aber machen Sie sich keine Sorgen – ich schaue nicht in Ihren Kopf hinein. Sie sind ja schließlich nicht verrückt, oder?«

Die Samen höchst eigenartigen Zweifels keimten in Birbergers Geist, als Howson draußen auf der Straße zur Haltestelle des Neunzehner-Busses hinkte.

Komisch, die verschiedenen Reaktionen der Menschen auf Telepathen . . .

Howson dachte darüber nach, während er auf dem Einzelsitz vorne im Bus nahe beim Fahrer saß. Mit diesem Problem hatte er sich seit Jahren nicht mehr beschäftigt; im WHO-Therapiezentrum kam er damit nicht in Berührung, weil Telepathen zu vollkommen akzeptierten Mitgliedern des regulären Stabs geworden waren.

Gelegentlich, doch nicht so oft, wie er es gerne gehabt hätte, kamen Novizen dort an, und er half bei ihrer Ausbildung. Jeder war einmalig, und folglich reagierte jeder anders auf das Wissen, daß er Telepath war. Einige waren wie Kinder mit einem neuen Spielzeug; andere wie Mitglieder einer Familie im Nazi-Deutschland, die eben entdeckt hatten, daß jüdisches Blut in ihren Adern floß, und nun verzweifelt so taten, als machte ihnen das nichts aus.

Zugegeben, es wurde leichter, die Gabe zu akzeptieren. Die Jahre sorgfältig geplanter Propaganda hatten ihre Wirkung getan. Aber Telepathen gab es so wenige, daß sie nicht einmal eine rechte Minoritätengruppe ausmachten, und das war ihre Rettung gewesen, nicht die Beeinflussung der öffentlichen Meinung – so jedenfalls sah es Howson. Nur ein winziger Bruchteil der Bevölkerung war tatsächlich Telepathen begegnet; infolgedessen hatten, obwohl die meisten Menschen Meinungen zu dem Thema verkündeten (»Ich bezweifle ja gar nicht, daß sie Wunderbares leisten, aber ich würde nicht wollen, daß jemand in *meinem* Geist herumstochert – ich meine, das wäre doch die endgültige Zerstörung der Privatsphäre!«), nur wenige dauerhafte Einstellungen entwickelt.

»West Walnut, Kamerad!« rief der Fahrer zu ihm herüber und bremste den Bus. Er bemühte sich, seine Vorurteilsreaktionen auf Howsons Äußeres zu beherrschen, und dafür projizierte Howson eine Welle seiner Dankbarkeit in ihn hinein. Sie erhellte den Geist des Mannes wie ein farbenprächtiges Feuerwerk, und er pfiff ein fröhliches Liedchen, als er weiterfuhr.

Howson lachte bitter in sich hinein. Wenn es immer so leicht wäre – alles wäre bestens!

22

Die neue Siedlung war sauber, luftig, geräumig: kleine Häuser, von leuchtend grünen Rasenflächen umgeben. Kinder, die von der Schule kamen, rannten auf den Wegen und lachten. Wehmütig dachte er an die engen, häßlichen Straßen seiner eigenen Kindheit und unterdrückte absurden Neid. Seinen Schritt beschleunigend, so gut es eben ging, folgte er Wegweisern zum Haus der Williams'.

Ja, da war der Name auf dem Postkasten: S. WILLIAMS. Er klingelte. Nach einer Weile wurde die Tür vorsichtig geöffnet – nur soweit die Sicherheitskette es erlaubte–, und ein etwa siebenjähriges Mädchen blickte durch den Spalt. »Was wollen Sie?« fragte sie furchtsam.

»Ist Mrs. Williams zu Hause?«

»Mammi ist nicht da«, sagte das Mädchen mit seiner erwachsensten und respektgebietensten Stimme. »Es tut mir furchtbar leid.«

»Kommt sie bald zurück? Ich bin ein alter Freund von ihr, und ich möchte . . .«

»Wer ist es, Jill?« erkundigte sich die Stimme eines Jungen aus dem Hintergrund.

»Da ist ein Mann, der Mammi besuchen möchte«, erklärte das Mädchen, und ein Poltern von Schuhen verkündete, daß sein Bruder die Treppe herunterkam. Alsbald spähte ein zweites Augenpaar auf den Besucher. Der Junge war von Howsons Erscheinung befremdet und versäumte es, diese Tatsache zu verbergen, aber er war offensichtlich zu Höflichkeit erzogen worden; er öffnete die Tür und lud Howson ein, hereinzukommen und zu warten.

»Mammi ist nebenan bei Mrs. Olling«, sagte er. »Sie kommt gleich wieder.«

Howson dankte ihm und hinkte ins Wohnzimmer. Er hörte, wie hinter ihm mit Flüsterstimmen gestritten wurde – Jill klagte, sie hätten keinen Fremden ins Haus lassen sollen, und ihr Bruder entgegnete verächtlich, Howson sei doch nicht größer als er selbst, wie er da gefährlich sein könne?

Schüchtern folgten ihm die Kinder ins Wohnzimmer und setzen sich auf ein Sofa gegenüber dem Sessel, in dem er Platz genommen hatte; sie wußten nicht, was sie sagen sollten. Howson hatte seit vielen Jahren nichts mit Kindern zu tun gehabt; er fühlte sich fast ebenso befangen.

»Vielleicht hat eure Mutter euch von mir erzählt«, machte er einen Versuch. »Ich heiße Gerry – Gerry Howson. Ich kannte eure Mutter, als sie noch . . . äh . . . bevor sie euren Vater kennenlernte. Du heißt Jill, nicht wahr? Und . . .?«

»Ich heiße Bobby«, sagte der Junge. »Äh . . . leben Sie hier in der Nähe, Mr. Howson?«

»Nein, ich lebe in Ulan Bator. Ich bin ein Doktor in der großen Klinik dort.«

»Ein Doktor!« Jills Schüchternheit begann zu schmelzen. Aufgeregt beugte sie sich vor. »Ooh! Ich werde Krankenschwester, wenn ich groß bin.«

»Und du, Bobby? Möchtest du ein Doktor werden?«

»Nee, will ich nicht«, sagte der Junge ziemlich abfällig. »Ich möchte Marspilot oder U-Boot-Kapitän werden.« Dann wurde er etwas großzügiger, und mit einer Förmlichkeit, die er sehr genau irgendeinem steifen Erwachsenen abgeguckt hatte, fügte er hinzu: »Aber ich bin sicher, daß ein Doktor eine sehr interessante Arbeit hat.«

»Mr. Howson«, sagte Jill mit verwundertem Gesicht. »Wenn Sie ein Doktor sind, warum haben Sie ein schlimmes Bein? Können Sie es nicht richten?«

»Jill!« rief ihr Bruder entsetzt. »Du *weißt* doch, daß du so was nicht sagen solltest!«

Er benahm sich *wirklich* wie ein Erwachsener, dachte Howson belustigt. »Das macht mir nichts«, sagte er. »Nein, Jill, ich kann es nicht richten lassen. Ich bin so zur Welt gekommen, und jetzt kann man nichts mehr tun. Außerdem bin ich nicht so ein Doktor. Ich . . .« Birbergers zögernde, naive Beschreibung seiner Arbeit fiel ihm ein, und er schloß: »Ich schaue kranken Menschen in den Kopf und sehe, was bei ihnen nicht stimmt.«

Bobbys erwachsenes Gehabe ging in einer Welle von Überraschung unter. »Sie meinen, Sie sind ein *Irren*arzt?«

»Nun, nun!« entgegnete Howson mit der Andeutung eines Lächelns. »›Irr‹ ist, glaube ich, kein besonders nettes Wort. Die Leute, die in meine Klinik kommen, sind ziemlich genau wie alle anderen Leute; nur brauchen sie Hilfe, weil das Leben zu kompliziert für sie geworden ist.«

Sie fochten diese Erklärung nicht an, aber ihre Skepsis war offenkundig. Howson seufzte. »Was würdet ihr sagen, wenn ich euch eine Geschichte über meine Arbeit erzähle?« schlug er vor. »Früher hab' ich eurer Mutter Geschichten erzählt, und ihr hat das sehr gefallen.«

»Hängt von der Geschichte ab«, sagte Bobby vorsichtig. Jill war seit Howsons Enthüllung, er sei ein ›Irrenarzt‹, in weitäugigem Erstaunen dagesessen. Nun unterstützte sie ihren Bruder.

»Ich glaube nicht, daß uns eine Geschichte über Irre gefallen würde«, sagte sie zweifelnd.

»Es ist sehr spannend«, versprach Howson ruhig. »Viel spannender, als wenn man Raumfahrer oder U-Boot-Kapitän ist, wirklich. Meine Arbeit ist wunderbar.« Bevor er fortfuhr, fand er die Zeit, sich wieder einmal bewußt zu werden, wie vollkommen ehrlich er diese Feststellung meinte.

»Mal angenommen, ich würde euch von diesem Mann erzählen, der in meine Klinik kam . . .«

Die Technik flog ihm zu, als habe er sie erst gestern benützt und nicht elf Jahre zuvor. Sachte projizierte er den Rat, die Kinder sollten ihre Augen schließen, gerade so, wie er es vor langer Zeit bei dem taubstummen Mädchen gemacht hatte, deren Geist nur noch einfache, leuchtende Bilder und üppige Sinneseindrücke aufnahm.

Zuerst . . . Eine Krankenstation: Tüchtigkeit, Vertrauen. Freundlichkeit. Hübsche Krankenschwestern – einen Augenblick lang konnte Jill eine davon sein: einen Patienten beruhigend, dessen Gesicht Dankbarkeit ausstrahlte.

Nun . . . Ein Blick in den Geist des Patienten. Alptraum: aber nicht eines Kindes Alptraum, der sie zu sehr verängstigt hätte. Der Alptraum eines Erwachsenen – zu komplex für sie, als daß sie mehr als seine Oberflächengestalt hätten erkennen können.

Und dann . . . Scharfe, wohlumrissene Bilder: der Patient, der durch die Korridore seines eigenen Geistes rennt, verfolgt von Monstern aus seinem Unterbewußtsein; der um Hilfe rennt und niemanden findet, bis die Gegenwart des Doktors Trost und Zuversicht spendet. Die quälenden Ungetüme halten inne in ihrem Treiben; ausgerüstet mit Waffen, die sie durch bloße Gedanken erschaffen, schüchtern Patient und Doktor zusammen die Bestien ein, treiben sie zurück, treiben sie in die Ecke – bis sie nicht mehr sind.

Es war eine Zusammensetzung aus einem halben Dutzend von Fällen, an denen er als Novize gearbeitet hatte: einfach, kraftvoll und aufregend und nicht allzu beängstigend. Als er fertig war, löste Howson die Verbindung und ließ sie wieder ihre Augen öffnen.

»Fantastisch!« sagte Bobby mit beträchtlichem neuen Respekt. »Ich hatte keine Ahnung, wie es ist!«

Jill wollte gerade seine Reaktion bekräftigen, als ihr Blick durch die offene Tür in den Vorraum fiel; sie sprang auf. »Da kommt Mammi!« rief sie aus. »Mammi, hier ist Besuch für dich. Er hat uns eine wahnsinnig spannende Geschichte erzählt wie die, die er dir früher erzählt hat!«

Mary Williams stieß die Tür vollends auf und blickte auf Howson. Ihr Gesicht – ziemlich grob, wie er es in Erinnerung hatte, aber mit persönlicherem Ausdruck und gekonnt geschminkt – erstarrte. Ihre Lippen öffneten sich kaum, als sie sagte: »Das war nett von ihm. Jetzt lauft und spielt draußen, damit ich alleine mit Mr. Howson reden kann.«

Gehorsam gingen die Kinder zur Tür. »Werden Sie uns irgendwann mal mehr solche Geschichten erzählen, ja, bitte?« sagte Jill über die Schulter, als sie hinausging.

»Wenn ihr möchtet, gerne«, versprach Howson lächelnd, und als sie gegangen waren, fügte er, zu Mary gewandt, hinzu: »Zwei prachtvolle Kinder hast du da!«

Sie ignorierte die Bemerkung. Mit immer noch eisig kaltem und leerem Gesicht sagte sie: »Nun, Gerry? Du bist also zurückgekommen, mich zu quälen, nicht wahr?«

In blankem Erstaunen wartete Howson ein paar Sekunden. Als sie ihre verblüffende Erklärung nicht ausführte, stand er auf. »Ich wollte sehen, wie es dir geht«, sagte er. »Wenn du das quälen nennst, gehe ich. Auf der Stelle!«

Er nahm seine Tasche auf und erwartete halb, sie würde ihm die Tür aufhalten und sagen: Je eher, desto besser. Statt dessen brach sie in Tränen aus.

»Mary!« rief er und merkte und sagte im selben Moment laut: »Oh, das ist das erste Mal, daß ich dich bei deinem Namen nenne! Und wir haben uns doch ziemlich gut gekannt, nicht wahr?«

Sie unterdrückte ihr Schluchzen und winkte ihm zu, sich wieder zu setzen. »Es tut mir leid«, sagte sie schwach. Es war erstaunlich, wie vollkommen sie ihre künstlichen Stimmbänder gebrauchte; wenn man nicht sehr genau hinschaute, konnte man auch die Narbe an ihrem Hals nicht erkennen, und dann verriet einem nichts, daß sie von Menschenhand eingesetzt worden waren. »Ich war wohl einfach zu sehr überwältigt. Es . . . es ist nett von dir, mich zu besuchen, Gerry.«

»Aber was hast du gemeint, als du sagtest, ich sei gekommen, dich zu quälen?«

»Ist das nicht klar?« Sie setzte sich dorthin, wo Jill gesessen hatte, und deutete mit einer vagen Handbewegung auf ihre Umgebung – das Zimmer, das Haus, den ganzen Vorort. »Jetzt bist du gekommen, und was findest du? Eine gewöhnliche Hausfrau mit ein paar gewöhnlichen Kindern und einem Mann, über den man nicht klagen kann. Du kannst Millionen Menschen finden wie mich, überall. Nur . . .«

Sie tupfte ihre Augen mit einem Taschentuch ab und richtete sich gerade auf. »Nur meine Besuche bei dir erinnerten mich daran, was ich werden würde . . . Deshalb habe ich aufgehört, dich zu besuchen.«

»Ich glaube, ich verstehe«, sagte Howson schwach. Ein kaltes Gewicht senkte sich schwer in seine Magengrube. »Aber ich habe nie geahnt, daß irgend etwas nicht stimmte. Du schienst so glücklich zu sein!«

»Oh, ich glaube, ich habe es selbst nicht geahnt.« Sie starrte an ihm vorbei auf die Wand in schlichtem Pastell. »Nachdem ich heimkam, ging es mir auf. Du weißt doch noch, wie ich – in den Geschichten, die du mir erzählt hast – immer schön war und begehrt und hören und reden konnte wie alle anderen.« Sie lachte rauh.

»Nun, das einzige, was wahr geworden ist, ist das ›wie alle anderen‹! Ich dachte, ich wäre darüber hinweggekommen – bis ich durch die Tür trat und dich hier sitzen sah. Und das hat mich daran erinnert, daß ich statt . . . statt der Prinzessin im Märchen die ganz gewöhnliche Mary Williams bin, Hausfrau in West Walnut, und daß ich nie etwas anderes sein werde.«

Einen Augenblick lang herrschte Schweigen. Howson wußte nicht, was er sagen sollte.

»Und natürlich war ich so eifersüchtig auf dich«, fuhr sie fort. »Während ich in diese anonyme Existenz zurückfiel, wurdest du wichtig und berühmt . . .«

»Ich vermute, du wirst mir nicht glauben«, sagte Howson gedankenvoll, »wenn ich dir sage, daß ich manchmal nur allzu gerne Ruhm, Wichtigkeit, alles, für das Privileg hingäbe, anderen Menschen gerade ins Auge blicken und ohne Hinken über die Straße gehen zu können.«

Mit seltsamer Stimme sagte sie: »Doch, Gerry, ich glaube dir wohl. Ich hörte, daß sie nicht in der Lage waren, etwas zu ändern – an deinem Bein, meine ich. Und dem übrigen. Es tut mir leid.«

Ein Gedanke überfiel sie, und sie wurde starr. »Gerry, du hast doch nicht wirklich Jill und Bobby dieselbe Art von Geschichte erzählt wie mir früher? Ich würde es dir nie verzeihen, wenn du sie mit derselben Unzufriedenheit ansteckst.«

»In elf Jahren habe ich viel gelernt«, sagte Howson bitter. »Du brauchst dich nicht zu sorgen. Ich habe ihnen nur von meiner Arbeit in Ulan Bator erzählt, und Jill will sowieso Krankenschwester werden. Ich glaube nicht, daß ich Unzufriedenheit in ihnen gesät habe.«

»Bei mir war es so«, sagte Mary nachdenklich. »An die Geschichten, die du mir erzählt hast, erinnere ich mich viel deutlicher als an den schaurigen Ort, wo wir damals gelebt haben. Die Geschichten sind . . . genauer umrissen. Während die wirkliche Welt in undeutliches Grau verschwommen ist.«

Howson hatte noch nicht geantwortet, als draußen Schritte laut wurden und der Lärm herbeilaufender Kinder. Die Stimme eines Mannes war zu hören, der sie liebevoll begrüßte.

»Da kommt Steve«, sagte Mary niedergeschlagen. »Ich wünschte . . .«

Howson hörte nicht, was sie wünschte, denn in diesem Augenblick trat Williams ins Zimmer und blieb vor Überraschung, Howson dort zu sehen, stehen. »Äh . . . guten Tag!« sagte er steif, und seine Augen stellten seiner Frau wütende Fragen.

»Steve, das ist – ich glaube, ich sollte dich ›Doktor‹ nennen, nicht wahr, Gerry! – Dr. Gerry Howson aus Ulan Bator. Ich war mit ihm befreundet, bevor ich dich kennenlernte.«

Williams Miene maskierte kaum seine Meinung, daß die Freundeswahl seiner Frau eine höchst seltsame gewesen sein mußte, aber er hielt ihm seine Hand hin, und Howson erhob sich, sie zu ergreifen.

»Gerry ist Psychiater«, erklärte Mary weiter, und Howson schüttelte den Kopf, fragte sich, warum sie ihrem Mann nicht von ihm erzählt habe.

»Das stimmt nicht ganz. Eigentlich bin ich Heiltelepath im Stab des dortigen Therapiezentrums – des Hauptquartiers von WHO in Asien.«

»Ein Telepath!« Die Information schüttelte Williams ernstlich. »Nun, wie . . . äh . . . interessant! Ich habe noch nie einen von euch getroffen.« *Und habe mich auch nie darum gerissen,* ergänzte sein Geist stillschweigend.

Es entstand eine Pause. Mary versuchte, sie zu beenden, indem sie mit munterer Stimme sagte: »Du bleibst doch zum Abendessen hier, hoffe ich, Gerry?« Aber hinter den Worten konnte er ihre Bangigkeit lesen: *Bitte, sag nein: ich habe ihm nie von dir erzählt, und ich glaube, ich könnte es nicht ertragen, von dir erinnert zu werden, erinnert zu werden . . .*

Mit großer Theatralik schaute Howson auf seine Uhr. »Ich würde wahnsinnig gerne«, log er. »Aber ich habe nicht sehr viel Zeit und möchte noch eine ganze Menge alter Bekannter besuchen. Ich sollte lieber gehen.«

Er nahm seine Tasche und verabschiedete sich. Auf der Türschwelle blickte er sich nach Mary um.

»Sag den Kindern, es tut mir leid, daß ich nicht bleiben und ihnen noch eine Geschichte erzählen konnte, ja?« sagte er. »Und . . . versuche, mich nicht zu hassen.«

»Ich verspreche es«, sagte Mary mit mattem Lächeln.

»Und versuche, mich auch nicht zu bemitleiden!« sagte er bissig und wandte ihr den Rücken zu. Er wünschte, er hätte den Weg, der vom Haus wegführte, hinunterstürmen können, statt hoppeln zu müssen wie eine reichlich lächerliche Gliederpuppe.

23

Viele Jahre hatte die Hoffnung in seinem Geist gelebt: daß das taubstumme Mädchen, das gut zu ihm gewesen war, nicht seinetwegen leiden mußte. Er hatte geglaubt, daß er, wenn überhaupt je, dann in diesem Falle einen Menschen dauerhaft glücklich gemacht habe.

Er hatte es vermieden, diese Annahme in Frage zu stellen. Warum? Weil er unbewußt die Wahrheit ahnte?

Die Begegnung mit ihr hatte seine Persönlichkeit in ihren Grundfesten erschüttert. Eine Weile lang, während er zu der Autobahn hinkte, die West Walnut säumte, hatte er gute Lust, seine Reise sofort abzubrechen, weil er nicht noch mehr solche Enthüllungen anhören wollte. Aber genau das war es, was er *nicht* tun durfte; egal, wie einzigartig ihn sein Talent machte, er blieb doch ein menschliches Wesen, und er war gekommen, nach der Vervollständigung dieser Menschlichkeit zu suchen.

Er seufzte, stellte seine Tasche auf den Bürgersteig und schaute in beiden Richtungen die Straße entlang. Ein Taxi drehte in der

Nähe um, nachdem es einen Mann in dunklem Anzug abgesetzt hatte. Er winkte dem Fahrer, sich fragend, wohin er denn nun gefahren werden wolle.

Das Taxi fuhr vorbei. In plötzlicher Wut wollte Howson ihm einen betäubenden geistigen Schrei nachschicken, aber im letzten Moment erkannte er, daß der Fahrer ihn wegen seiner Kleinheit irrtümlich für ein Kind gehalten hatte, das ihm zum Spaß einen Gruß nachgewunken habe; so beschied Howson sich damit, dem Mann nahezulegen, noch einmal umzuschauen.

Das Taxi bremste, fuhr rückwärts und hielt vor ihm an. Der Fahrer, ein untersetzter Mann mit humorvollen Augen, besah sich Howsons Äußeres, überlegte, zuckte die Achseln. Er sagte: »Tut mir leid, Kamerad – hab' wohl geträumt. Ich verliere mehr Kunden . . . Na, wo soll's denn hingehen?«

»Grand Avenue«, sagte Howson knapp und kletterte hinein.

Der Name war jetzt nur noch lächerlich. Der Verfall, der zur Zeit von Howsons Geburt begonnen hatte und schon weit vorangeschritten war, als er nach Ulan Bator ging, war nun fast vollständig. Am nördlichen Ende der Avenue wurden die Häuser auf einem Areal von vier Blicks abgerissen, Schilder verkündeten ein Projekt des sozialen Wohnungsbaus; dahinter hatten Geschäfte, als habe sie die Drohung der Vernichtung entmutigt, ihre Augen hinter Lidern aus grellen Plakaten geschlossen: ALLES MUSS RAUS! RÄUMUNGSVERKAUF! WEGEN KÜNDIGUNG JETZT SPOTTPREISE!

Ein abendlicher Wind blies Papier und Wolken von Staub über die ungefegten Bürgersteige, und die wenigen Passanten schritten unter einer Glocke von Bedrücktheit dahin.

Dort war das Kino, in dem er seinen ersten und katastrophalen Versuch, Wichtigkeit zu erlangen, ausgeheckt hatte: das Kino behauptete sich noch, war aber schmuddelig und vernachlässigt. Und daneben – etwas vollkommen Neues: ein hübsches, sauberes, großes Gebäude mit diskreter Bronze-Inschrift auf den Marmorsäulen seines Hauptportals. Stirnrunzelnd versuchte Howson, sie zu entziffern.

ZENTRALUNIVERSITÄT – FAKULTÄT FÜR THEORETISCHE UND ANGEWANDTE NATURWISSENSCHAFT.

»Fahren Sie hier mal langsam, bitte«, rief er dem Fahrer zu.

Der Fahrer trat auf die Bremse und warf einen Blick über die

Schulter. »Das macht 'nen ganz schönen Unterschied, nicht wahr?« kommentierte er. »Das ist die Drake-Stiftung. Ein riesiges Grundstück, das der Universität vor ein paar Jahren geschenkt wurde. Wenn sie fertig sind, haben sie Platz für tausend Studenten – Hörsäle, Büros, Wohnheime!«

Nun, das war ein Aufschwung, kein Zweifel. Aber aufs neue verspürte Howson einen Stich von Wehmut angesichts der unwiderruflichen Veränderung eines Ortes, den überhaupt wiedersehen zu wollen er eigentlich nie erwartet hatte.

»Wird das Gebäude schon benützt?« fragte er.

»Oh, natürlich – seit letztem Herbst. Sie haben die Studenten in Privatzimmern im ganzen Viertel untergebracht, damit sie nicht warten müssen, bis die Wohnheime fertig sind.«

Lange, lange war es her, daß der junge Gerry Howson Visionen von College und Studium, von einer anschließenden akademischen Karriere gehabt hatte ... Mit einer Willensanstrengung erstickte er die Erinnerung. Selbst wenn er seinem Ziel näher gekommen wäre, als er es getan hatte, hätte sich früher oder später seine Gabe entwickelt, und alles andere wäre sowieso auf den zweiten Platz verdrängt worden. Er wäre nicht auf demselben Weg angekommen, wo er nun war, aber dort gelandet wäre er unweigerlich doch.

»Gibt's da vorne auf der rechten Seite immer noch eine Bar?« fragte er. »Die, die einem Kerl namens Horace Hampton gehörte?«

»Der Schlange?« Dabei drehte der Fahrer seinen Kopf nun vollends zu Howson um. »Du mußt lange weggewesen sein, Kamerad! Ich erinnere mich noch an Die Schlange, aber nur gerade noch! Vor ... äh ... zehn Jahren, glaube ich, kamen ein paar Tippies von der UN hierher und nahmen sich die großen Geschäftemacher unter die Lupe. Ein großes Reinemachen. Die Schlange bekam fünf Jahre mit zwangsweiser Rehabilitation für Beihilfe zum Mord, und das letzte, was ich gehört habe, war, daß er in irgendeiner UN-Abteilung Wiedergutmachung leistet.«

Tippies – TP's – Telepathen. Howson nickte. Er konnte sich nicht erinnern, den Spitznamen schon einmal gehört zu haben, was ihn überraschte; er war so ohrenfällig. Was das Schicksal Der Schlange Hampton anging, so war es weniger merkwürdig, daß er nichts davon gewußt hatte. Dies war schließlich eine Stadt, an der das Leben der neuen Welt vorüberging. Eine Polizeiaktion, wie sie die Tippies hier durchgeführt hatten, war Kleinkram im Vergleich mit den großen Einsätzen in aller Welt.

»Aber seine Bar existiert noch«, sagte der Fahrer. »Da vorne kommt sie. Ich weiß nicht, wem sie jetzt gehört.«

»Gegenüber davon ist ein Hotel«, sagte Howson. »Lassen Sie mich dort raus.«

Nachdem er sich im Hotel einquartiert und Auftrag gegeben hatte, den Rest seines Gepäcks vom Flughafen abzuholen, nahm er ein einsames Mahl zu sich und dachte über seine bisherigen Erlebnisse nach. Er fühlte sich verzagt. Wie hatte er erwarten können, zurückkommen und dort anzuknüpfen, wo er vor elf Jahren aufgehört hatte? Das war eine arrogante Erwartung gewesen, und sie mißfiel ihm.

Er war jetzt ein Fremder. Das würde er akzeptieren müssen.

Nach dem Essen verließ er das Hotel und folgte der Straße zu der Bar, die einmal Der Schlange gehört hatte. Sie war schäbiger, von trüberer Beleuchtung, als er in Erinnerung hatte, ihre Spiegel fleckig, ihr Boden abgenutzt von vielen Füßen. Ob die hinteren Räume noch so waren wie früher – das Blaue Zimmer, zum Beispiel, in dem er jene bangen Stunden mit Lots verbracht hatte? War das wichtig? Er hatte den Entschluß gefaßt, nicht nach der Vergangenheit der Dinge zu suchen, sondern sie zu sehen, wie sie jetzt waren. Er setzte sich an einen Tisch in einer hinteren Ecke der Bar, bestellte ein Bier und starrte trübselig in das Glas.

Die Erinnerung an Marys Gesicht schob sich immer wieder zwischen ihn und die Welt, die ihn umgab. Er würde lange brauchen, zu verkraften, was sie ihm gestanden hatte. »Warum«, so hatte Choong ihn sinngemäß gefragt, »haben Sie Schuldgefühle, wenn Sie Ihre Fähigkeit zu Ihrem eigenen Vergnügen benützen?«

Und er hätte antworten können: »Weil ich, als ich das tat, das unbewußte Wissen auf mich lud, daß ich Leiden verursacht hatte.«

Arme Mary . . . Arme Märchenprinzessin!

Auch andere Dinge wurden ihm klarer: Charlie Birberger hatte sich eifrig bemüht, sich selbst einzureden, daß er Howson geholfen hatte; nun denn, in welchem Ausmaß war Howsons Bereitschaft (ja, er hatte darauf bestanden!), das ganze Jahr ohne Urlaub in der Klinik von Ulan Bator zu bleiben, auf das Verlangen zurückzuführen, soviele Patienten wie möglich in seiner Dankesschuld zu sehen? Beeinflußte ihn vielleicht der Drang, sich ihre Bewunderung und Dankbarkeit zu sichern, so wie er vor elf Jahren Marys Bewunderung und Dankbarkeit gesucht hatte?

Ärgerlich brach er den Gedankengang ab. Derartige Selbstanalyse konnte endlos weitergehen, ohne je ein Ergebnis zu erreichen. Unbestreitbar hatte er verdammt viel gute Arbeit geleistet, und das würde er auch weiterhin tun – vorausgesetzt allerdings, es gelang ihm, sein Vertrauen in sich selbst wiederzufinden. Soweit hatte er ein paar ihn beschützende Illusionen zerstört; zugegeben, wenn es Illusionen waren, waren sie sowieso zerbrechlich, aber sie hatten ihm in der Vergangenheit geholfen; also machte er seine Situation schlimmer statt besser.

Wohin von hier? Was jetzt?

Er hob sein Bier und nippte daran und dachte an seinen ersten Besuch hier und das Gespräch mit Lots, in dem er ihm erklärt hatte, warum er keinen Alkohol trinke. In den Geistern gutangepaßter Kollegen hatte er gelesen, warum auch zufriedene und starke Menschen gern einmal einen Schluck zu sich nahmen, und dabei hatte er es belassen: wenn ihm danach zumute war, konnte er es ihnen nachmachen. Er hatte auch gesehen, warum einige seiner Patienten exzessiv tranken, und zog es vor, nicht in dieselbe Falle zu gehen.

Das Glas niedersetzend, wurde er erhobener Stimmen an dem Tisch in der Ecke gegenüber von seiner eigenen gewahr. Zwei junge Männer – unordentlich gekleidet und wohl seit zwei Tagen unrasiert – und ein unscheinbares Mädchen mit blondem Haar und ziemlich formlosem Kleid lieferten sich ein hitziges Wortgefecht. Jedenfalls einer der beiden Männer und das Mädchen; der andere Mann schien belustigt zuzuhören.

»Aber *siehst* du das denn nicht?« donnerte das Mädchen und schlug mit ihrer offenen Hand so kräftig auf den Tisch, daß die Gläser der drei hüpften. »Du ignorierst die Lehren des ganzen letzten Jahrhunderts, um Dinge aufzuwärmen, die schon zigmal gemacht wurden, und viel besser, als *du* es jemals schaffen würdest!«

»Du mußt blind, taub, stumm und schwachsinnig sein, um so etwas zu sagen!« schoß ihr Widersacher zurück. »Einer deiner schlimmsten Fehler, und du hast viele, sind diese grotesken und leeren Verallgemeinerungen! Jeder, der auch nur einen Funken Verstand . . .«

»Entschuldigt mich, ihr beiden«, sagte der bislang unbeteiligte Mann. »Ich komm' zurück, wenn hier weniger Lärm ist.«

»Den wären wir los!« sagte das Mädchen bissig, als er sein Glas nahm und zu Howsons Tisch ging. Howson verkrampfte sich automatisch, aber dem Fremden war keinerlei Reaktion auf sein Äußeres anzumerken.

»Was dagegen, wenn ich mich ein bißchen hierhin setze? Bis die sich nicht beruhigen, kann ich mir sowieso kein Gehör verschaffen, und da keiner von beiden wirklich weiß, wovon er redet . . . Zigarette?«

Howson war drauf und dran, abzulehnen – Rauchen wurde im Therapiezentrum nicht gerne gesehen, auch das Rauchen karzinogenfreier Tabake nicht, die es jetzt gab –, als ihm aufging, daß der junge Mann äußerst liebenswürdig war. Er konnte nicht wissen, daß Howson mehr war, als sein dummes Gesicht nahelegte, und doch hatte er ihn ohne jede Überheblichkeit angesprochen.

Mit einem Wort des Dankes akzeptierte er die Zigarette.

»Worüber erhitzen die sich denn so?« fragte er, einen Verstoß wagend, als er sich vorbeugte, um Feuer zu empfangen.

»Charma«, sagte der andere hinter seiner Zigarette, »besteht darauf, daß Jay inkompetente und unbefriedigende Arbeit leistet. Sie hat recht. Jedoch irrt sie sich absolut, wenn sie behauptet, er wiederhole lediglich etwas, das schon x-mal gemacht worden sei. Er hat eine ziemlich originelle Idee; aber er ist einfach nicht gut genug, sie richtig umzusetzen. Er meint, er sei es. Also – streiten sie sich.«

»Passiert das oft?«

»Das geht die ganze lausige Zeit so!« sagte der junge Mann in ernsthaft bekümmertem Ton.

»Und was für eine Arbeit?«

»Oh, das ist ein bißchen schwer zu definieren. Ich glaube, man könnte seine Sachen flüssige Mobiles nennen. Charma nennt sie feuchte Feuerwerke, und das entzückt Jay nicht gerade, obwohl sie vielleicht gar nicht so falsch liegt. Das Hauptproblem ist, er müßte Chemiker und Spezialist für Hydrodynamik sein und dazu ein Auge für Beleuchtungseffekte haben, und das ist er nicht und hat er nicht, und so kann er die eigentlichen Möglichkeiten seiner Technik nicht freisetzen.«

Ungefähr zwei- oder dreiundzwanzig, schätzte Howson, als er seinen neuen Bekannten betrachtete. Er war von mittlerer Größe, ein wenig rundlich, gutaussehend, mit unordentlichem schwarzen Haar und dicker Brille. Er trug ein verblichenes Hemd, das am Hals offen war, dunkle Hosen mit hellen Flecken an den Knien, und offene Sandalen. Eine enorme Uhr an seinem Handgelenk fing das Licht. An der Brusttasche seines Hemdes klemmte ein Bündel Bleistifte und Kugelschreiber.

»Ihr seid Studenten?« fragte Howson, sich der Nähe des neuen Universitätsgebäudes erinnernd.

»Nicht mehr, nicht mehr. Vor einer Weile merkten wir, daß wir mit dem akademischen Niveau ein klein wenig unzufrieden waren, und da die akademischen Niveau-Bewahrer gleichfalls wenig Freude an uns hatten, kamen wir überein, uns gegenseitig nicht mehr zu belästigen. Noch ein Bier?«

»Nein, lassen Sie mich das machen«, sagte Howson und winkte einen Kellner herbei. Er zahlte mit dem obersten Schein eines Bündels, das seinen Gesprächspartner veranlaßte, seinen Mund in parodierter Ehrfurcht zu spitzen.

»Ich bin immer froh, wenn ich eine Einladung von den Reichen annehmen kann«, sagte er feierlich. »Denn das heißt, daß ich meinen Beitrag zur Redistribution des Kapitals leisten kann.«

»Für die beiden auch noch 'ne Runde«, sagte Howson dem Kellner und deutete auf Jay und Charma. »Ah . . . was ist Ihr spezielles Feld?«

»Ich komponiere. Schlecht übrigens. Und Ihres?«

»Ich bin Arzt«, sagte Howson nach kurzem Zögern.

»Das hätte ich nie geraten. Wir sollten Sie vielleicht mal Brian vorführen – ein Soziologenembryo, das wir kennen, ein fanatischer Determinist. Er versucht zu beweisen, daß zwischen Berufswahl und Körpertypen eine Korrelation besteht. Jemand wie Sie ist natürlich vom Schicksal geschickt, Sand ins Getriebe seiner Theorie zu werfen, egal, wovon Sie leben – sozusagen eine wilde Variable. Sagen Sie mal, Sie haben es geschafft, die beiden still zu machen!«

Er drehte sich auf seinem Stuhl herum, um zu Jay und Charma hinüberzublicken.

Howson folgte seiner Bewegung. Charma hob ihm ihr neugefülltes Glas entgegen. »Von Ihnen?« fragte sie. »Danke!« Und goß es durstig hinunter. Kein Wunder, nach all dem Gebrüll.

»Rudi!« sagte Jay und schaute auf seine Uhr, »bei Clara kommt die Sache jetzt wohl langsam in Fahrt. Sollen wir mal vorbeischauen?«

»Gute Idee«, sagte Howsons neuer Freund. »Hör mal, der Mann hier ist Arzt. Das sollten wir Brian sagen und sehen, was er für ein Gesicht macht, meinst du nicht?«

»Er wird euch niemals glauben«, sagte Charma. Sie leerte ihr Glas.

»Und selbst wenn«, ergänzte Jay, »er hat jetzt schon mehr besondere Ausnahmen als bestätigte Fälle in seinem System.«

»Dann sollten wir es ihm beweisen«, insistierte Rudi. »Wird er heute abend bei Clara sein?«

»Hat der Kerl schon einmal 'ne Party ausgelassen?« gab Jay zurück.

»OK!« Rudi wandte sich zu Howson. »Das heißt, wenn Sie nichts anderes vorhaben. Tut mir leid; ich habe einfach Pläne für Sie gemacht . . . äh . . .?«

»Gerry«, sagte Howson. »Nun, ich würde wirklich . . .«

Ich würde wirklich sehr gerne zu dieser Party mitkommen. Wenn ich lernen will, Menschen gegenüberzutreten, möchte ich gerne mit Menschen wie diesen hier anfangen . . . Ikonoklasten, die sich über Vorurteile erzürnen, die mich zu akzeptieren bereit sind, und sei es nur, weil ich aus der Norm falle.

»Clara wird nichts gegen einen Extragast einzuwenden haben«, ermunterte ihn Rudi, der sein Zögern mißverstand. »Wir nehmen ein paar Bierkartons mit, und alles ist in Ordnung.«

»Wenn es so ist«, sagte Howson und erhob sich, »komme ich liebend gerne.«

Auf der Schwelle wartend, während Jay und Rudi die großen Packungen mit den Bierdosen durch die schmale Tür manövrierten, schlug er vor: »Nehmen wir ein Taxi?«

Jay johlte vor Lachen, während er mit dem Ellbogen die Tür aufhielt.

»Jay, du bist ein unaufmerksames Rindvieh«, sagte Rudi streng. »Nur weil du lange Beine hast und vor Vitaminen explodierst, meinst du, jeder teilt deine Leidenschaft für Blasen an den Füßen. Ich dagegen, aufmerksamer Beobachter, der ich bin, weiß zufällig, daß Gerry hier ein Bündel Bargeld bei sich hat, das ausreicht, uns ein Taxi für den Weg zu *kaufen*. Charma, stell dich in die Gosse und zieh den Rock hoch!«

Eine Erregung hatte von Howson Besitz ergriffen, die in so heftigem Gegensatz zu seiner vorherigen Depression stand, daß er um seines eigenen inneren Friedens willen versuchen mußte, seine Reaktionen zu analysieren. Ansonsten wäre viel von seinem Vergnügen durch unbewußtes Sich-Sorgen verzehrt worden.

Was war es, das ihn so überwältigt hatte? Er hatte immerhin eine provisorische Erklärung, als das Taxi hielt.

Zuallererst, diese Art von Menschen hatte ihm gefehlt. Was kaum verwunderlich war. Eine der ersten wohltätigen Auswirkungen eines höheren Lebensstandards ist es, dessen war er sich schon oberflächlich bewußt gewesen, das Alter hinauszuschieben, in dem die Meinungen und Haltungen eines Menschen lebenslänglich einfrieren. Wen Armut zwang, die Zeit und Energie, die er zur Erweiterung seines Horizontes gebraucht hätte, zum bloßen Überleben zu verwenden, der übernahm, gebrauchsfertig, die Einstellungen seiner Umwelt. Das war der Grund, warum Studenten das Herzstück zum Beispiel so vieler revolutionärer Bewegungen bildeten.

Verbesserter Lebensstandard hatte auf *sein* frühes Leben nicht gerade durchschlagende Wirkung ausgeübt. Als seine Mutter vor fünfzehn Jahren starb, waren die Auswirkungen noch immer nicht recht bis zu ihm durchgedrungen.

Aber zehn Minuten mit Rudi und seinen Freunden hatten ihm klargemacht, daß hier etwas war, woran er den Anschluß finden wollte, und er hatte eine Chance, die er sich nicht entgehen lassen durfte.

Als Rudi seine Tasche nahm und ihm aus dem Taxi half, erhob er keinen Einwand. Irgendwie war es diesmal keine Erinnerung an sein Mißgeschick. Diesmal, in dieser Gesellschaft, nicht.

Als er die schmale, schlechtbeleuchtete Treppe des Apartment-Hauses, in dem die Party stattfand, hinaufkletterte, fragte er sich plötzlich, ob Menschen, die die konventionellen Einstellungen gegenüber Krüppeln nicht übernommen hatten, auch frei von Vorurteilen gegenüber Telepathen waren. Aber er hatte keine Neigung, das sofort herauszufinden. Dieses Thema war zu delikat; lieber es ein bißchen verschieben.

Distanz kehrte jedoch zurück, seine rauschhafte Erregung zu mäßigen, als er etwa eine Stunde auf der Party verbracht hatte.

Die Räume waren klein – ein Wohn-Schlafzimmer, eine winzige angrenzende Küche und ein Badezimmer, das mit den Nachbarn geteilt wurde – und eine dichte Menschenmenge drängte sich darin herum. Brian, der Mann, den er hatte kennenlernen sollen, war anscheinend nicht darunter, aber viele andere Studenten.

In den ersten paar Minuten wurde er herumgezeigt als jemand, mit dessen Hilfe Brians Theorie ad absurdum geführt werden sollte. Dann aber, nach einer zügig absolvierten Reihe von Vorstellungen, wurden die drei, die ihn mitgebracht hatten, in Gespräche mit älteren Freunden verwickelt und überließen ihn seiner eigenen Initiative.

Nun hatte er es mit zwei Nachteilen zu tun: seine Statur machte es anderen Leuten schwer, ihn in eine Unterhaltung einzubeziehen, sofern sie nicht saßen und er stand, und es gab nicht viel Platz zum Sitzen, außer auf dem Boden; außerdem war seine Stimme schwach und selbst in besten Zeiten schwer zu verstehen, und hier war gegen erheblichen Lärm anzukämpfen – Stimmen, die in heftiger Meinungsverschiedenheit immer lauter wurden, das Klirren von Tassen, Gläsern und Flaschen, und dann kam noch jemand mit einer Ziehharmonika und spielte auf, unbekümmert darum, ob jemand zuhörte.

Er fing an, sich verloren und fehl am Platze zu fühlen, als er bemerkte, daß jemand seinen Platz auf der Ecke des Sofabettes räumte. Unverzüglich setzte er sich, bevor ihm die Gelegenheit entwischte; jemand kam vorbei und füllte sein Glas, und danach kümmerte sich eine Zeitlang niemand um ihn.

Er vergnügte sich damit, telepathisch eine Reihe von Gesprächen zu belauschen; das war unhöflich; aber es war zu reizvoll, als daß er es hätte sein lassen können. Es war offenkundig, daß der neue Zweig der Universität ein sehr guter war, der Unterricht mußte von hoher Qualität sein. Selbst die gut angepaßten Telepathen unter den Studenten, mit denen er in Ulan Bator zu tun gehabt hatte, hatten nicht derartig eifrigen und scharfen Gebrauch von ihrem Intellekt gemacht.

Natürlich war der Vergleich nicht fair. Die Zahl aller telepathischen Studenten, die er gut gekannt hatte, wurde von der Menge in diesem Raum weit in den Schatten gestellt.

Gruppe A (im Verlauf eines kurzen Rundblicks über die Gäste beschrieb er sie sich stichwortartig): zwei Mädchen in Gelb, offenbar Schwestern, und ein etwa fünfundzwanzigjähriger Mann; Thema der Verhandlung: die Notwendigkeit der Religion für die soziale Evolution des Menschen.

Gruppe B: Jay, den er kannte, ein langhaariger Junge, der noch nicht zwanzig sein konnte, ein anderer mit einem leichten Stottern, das seinen Argumenten in die Quere kam, und ein hausbackenes Mädchen um die Zwanzig und ein Mann in rotem Pullover; Thema: sie selbst. Howson spürte, wie Eifersucht sich in ihm regte, und verlagerte entschlossen seine Aufmerksamkeit.

Gruppe C: ein schönes Mädchen mit Ponyfrisur; Thema: eine Revue, für die Jay die Dekoration machen sollte.

Gruppe D: vier Männer mit sehr lauten Stimmen, die neben dem Mann mit der Zieharmonika standen; Thema, von dem Instrument angeregt: der Einfluß neuer Musikinstrumente, oder klangerzeugender Vorrichtungen, auf das Werk zeitgenössischer Komponisten. Einer aus der Gruppe versuchte ständig, über seine eigene Arbeit zu reden, und die anderen steuerten kräftig davon weg. (Wo war denn Rudi? Oh, ja; er kreiste durch den Raum und füllte Gläser nach.)

Gruppe E: zwei Mädchen, das eine leicht betrunken, und zwei Männer; Thema: des betrunkenen Mädchens Ansichten zur modernen Lyrik.

Gruppe F: drei Männer, zwei in offenen Hemden und einer in Pullover; Thema: die Unmöglichkeit, im späteren Leben nach seinen Idealen zu leben.

Und so fort. Howson liebäugelte gefährlich mit dem Gedanken, an einer dieser Unterhaltungen (jede kam in Frage, ausgenommen Gruppe C) mit telepathischen Mitteln teilzunehmen, bis er merkte, daß diese Idee vermutlich aus seinem letzten Drink stammte, und sich mit einem Seufzer Einhalt gebot. Sich mit seinen leibhaftigen Augen umsehend, stellte er fest, daß ein Mädchen sich neben ihn gesetzt hatte, während er geistig umhergeschweift war, und ihn nun amüsiert betrachtete. Sie war jung und ziemlich attraktiv, obwohl sie eine Strickjacke trug, deren Blau schrecklich mit dem Grün ihrer Augen kollidierte.

»Guten Abend«, sagte sie mit spöttischer Förmlichkeit. »Lernen Sie mich kennen! Ich bin Ihre Gastgeberin.«

Howson setzte sich zurecht. »Entschuldigen Sie vielmals!« begann er. »Rudi und Jay wollten unbedingt, daß ich mitkomme . . .«

»Oh, Sie sind herzlich willkommen«, sagte sie und tat das Thema mit einer Handbewegung ab. »Ich bin es, die sich entschuldigen sollte, weil ich Sie so lange vernachlässigt habe. Ich hatte einfach keine freie Minute. Unterhalten Sie sich gut?«

»Ausgezeichnet, danke.«

»Ja, ich dachte mir, daß Sie sich amüsieren, hinter Ihrer Maske von Teilnahmslosigkeit. Was haben Sie gemacht – Atmosphäre geschlürft?«

»Ich habe gerade gestaunt, was für eine Menge lebhafter und eindrucksvoller Diskussionen hier im Gange sind.«

»Ungeheuer, nicht wahr? Auf jeder Party wie dieser hecken die Leute ein Dutzend herrlicher Pläne zur Veränderung der Welt aus, die sie nie in die Tat umsetzen. Na, das soll uns kümmmern; so geht es seit Jahrhunderten, und so geht es wahrscheinlich weiter. Wäre vielleicht mal eine gute Idee, einige dieser Pläne aufzuschreiben und zu veröffentlichen – damit sie jemanden erreichen, der sie nutzen kann . . .« Ihr Blick wurde undeutlich, als examiniere sie eine zukünftige Möglichkeit. »Vielleicht versuch' ich's mal. Aber das ist wahrscheinlich wieder nur so ein Plan, der auftaucht und verschwindet.«

»Sind Sie Schriftstellerin?« riet Howson.

»Potentiell. Hat Ihnen das jemand verraten?«

»Nein. Aber Sie haben viele kreative Menschen hier.«

Das Mädchen (sie mußte Clara heißen, da sie die Gastgeberin war) bot ihm eine Zigarette an. Er lehnte ab, lieh sich aber die brennende Zigarette von jemand anderem aus, um damit ihre anzuzünden. Wo zum Teufel hatte er den Trick her? In seinem ganzen Leben hatte er das noch nicht gemacht. Aus einem Film vielleicht vor . . . vor . . .

Er fuhr zusammen, als ihm einfiel, daß er in eben der Stadt war, in der er jenem Film gesehen hatte.

»Nein; was mich angeht«, sagte Clara, »ich leide unter einem angeborenen Ungenügen an Worten. Ich meine – Himmel, wenn man nur mal versuchen würde, das Verhalten und das Innenleben der paar Menschen hier während der paar Stunden dieser Party zu erforschen, käme schon ein Monstrum heraus. Wie lange dauert zum Beispiel *Ulysses* – achtzehn Stunden oder so? Und man könnte immer noch nicht sicher sein, daß einen die Leser verstehen. Was ich mir wünsche, wäre eine Technik, die einen präkolumbianischen Amerikaner befähigen würde, einen Chinesen des zwanzigsten Jahrhunderts zu verstehen. Dann – Bruder! Dann würde ich schreiben!«

Sie kicherte über die Grandeur ihres eigenen Ehrgeizes und wechselte das Thema.

»Und Sie? Was machen Sie?«

»Ich bin Arzt«, sagte Howson, nachdem er die Idee erwogen und verworfen hatte, mit ihr über Telepathie als eine mögliche Lösung für das von ihr vorgetragene Kommunikationsproblem zu sprechen. »Rudi wollte mich jemandem vorstellen, der den Zusammenhang von Körpertyp und Berufswahl behauptet. Brian – irgendwas.«

»Oh, ja. Rudi versucht unaufhörlich, ihm den Wind aus den Segeln zu nehmen. Es hat wohl einiger geistiger Akrobatik bedurft, Sie in sein Schema einzufügen, oder?«

»Ich weiß nicht. Ich bin ihm noch nicht vorgestellt worden.«

»Na, wenn das nicht Rudi ähnlich sieht! Brian ist schon fast seit einer Stunde hier . . . Oh, vielleicht fällt es ihm wieder ein, und er macht Sie früher oder später mit Brian bekannt. Macht es Ihnen was aus? Oder würden Sie es lieber hinter sich kriegen und gehen?«

Howson schüttelte den Kopf. »Mir gefällt es hier«, bekräftigte er.

Jemand tippte an seinen Arm und hielt eine Flasche über sein nunmehr leeres Glas; schnell legte er die Hand darüber, um zu zeigen, daß er nichts mehr wolle; dann drehte er sich um und stellte es auf ein Tischchen. Eine Weile lang herrschte zwischen ihnen ein einvernehmliches Schweigen, während Musik und Stimmengewirr der Party um sie herumkreisten wie Sturmwinde um das Zentrum eines Hurrikans.

25

Da Clara vorerst nichts mehr unternahm, rührte er sich und blickte sie an.

»Wer und was genau ist Rudi?« fragte er. An Rudi war er viel stärker interessiert als an den beiden anderen, die er an diesem Abend in der Bar kennengelernt hatte. Natürlich hatte er den Geist des jungen Mannes nicht betreten; eine einzige telepathische Inspektion hätte ihm alles verraten, was er wissen wollte, aber er schreckte davor zurück, wie er stets davor zurückschreckte, ohne Aufforderung oder zwingenden Grund in den Geist eines anderen einzudringen. Aber auch nach bloßen Äußerlichkeiten beurteilt, schien ihm Rudi von tieferer und reiferer Persönlichkeit zu sein als seine Freunde.

»Rudi?« Clara blies Rauch durch ihre Nase. »Rudi Allef ist sein voller Name. Er ist zur Hälfte Israeli. Er kam mit einem UN-Stipendium hierher. Er hat – nun, *ich* glaube, er hat – gute Arbeit geleistet. Leider war es nicht die Arbeit, für die er das Stipendium bekommen hatte. Also strichen sie es ihm. Und da haben Jay und Charma Horne . . .«

»Jay und Charma Horne? Geschwister?«

Clara starrte ihn an. »Wie kommen Sie auf diese seltsame Idee? Sie sind verheiratet.«

»Verheiratet?«

»Ja, warum denn nicht?«

Howson erholte sich von seiner Verwunderung und zuckte die Achseln; das machte er nicht besonders gut, aus Gründen, die mit der Kurvung seines Rückgrats zusammenhingen. »Ich dachte nur daran, wie sie miteinander zankten, als ich sie traf. Entschuldigung, fahren Sie fort.«

»Ah-h-h . . . ja. Und da haben Jay und Charma, die sowieso ein bißchen verrückt sind, was Sie wohl schon ahnen, seit Sie wissen, daß die beiden verheiratet sind, naja, da haben sie aus Sympathie ihr Studium abgebrochen und entdecken jetzt, daß das Leben gar nicht so einfach ist. Aber sie haben nach Rudi gefragt, nicht nach den Hornes. Rudi ist . . . nun, ein Problem.«

»Komisch, daß Sie das sagen«, bemerkte Howson verblüfft. »Offensichtlich kennen Sie ihn besser als ich, aber ich finde, er sieht wie ein ausgeglichener und ganzer Mensch aus.«

»Den Eindruck macht er gewiß.« Clara blickte zum anderen Ende des Raumes, wo der Gegenstand ihrer Erörterung neben dem Ziehharmonikaspieler auf dem Boden saß. »Wenn er die Rolle lang genug durchhält, überzeugt er sich vielleicht eines Tages selbst, daß er wirklich so ist. Und das wäre nur gut. Ansonsten wird er einen schweren Zusammenbruch erleiden und für eine lange, lange Zeit weder für sich selbst noch für andere sehr erfreulich sein.«

Howson starrte sie an. Einen Moment lang zweifelte er, ob sie über dieselbe Person sprachen. »Gibt es Anzeichen eines drohenden Zusammenbruchs?« wollte er wissen.

Sie schien ihre Gedanken von anderswo zurückzuholen und schüttelte sich ganz leicht. »Oh, wenn man weiß, wo man sie zu suchen hat . . . Ich glaube, ich sollte mal ein bißchen herumwandern und mich um meine Gäste kümmern. Bis später.«

Sie war gerade aufgestanden, als sie zögerte. »Ich will nicht unhöflich sein«, sagte sie. »Aber Sie scheinen selbst ein bißchen ein Problemfall zu sein. Nicht wahr?«

Howson blickte ihr so fest in die Augen, wie er konnte. »Sie behaupten, ein Gespür für Probleme zu haben«, antwortete er. »Dann bilden Sie sich selbst Ihr Urteil!«

Sie wurde rot. »Das habe ich verdient«, gab sie zu und wandte sich ab. Wonach er, stellte er fest, immer noch nicht viel mehr über Rudi Allef wußte.

Aber in diesem Augenblick erinnerte sich Rudi selber der Bombe, die er unter Brians soziologischer Theorie hatte zünden wollen. Er stand auf, zerrte Brian aus der Diskussion heraus, in die der gerade verwickelt war, und stellte ihm Howson vor. Mehr denn je fand sich Howson, als er Rudis pfiffiges Lächeln sah, in Versuchung, rasch einen Blick – nur einen! – ins Innere dieses wohlgeformten Kopfes zu werfen.

Und wenn er es tat und ihm danach unabsichtlich eine Äußerung entschlüpfte, die verriet, daß er mehr von Rudi wußte, als er normalerweise im Verlauf einer so kurzen Bekanntschaft erfahren haben konnte . . .? Howson erkannte plötzlich, wie es für einen Mulatten sein mußte, unbemerkt eine Gesellschaft zu ›passieren‹, in der solche Dinge zählten, und der Raum wurde kalt.

Er hatte dieses Gefühl nicht gekannt. Er war ein Krüppel und auffällig klein; gut, soviel akzeptierten diese Menschen ohne Aufhebens mit einer gewissen trotzigen Auflehnung gegen Vorurteile. Selbst hier aber mochte es welche geben, die ihn für einen Fremden, Andersartigen hielten. Vielleicht würden sie, wenn sie entdeckten, wer er wirklich war (und diese Entdeckung würde unweigerlich kommen, ob er noch unter ihnen weilte oder nicht), bloß mit den Achseln zucken und ihre Aufgeschlossenheit bewahren. Vielleicht aber auch nicht.

Vielleicht sollte er, zu bloßem Selbstschutz, ihre Meinungen herausfinden, bevor er sich auf weiteres einließ? Das hätte er im Nu erledigt!

Dann merkte er, daß er etwas überhört hatte, was zu ihm gesagt worden war, und reflexmäßig las er sich das Gesagte aus Rudis Geist zusammen. Zur Hälfte hatte er schon seine Antwort gegeben, als ihm aufging, was er getan hatte, und der Raum wurde noch kälter. Er war so sehr daran gewöhnt, unter Menschen zu sein, vor denen er sein Talent nicht geheimhalten mußte, daß er viele solche automatische Gewohnheiten angenommen hatte. Der Schock ließ ihn sich in seiner Antwort verhaspeln, aber er erholte sich schnell genug, seine Unruhe zu verbergen.

Der eine Blick ins Innere von Rudis Geist hatte die Idee, tiefer hineinzutauchen, noch verführerischer gemacht, aber energisch rief er sich zur Ordnung: *Er ist kein Patient, kein Kollege. Vielleicht bin ich schon zu weit gegangen; keinen Schritt weiter!*

Er zwang sich, sich auf das Gespräch zu konzentrieren. Brian, den er gar nicht mochte, schüttelte das lästige Gefühl der Verunsicherung von sich und kehrte zu seinen bequemen Dogmen zurück. »Schließlich sind Leute wie Dr. Howson«, sagte er gerade, »überall Ausnahmen, egal, wo man sie unterzubringen versucht. Ich meine, das ist, wie wenn man voraussagen will, welches Atom in einem Klotz Uran als nächstes zerfällt. Man weiß, eins wird platzen, aber man kann nicht sagen, welches. Genauso weiß man, daß Dr. Howson irgendwo hineinpassen muß, aber ohne eine Menge weiterer Daten weiß man nicht, wo . . .«

Er leierte weiter, während Howsons Geist sich an einen kurzen Satz heftete, an dem er lange herumwürgte:

»Dr. Howson muß irgendwo hineinpassen!«

Sehr viel später war es, als Clara sich wieder neben ihn setzte. Die Gästeschar hatte sich gelichtet; einige waren nach Hause gegangen, und andere hatten anscheinend beschlossen, im Treppenhaus zu kampieren.

»Oh, dieser Rudi!« sagte sie in einem Ton, in dem sich Verärgerung und langgeprüfte Toleranz mischten. »Er ist in der Küche und fühlt sich elend. Man käme natürlich nie darauf, wenn man ihn so sähe. Er gibt Imitationen der würdigen Herren von der Universität zum besten, mit Requisiten, und ein halbes Dutzend Idioten lacht sich kaputt dabei.«

»Wenn man es ihm nicht ansehen kann, woher wollen Sie es wissen?« fragte Howson derb. Dann fiel ihm eine Möglichkeit ein, und er nahm sich an die Kandare. »Entschuldigen Sie. Vermutlich kennen Sie ihn sehr gut.«

»Wenn Sie denken, er wäre mein – nun, sollen wir höflich sein und ›intimer Freund‹ sagen? –, dann irren Sie sich«, entgegnete Clara mit kühler, leiser tadelnder Stimme. »Ich kannte ihn praktisch nur vom Sehen, bis vor kurzem diese Sache mit seinem Stipendium passierte.«

Sie hielt inne, sah verwirrt aus. »Wenn ich es mir recht überlege, eigentlich dürfte ich gar nicht . . .«

Howson teilte ihre Verwirrung. Er hatte genau die Schlußfolgerung gezogen, die Clara eben einen Irrtum genannt hatte; selbst wenn sie nicht allen Tatsachen gerecht wurde, war sie doch die einleuchtendste Erklärung. Aber wenn sie nicht zutraf, was zum . . .?

Einige Leute kamen aus der Küche, Rudi in ihrer Mitte, und sie lachten schallend und schlugen ihm auf den Rücken. Howson musterte das dunkle, gutaussehende Gesicht. Nein, es verriet ganz und gar nichts von dem Elend, das Clara zu erkennen behauptete.

Während seine Gefährten sich verabschiedeten und damit das Fähnlein der letzten Aufrechten auf etwa ein rundes Dutzend reduzierten, bediente sich Rudi aus der nächststehenden Flasche – anscheinend scherte er sich nicht darum, was darinnen war – und ging in die Küche zurück. Howson nahm an, daß er dort jemandem Gesellschaft leistete. Er blickte durch den Raum, wobei er versuchte, das Mädchen und den Mann im roten Pullover, die sich schon längst nicht mehr bloß mit Konversation ihr Interesse aneinander ausdrückten, gar nicht erst zu sehen.

»Sie scheinen, wie ich vorhin schon sagte«, nahm Clara das Gespräch wieder auf, nachdem sie die eben aufgebrochenen Gäste hinausbegleitet hatte, »ein Problem zu haben – zu *sein.* Ja, ich habe mir mein Urteil dazu gebildet. Schlimmer noch, ich mußte all die schönen, einfachen Gründe, die dafür verantwortlich sein könnten, verwerfen. Schließlich können Sie nicht allzu schlimm behindert sein, wenn Sie Arzt sind. Korrekt?«

Ihre grünen Augen waren äußerst durchdringend, Howson spürte ein Prickeln in seinem Genick, und das hatte mit ihrer Anspielung auf seine Verkrüppelung nichts zu tun. Mit bemühter Leichtigkeit sagte er: »Unterziehen Sie all Ihre Gäste einem ausführlichen Verhör?«

»Nur die uneingeladenen, die mich faszinieren«, sagte sie unerschüttert. »Wie Sie, zum Beispiel.«

Howson bremste seine Absicht, ihr zu antworten, für ein paar Sekunden. Eine Möglichkeit war ihm eingefallen, die auf den ersten Blick so unwahrscheinlich schien, daß er buchstäblich Angst hatte, sie sich selbst zu formulieren. Er erwog noch das Für und Wider, als . . .

Der Schock warf ihn fast zu Boden. Seine Intensität machte ihn völlig blind; es raste in seinem Schädel wie ein Feuer. Er wußte, was es war, natürlich. Noch bevor er wieder völlig bei Sinnen war, schrie er schon: »In der Küche! Es ist Rudi!«

Alle Anwesenden blickten sich in blankem Erstaunen um. Und Howson erkannte, daß nichts zu hören gewesen war.

Alle Anwesenden – außer, so dämmerte ihm, Clara. Und Clara, weißen Gesichts, öffnete schon die Küchentür. So schnell konnte sie sie nicht erreicht haben, wenn sie auf seinen Warnruf hin losgelaufen war. *Unmöglich.* Und das hieß . . .

Sie schrie.

Seinen schwerfälligen Körper verfluchend, kämpfte sich Howson vom Sofa hoch. Schon drängte sich ein Halbdutzend verblüffter Menschen, entsetzt schreiend und stammelnd, durch die Küchentür. Was sie sagten, war zusammenhanglos, und ihre Geister waren von Schock bewölkt. Es war egal. Howson wußte sehr genau, was passiert war.

Die Stimme Brians, des angehenden Soziologen, erhob sich gebieterisch über den Lärm: »Rührt ihn nicht an! Der kleine Kerl soll herkommen – er ist Doktor. Und jemand muß eine Ambulanz rufen. Clara, gibt es hier ein Telefon?«

»Unten im Erdgeschoß«, antwortete das Mädchen mit bebender, aber beherrschter Stimme.

Und inzwischen schleppte sich Howson durch fünf Sekunden hindurch, die sich dehnten wie eine Stunde. *Ich bin Doktor, dachte er. Ich kenne mich bei krankhaften Veränderungen des Kleinhirns aus. Ich kenne Verhaltensstörungen und Psychosen von innen. Aber was zum Teufel nützt das schon einem Kerl, dessen Leben auf einen harten Küchenfußboden ausläuft?*

Sie traten zurück, um ihn durchzulassen, und er warf den ersten leibhaftigen Blick auf etwas, das ihm bereits nur allzu vertraut war. Rudi hatte buchstäblich echtes Harakiri begangen (Warum? Eine Erklärung schwebte aufreizend gerade außerhalb von Howsons geistiger Reichweite.), mit einem gewöhnlichen Fleischmesser aus einer noch offenen Schublade.

Nun, da er ohnmächtig war, war es einfacher, das blindmachende Schmerzsignal, das aus seinem Geist kam, auszuschalten. Aber der Schmerz seiner eigenen Hilflosigkeit blieb bestehen. Diese Menschen – diese Menschen! – erwarteten von ihm Rat und Tat . . .

Er fand seine Stimme. »Ruft jemand das Krankenhaus an?«

Ein Chor von Stimmen versicherte ihm, daß jemand zum Telefon unterwegs sei.

»Gut. Dann geht raus und schließt die Tür. Seid so still wie möglich. Besser noch, verschwindet ganz – nein, die Polizei könnte – oh, zum *Teufel* mit der Polizei! Geht nach Hause!«

Clara machte Anstalten, mit den anderen hinauszugehen, aber er runzelte die Stirn, ohne etwas zu sagen, und sie verstand ihn.

»Verstehen Sie etwas von solchen Sachen?« fragte er grimmig.

»N-nein. Aber ich tu' alles, was Sie mir sagen. *Können* wir denn noch etwas tun?«

»Er wird in ungefähr fünf Minuten tot sein, wenn wir nicht etwas tun.« Howson lachte, aber seine schrille Stimme war völlig bar jeder Heiterkeit. »Und der Witz ist, daß ich kein Doktor der Medizin bin. Ich habe in meinem Leben noch keinen Finger verbunden – abgesehen von meinem eigenen.«

26

Am Ende eines ewigen Schweigens, das drei Herzschläge lang dauerte, begriff sie die Worte und konnte reagieren. Zu sich selbst sagte sie und tauchte die Worte in graue Verzweiflung: *O Gott – armer, dummer Rudi!* Und laut und heftiger sagte sie: »Warum haben Sie dann gesagt, Sie wären Doktor, wenn Sie keiner sind?«

»Aber ich bin einer, von anderer Art. Und die Lage ist nicht ganz so schlimm, wie Sie meinen. Wissen Sie, daß Sie eine rezeptive Telepathin sind?«

»Eine *was*?« So unmittelbar auf den Schock, Rudi in einer Lache aus Blut und unverdautem Alkohol liegen zu sehen, war die Mitteilung zunächst sinn- und bedeutungslos. Howson spürte einen Schild aus Unverständnis und unbewußter Ablehnung und hämmerte dagegen.

»Ich sage Ihnen, Sie können die Gedanken anderer Menschen lesen. Und mein Doktor ist zufällig der in Heiltelepathie. Begreifen Sie? Gut! Also dann, es gibt nur einen Menschen in diesem Raum, der – vielleicht – weiß, was Rudi Allef jetzt nottut. Und das ist Rudi Allef.«

Sie versuchte, ihn zu unterbrechen, aber er drängte weiter, verzichtete auf den Gebrauch der allzu langsamen Sprache. Statt dessen katapultierte er ganze Blöcke assoziierter Vorstellungen und Begriffe direkt in ihren Geist.

Tief in Rudis Gehirn liegt, wie bei allen Menschen, das sogenannte Körperbild – eine Art Schaltplan, den der Körper für seine größeren Reparaturen benutzt. Dahin gehe ich. Sie müssen meine Anweisungen entgegennehmen und ausführen, weil meine Hände für feine Arbeit zu ungeschickt sind. Versuchen Sie nicht, für sich selbst zu denken – lassen Sie los!

LASS!

LOS!

Und damit drang er tief hinein in Rudis aussetzenden Geist und übernahm gleichzeitig die Kontrolle über Claras Hände.

Sie wehrte sich, aber mutig versuchte sie, ihren instinktiven Widerstand zu überwinden, und innerhalb einer Minute konnte er sie dazu bringen, Rudis Schultern zu heben, so daß sie die klaffende Öffnung in seinem Bauch sehen konnten.

Der Anblick erschütterte sie so, daß Howson vorübergehend die Kontrolle verlor; er nahm sich ein paar wertvolle Sekunden, ihr Mut zu machen, und setzte dann seine Erforschung von Rudis Körperbild fort.

So viele seiner Nerven meldeten Schaden und Schmerz, daß er zuerst nicht zwischen ihnen unterscheiden konnte. Er verminderte seine Sensitivität, aber das hatte nur vage Verschwommenheit zur Folge. Er setzte sich auf einen Stuhl und wappnete sich. Dann begann er aufs neue.

Diesmal war es so, als trügen die Nerven ihre Agonie direkt zu ihm, aus seinem eigenen zerschundenen und zerrissenen Körper. Doch nichts davon durfte an Clara übertragen werden, denn es würde sie unfähig machen, ihm zu helfen. Er mußte den Schmerz in seinem eigenen Inneren bewahren und meistern . . .

Nun denn. Was zuerst? Den Blutverlust aufhalten, bevor die

Gehirntätigkeit völlig aussetzt. Etwas – Klammern? Haarklammern? Hatten Frauen nicht solche Sachen?

Clara hatte ein paar Klammern in einer Schüssel, die nur eine Armlänge von ihrer Schulter entfernt stand. Sie nahm sie und begann entschlossen, die offenen Enden der größeren Adern abzuklemmen. Die rapide Schwächung des Gehirns ließ nach, blieb dann als nicht mehr weiter reduzierbares Rieseln konstant.

Gut. Stopf die Eingeweide wieder hinein, so.

Claras Hände, blutbesudelt, ergriffen das grau-blaue, lebende Gedärm und legten es sachte an seinen Platz; schoben an eingerissenem Gekröse und beförderten es ungefähr dorthin, wo es hingehörte. Mit jeder dieser Maßnahmen ging eine Verringerung der Schmerz- und Schadensmeldungen einher, die auf Howson eintrommelten. Und als sie alle lebenswichtigen Organe wieder an ihren Platz gerückt hatte, konnte er seine Augen öffnen. Er hatte nicht gemerkt, daß sie geschlossen waren.

»Eine gewöhnliche Nähnadel und Faden«, sagte er mit belegter Stimme, und sie holte sie; auf dem Tisch, am Türgriff, überall hinterließ sie blutige Handabdrücke. »Näh die Magenwand zusammen«, dirigierte er, und sie tat es, grob nach chirurgischen Maßstäben, aber gut genug. »Jetzt die Haut selbst; jetzt wasch deine Hände, wasch die Haut, hol ein sauberes Tuch als Verband . . .«

Unerwartet flammte Rudis Geist auf, als er, für einen Augenblick, zum Bewußtsein zurückkehrte; Howson knirschte mit den Zähnen und ohrfeigte das Ego in Vergessenheit zurück. Eine ziemlich grobe Behandlung, aber andererseits hatte Rudis Persönlichkeit schon so viel Schaden gelitten, daß ein wenig mehr auch keinen großen Unterschied mehr machte.

Was zählte, war, daß der winzige Funke Leben weiterflackerte. Bis zu einer Bluttransfusion würde er aushalten; dann konnten sie den Schaden richtig reparieren. Vorerst hatte Howson alles erreicht, was er hatte erhoffen können: Überleben.

Es hatte genau fünf Minuten gedauert.

Und jetzt würde gleich die Ambulanz kommen und die Polizei, mit Fragen. Er wußte nicht, ob versuchter Selbstmord hier noch ein Verbrechen war; vage wußte er, daß sich in einigen Ländern die alte christliche Einstellung noch behauptete . . .

Clara kam zurück – sie hatte eben Nadel und Faden verstaut – und starrte auf ihre Handarbeit hinab. »Warum mußte er versuchen sich umzubringen?« sagte sie halb wütend, und Howson schüttelte den Kopf. Er fühlte sich so erschöpft, wie wenn er tausend Kilometer zu Fuß gegangen wäre, aber er durfte sich nicht von Müdigkeit überwältigen lassen.

»Er hat nicht versucht, sich selbst umzubringen«, sagte er. »Es war ein Unfall. Es war dumm, aber Selbstmord war es nicht. Ein Spaß, der ihm aus der Hand glitt.«

Sie verstand, was dahinterstand, in seinem Geist, und nickte, ohne daß er mehr hätte erklären müssen; aber erklären mußte er, als der Krankenwagen kam, und dann wieder, als die Polizei kam, und danach war er dann so erschöpft, daß er sich in den nächsten Sessel setzte und auf der Stelle einschlief.

Als er erwachte, rätselte er einige Sekunden lang, wo er sein mochte. Er lag zwischen Bettlaken auf dem Rücken, und unter seinem Kopf war ein Kissen. Aber das Bett hatte nicht jene sinnreiche leichte Krümmung, die in sein eigenes Bett in Ulan Bator eingebaut war und die so raffiniert seinen Rücken begünstigte. Außerdem, das Licht spielte auf der zu hohen Decke in der falschen Weise . . .

Er wachte vollends auf, drehte sich auf die Seite und sah, daß Clara, in eine Reisedecke gehüllt, in dem einzigen Sessel des Zimmers schlummerte.

Sie spürte sein Erwachen, und ihre Augen blinzelten, öffneten sich. Ein paar Augenblicke lang sagte sie nichts. Dann lächelte sie.

»Wie geht's denn so?« fragte sie banal. »Du hast so fest geschlafen, daß du es nicht einmal gemerkt hast, als ich dich ins Bett steckte.« – »Du hast was?«

»Dachtest du, ich würde dich auf den Boden legen?« Sie erhob sich, legte die Decke weg und streckte sich. Sie trug dieselben Kleider, die sie während der Party angehabt hatte.

»Ich hätte ohne weiteres schlafen können, wo ich war!«

»Oh, halt den Mund!« sagte sie fast ärgerlich. »Du hast dir das Bett mehr verdient als ich, bei Gott! Und außerdem will ich darüber nicht streiten. Lust auf ein Frühstück?«

Howson setzte sich auf. Er entdeckte, daß sie ihm Schuhe und Jacke ausgezogen, ansonsten aber seine Kleider angelassen hatte, und so schob er die Bettücher zurück und setzte seine Füße auf den Boden. »Tja, eigentlich – eigentlich schon.«

Sie brachte Cornflakes und Kaffee und öffnete eine Dose

Orangensaft, und sie saßen auf der Kante des ungemachten Bettes und aßen von den Knien.

»Was ich wirklich wissen möchte«, sagte sie nach einer Weile, »ist, wie es dir gelungen ist, alle mit dieser Schwindelgeschichte von einem Unfall abzuspeisen.«

Howson knurrte. »Wenn es eine Sache gibt, die einem Telepathen überzeugend gelingt, dann das Lügen. Ich könnte *ohne irgendeine* Schwierigkeit jeden durchschnittlichen Menschen überzeugen, daß um Mitternacht die Sonne scheint. Ich hätte wirklich den Leuten, die auf der Party waren, dieselbe Geschichte eintrichtern sollen, schon der Einheitlichkeit wegen, anstatt sie nach Hause zu schicken. Aber ich hatte zu große Angst, daß ihre Gegenwart mich ablenken könnte . . . Oh, was soll's? Keiner von ihnen hat tatsächlich gesehen, wie er es gemacht hat.«

Er stellte den Teller ab, von dem er gegessen hatte. »Ich hätte dich schon früher fragen sollen. Wie gefällt es dir, selbst Telepathin zu sein?«

In den grünen Augen war eine Spur von Unsicherheit. »Dann war das also ernst gemeint? Ich habe gestern abend, nachdem die Polizei gegangen war, versucht, etwas von dir zu . . . zu empfangen, und nichts ist passiert, und da dachte ich, du hättest mir einen Bären aufgebunden, um mein Selbstvertrauen zu stärken. Oder so«, schloß sie lahm.

»Du warst wahrscheinlich zu erschöpft. Natürlich habe ich ernst gemeint, was ich gesagt habe. Sag mir: Woher wußtest du, was Rudi getan hatte?«

»Na, er . . . er hat doch geschrien!«

»Er hat keinen Laut von sich gegeben. Er hätte ein echter Samurai sein können. Wenn er geschrien hätte, hätten es alle gehört. Nur du und ich wußten, was hinter der geschlossenen Küchentür passiert war, und das heißt, daß du eine rezeptive Telepathin bist. Mir war schon der Verdacht gekommen; es überrascht mich, daß du nicht selbst darüber spekuliert hast.«

Sie hörte mit dem Essen auf und zündete sich eine Zigarette an. »Oh, das ist alles so . . . verwirrend! Ich meine, ich habe Telepathen immer für – du weißt schon – für *anders* gehalten.«

»Das sind sie«, bestätigte Howson mit grimmiger Ruhe.

»Und ich wußte nicht einmal, daß es – wie nennst du sie? – rezeptive gibt.«

»Sie scheinen in der Tat ziemlich selten zu sein. Aber ich vermute, es gibt wahrscheinlich viel mehr als die, von denen wir wissen. Ich meine, einen projektiven Telepathen kann man leicht entdecken, wenn er einigermaßen stark und völlig ungeschult ist; er fällt auf wie Feueralarm. Mich . . .« – er kicherte – »haben sie von einem Satelliten aus aufgeschnappt, der achttausend Kilometer von der Erde entfernt war! Aber wie entdeckt man einen rezeptiven, wenn nicht positiv etwas geschieht, woran man ihn, oder sie, identifizieren kann?«

Er lehnte sich zurück gegen die Wand. »Wie in deinem Fall geschehen. Du bist genau im richtigen Alter; bei mir trat das Talent in Erscheinung, als ich zwanzig war, und das ist typisch. Was wirst du also tun?«

»Ich habe keine Idee.« Sie sah ziemlich verängstigt aus. »Ich habe mir noch nicht einmal überlegt, wie ich es meiner Familie sagen werde.«

»Das ist ein Problem, mit dem ich mich nie herumschlagen mußte«, gab Howson zu. »Haben sie denn Vorurteile?«

»Ich weiß nicht. Ich meine, das Thema ist sozusagen nie aufgekommen.« Ein Gedanke legte ihre Stirn in Falten. »Hör mal, was zum Teufel *machen* denn rezeptive Telepathen überhaupt? Sind sie nicht ziemlich begrenzt in der Wahl ihrer Tätigkeit?«

»Im Vergleich mit projektiven wahrscheinlich schon«, sagte Howson bedächtig. »Aber ein Telepath ist ein sehr besonderer Mensch, und die Nachfrage nach ihnen ist in keiner Weise erschöpft. Ich kann dir einige der üblichen Berufe nennen. Die meisten rezeptiven Telepathen, die ich kenne, sind psychiatrische Diagnostiker und Therapie-Wachhunde . . .«

»Sind *was*?«

Er erklärte. »Und dann gibt es Olaf Marks, den Genie-Sucher. Er liebt Kinder, also übertrugen sie ihm die Aufgabe, außergewöhnlich brillante Kinder im präverbalen Alter zu entdecken. Und dann Makerakera, von dem du vielleicht gehört hast; die UN erkennt ihn als Autorität auf dem Gebiet der Aggressionen an, und er zieht von einer potentiellen Krise zur nächsten, identifiziert Spannungen und läßt sie abbauen. Oh, mach dir keine Sorgen über begrenzte Auswahl; wir sind alle einzigartig genug, aussortieren und wählen zu können.«

Sie lachte aufgeregt. »Es ist komisch, dich ›wir‹ sagen zu hören und zu wissen, daß du mich einschließt! Trotzdem, was du sagst, ist sehr ermutigend.«

»Ich sage es nicht, um dir Mut zu machen. Ich berichte dir nur die Tatsachen. Abgesehen von allem anderen würdest du nicht glücklich sein, wenn du nicht eine Tätigkeit hättest, die dein Talent voll nutzbar macht, sobald es einmal ganz entwickelt ist. Ich will nicht behaupten, daß das Dasein eines Telepathen nicht seine eigenen Probleme hätte, weiß Gott . . .« Howson seufzte. »Du hast mich richtig beurteilt gestern abend, wie du wohl erraten haben mußt.«

»Auch . . . auch Telepathie?«

»Was meinst *du*?«

Sie stand auf und begann das Frühstücksgeschirr abzuräumen, ohne zu antworten. Nach einer Weile des Schweigens sagte sie: »Und was ist mit Rudi, Gerry? Hattest du eine Chance, herauszufinden, was ihn dazu getrieben hat?«

»Nein. Man muß lernen, nicht ins Private anderer Menschen einzudringen. Man *muß*, sonst wäre das Leben nicht lebenswert. Und während wir ihn zusammenflickten, hatte ich natürlich nicht die Zeit dazu. Du hattest viel bessere Gelegenheit, es herauszufinden.«

Sie machte eine Geste der Hilflosigkeit. »Alles, was ich erkennen konnte, war, daß er . . . nun, versuchte, eine Lüge zu leben, wie man sagt. Er tat es gut, aber . . .« Mit einer Geste vervollständigte sie die Aussage. »Gerry, was machst du überhaupt hier? Du bist doch aus Ulan Bator, nicht wahr?«

»Jetzt – ja. Aber ich bin hier geboren.«

»Besuchst du alte Bekannte?«

»Ich hab' ein paar besucht. Das war ein Reinfall. Nein, neue Bekanntschaften interessieren mich mehr als die alten. Zum Teil ist es ein Urlaub, zum Teil eine Reise der Selbstentdeckung . . . Eines Tages wirst du verstehen, was ich meine.«

Sie akzeptierte den Wink. »Also, um zu meinen eigenen Sorgen zurückzukommen, was soll ich denn nun tun?« Sie lächelte schwach.

»Offiziell solltest du zum örtlichen Hauptquartier der Weltgesundheitsorganisation gehen und die Fähigkeitstests machen. Dann schicken sie dich nach Ulan Bator oder Canberra oder vielleicht Hongkong, um dich richtig auszubilden. Aber ich würde sagen, laß dir Zeit und gewöhne dich an die Vorstellung, bevor du dich meldest.«

»Du scheinst dir sehr sicher zu sein, daß ich mich melden

werde; und doch glaube ich, wenn ich dich bitten würde, niemandem etwas von mir zu sagen, wärest du einverstanden.«

»Natürlich. Nur, daß du dich nach einer Weile über deine eigene Ungeschicklichkeit ärgern wirst. Es wird vieles geben, womit du nicht zurechtkommst, und das wird dich frustrieren. Und eines Tages wirst du sagen ›Ach, zum Teufel‹ und um richtige Schulung bitten. Weißt du, es waren keineswegs Telepathen, die die Techniken entwickelt haben; ganz gewöhnliche Psychologen waren es, die genausowenig einen Eindruck projizieren konnten wie mit dem Fahrrad zum Mond fahren. Und jetzt möchte ich dich bitten, etwas für mich zu erledigen. Rufe die Klinik an, in die sie Rudi gebracht haben – es ist das Zentralkrankenhaus. Er ist wahrscheinlich noch unter Betäubung. Frage, ob wir – entschuldige. Hast du heute morgen etwas vor?«

Sie schüttelte den Kopf.

»Dann frage, ob wir, wenn du mitkommen willst, ihn besuchen können. Sage ihnen, daß ich Gerald Howson, Psi. D., aus Ulan Bator bin. Sie werden sich alle Beine ausreißen, damit ich komme.«

»Warum dann erst noch anrufen?«

Howson sah ihr fest in die Augen. »Ich möchte, daß sie genug Zeit haben, um herauszufinden, daß ich ein hinkender Zwerg bin und kein kraftstrotzender Supermann«, sagte er ruhig. »So tut es mir weniger weh.«

Clara biß sich auf die Lippe. »Das war taktlos von mir«, sagte sie.

»Ja«, sagte Howson und stand auf. »Ich wasch' mich etwas, während du anrufst.«

27

Rudi Allef lag in seinem Krankenhausbett; eine Hängevorrichtung sorgte dafür, daß die Bettdecke nicht auf seinem verletzten Unterleib auflag. Er war nicht bewußtlos, aber sein Bewußtsein war hauptsächlich von Schmerz ausgefüllt. Die Betäubungsmittel, die man ihm gegeben hatte, hatten den Schmerz auf ein rasenden Kopfschmerzen vergleichbares Ausmaß herabgedrückt und ermöglichten es ihm während kurzer Perioden, davon abzusehen und zusammenhängend zu denken; die meiste Zeit schien das jedoch einfach der Mühe nicht wert zu sein.

Als Howson bei ihm eintrat, lag er reglos, und seine Augen waren fest geschlossen.

Atmosphäre und Erscheinungsbild dieses Krankenhauses erinnerten sehr an das, woran er in Ulan Bator gewöhnt war, fand Howson. Was ihn immer wieder daran erinnerte, daß er in Wirklichkeit hier fremd war, war die ostentative Ehrerbietung, mit der er als Psi. D., Ulan Bator, behandelt wurde. Ungefähr die Hälfte des Stabes hatte versucht, ihn in Rudis Zimmer zu begleiten, aber er hatte zum ersten Mal seit langem eine Zornesanwandlung erkennen lassen und sich geweigert, jemand anders mitzunehmen als die Chirurgin, die Rudi operiert hatte, und die Oberschwester der Station. Und Clara natürlich.

Er sah, daß sie sich nicht wohl fühlte. Nun, da sie sich ihrer Gabe bewußt war, war sie empfänglicher für die Eindrücke, die sie ihr brachte, und sie hatte noch nicht gelernt, in einer Klinik sich auf die Unterströmung der heilenden Kräfte unter den stets gegenwärtigen Schmerz-Wahrnehmungen zu konzentrieren. In Erinnerung an seine eigenen Anfänge lieh er ihr mit seinem Geist Selbstvertrauen.

Sie betraten die Station. Schutzwände umstellten das Bett, in dem Rudi lag; ein Gummischlauch war an seinen Arm geklebt; die letzte von mehreren Transfusionen, die seinen Blutverlust wettmachen sollten, endeten gerade.

Die Schwester schob die Schirme auseinander, ließ die Besucher durch und zog sie wieder zu. Ein Stuhl stand für Howson neben dem Bett; mühsam, weil der Stuhl von normaler Größe war, kletterte er hinauf und spähte in Rudis Geist.

Unterdessen sprach er, Worte benützend, mit der Chirurgin: »Wie war sein Zustand, als Sie operierten?«

»Schlimm«, sagte die Ärztin, eine Frau um die Vierzig mit kerzengerader Haltung. »Ohne Ihre Erste Hilfe wäre er jetzt tot. Ich hätte es nicht besser machen können, Dr. Howson – aber ich wußte nicht, daß Heiltelepathen die ganze ärztliche Grundausbildung durchmachen.«

»Habe ich auch nicht«, antwortete Howson. Und wiederholte: »Ich habe höchstens mir selbst mal einen Finger verbunden.«

Er konnte spüren, wie sich Ressentiment in ihr verhärtete, als die Worte einsanken; es besagte: »Dieser kleine Krüppel besitzt nicht nur höhere Kräfte; er kann ohne Ausbildung meine Arbeit tun, ohne Mühe, und mit seinem Erfolg angeben . . .«

»Das ist schwerlich ein fairer Gedanke«, sagte Howson milde.

»Tut mir leid, aber das ist es nicht!«

Clara, die erstaunt zugehört hatte, schaltete sich unerwartet ein. »Sie hätten sehen sollen, was es von ihm verlangt hat! Die Schmerzen, die er . . .«

Clara! Die gedankliche Warnung schnitt ihre hastigen Worte ab.

»In Ordnung«, sagte er laut. »Darf ich um Ruhe bitten?«

Rudi . . .

Fast unmerklich regte sich die Gestalt auf dem Bett. Das war die einzige sichtbare Spur seiner Reaktion. Aber im Innern seines Kopfes antwortete er.

Was willst du? Was mischst du Scheißkerl dich ein?

Ich habe dein Leben gerettet, Rudi.

Wozu? Für solche Schmerzen? Dazu hast du mich verurteilt, als du dich eingemischt und mein Vorhaben verhindert hast.

Howson holte tief Luft. Zuvor hatte er Clara gesagt, daß ein projektiver Telepath überzeugend lügen könne; nun sammelte er all seine Kräfte, um den dazugehörigen Satz zu beweisen – daß er überzeugend die Wahrheit sagen konnte.

Ich weiß, Rudi. Ich kann diesen Schmerz so deutlich spüren wie du, erinnerst du dich? Mir ist vollkommen klar, was ich dir angetan habe. Jetzt muß ich dir etwas zum Ausgleich geben: Glück oder Befriedigung, was immer du willst, das ich dir geben kann. Was würde sonst mein Gewissen mit mir machen?

Der ganze Geist war daran beteiligt. Hinter der verbalisierten Projektion schob Howson geschmeidig, automatisch eine Spiegelung von Rudis Leiden her, wie es sich in seinem eigenen Geist anfühlte, von seiner eigenen Persönlichkeit gestempelt.

Ein schwächlicher Funke von Unglauben: *Aber ich bin doch ein Niemand für dich. Wir sind Fremde, und heute hätten uns schon wieder tausend Kilometer trennen können.*

Kein Mensch ist für einen von uns ein Niemand. Und hinter diesen Worten, weil es zu komplex war, in Worte gefaßt zu werden, rief Howson sich – und Rudi – in volles Bewußtsein, was gewöhnlich so sehr ein Teil von ihm selbst war, daß er keinen Gedanken mehr darauf wandte – die teilhabende Daseinsweise eines Telepathen: Not, Hunger und Sehnsucht, die allesamt Not, Hunger und Sehnsucht des gewöhnlichen Menschen waren, aber millionenfach multipliziert: wie in einer Halle von Spiegeln, die sich ineinander spiegeln und spiegeln bis ins Unendliche.

Deshalb wurden Telepathen Friedensstifter oder Psychiater, Heiltelepathen, Schlichter – immer den Menschen helfend, glücklicher, besser dran oder erfüllter zu sein. Deshalb auch hatte er dem taubstummen Mädchen, das er nun als Mary Williams wiedergesehen hatte, so gerne glanzvolle telepathische Geschichten erzählt, und deshalb war er so bitter enttäuscht gewesen, als er erfuhr, daß das Vergnügen sich in ein Danaergeschenk verwandelt hatte.

Und deshalb auch (obwohl gewöhnliche Menschen der Behauptung stets mißtrauten, wenn ihnen nicht von jemandem wie Howson ihre Wahrheit gezeigt worden war) hatte es nie einen Telepathen gegeben, der antisozial war, der ein großer Verbrecher oder Führer einer Armee wurde. Kein Telepath konnte an Chaka Zulus Stelle stehen und seinen Horden befehlen, einen Sommer lang der Richtung zu folgen, in der er seinen Speer warf, und auf dem Wege alles zu verwüsten; kein Telepath konnte seine Mitmenschen in Gaskammern schicken oder sie in atomarem Krieg vernichten. Sie waren zu menschlich, um jegliches Verlangen nach Macht von sich geworfen zu haben, aber wenn sie sie genießen wollten, mußten sie in die Isolation des Wahnsinns gehen; in der wirklichen Welt litten sie den Schmerz ihrer Opfer und konnten sich an Grausamkeit nicht ergötzen.

Es war die nackte Wahrheit.

Rudis Augenlider zuckten und öffneten sich, und er blickte in das idiotische Gesicht, das den gewaltigen Geist maskierte. Am Abend zuvor, als sie sich kennengelernt hatten, hatte er die konventionelle Reaktion auf Howsons niedrigen Wuchs, seine Verformung, sein unansehnliches Äußeres negiert – aber weil er aus Prinzip die Konventionen negierte, die die Reaktionen verlangten. Zur Hälfte war er Jude; sein Volk war vielleicht mit einem Erbe an Vorurteilen ausgestattet, das für die Ewigkeit reichte – allesamt gegen es gerichtet. So hätte er sich, analog, eher die Zunge abgebissen, als einen Neger zu beleidigen. Millionen Menschen dachten ähnlich; nur lernten die meisten von ihnen, wenn sie es versäumten, die Logik des Vorurteils zu erlernen, doch die Logik des eigenen Interesses und paßten sich deshalb an. Rudi nicht.

Er ergab sich jetzt dem Druck des Schmerzes; es war leicht, in den Nebel der Verzweiflung zurückzuschlüpfen. Für Howson war es sehr schwer, ihm zu folgen, aber es mußte geleistet werden – er hatte es oft schon getan.

Warum hast du es getan, Rudi?

Ein komplexes Bild der Unzufriedenheit mit der Arbeit, die er hatte tun wollen; mit der Aufnahme, die sie gefunden hatte; mit der Unfähigkeit anderer Menschen, zu begreifen, was er tat. Dazu: Geldschwierigkeiten wegen der Streichung seines Stipendiums; emotionale Probleme im persönlichen Bereich – er brauchte die Zuneigung und Anerkennung einer Frau, irgendeiner Frau, die seine Bedürfnisse verstand; er war gutaussehend und charmant, aber das war nicht genug, ihm die richtige Partnerin zu sichern. Er hatte viele ausprobiert, und die letzte war grausam gewesen. Und die Maske, die er aufgesetzt hatte, um sich gegen den zudringlichen Blick der Welt zu schützen, war sein Verderben gewesen; Menschen, die sie nicht durchschauen konnten und daher keine Ahnung von dem Tumult des Kummers in seinem Hirn hatten, waren taktlos, lieblos gewesen, hatten, ohne es zu merken, immer wieder alte Wunden aufgerissen.

Aber Howson konnte durch die Maske hindurchsehen und würde deshalb nicht taktlos und lieblos sein; er verstand Rudis Bedürfnisse und konnte ihm raten und helfen. Mit einer ungeduldigen geistigen Geste tat er Oberflächliches ab, wie etwa das Geldproblem, und steuerte geradewegs auf den Faktor zu, der bei Rudis ganzer Rechenschaftsabgabe über die Gründe seines Selbstmordversuchs im Vordergrund gestanden hatte: seine Arbeit.

Was für eine Arbeit ist das?

Chaos und Kämpfe. Hinter allem, sehr tief, ein Bedürfnis, zu schaffen und hervorzubringen. Howson fand es erstaunlich weiblich, sehr ähnlich einem gewissen Verlangen, das er aus dem Unterbewußtsein unglücklicher alleinstehender Frauen kannte. Daher rührten verschiedene Konsequenzen; er sah sie alle zugleich, mußte sie aber nacheinander verbalisieren.

Wiewohl weiblich, war dieser Impuls doch auch allgemein menschlich. Er hatte Begleiterscheinungen, die er jetzt lediglich registrierte und für spätere Bezugnahme vormerkte – wie zum Beispiel den Grund, warum Rudis Kreativität ihn in Todesängste versetzte (tief in seinem Unterbewußtsein sah er Schaffen als Gebären, und das ist schmerzlich), und den Grund, warum er

Selbstmord durch Harakiri versucht hatte (es repräsentierte im Bezugssystem seines Geistes einen Kaiserschnitt).

Aber Rudis Unterbewußtsein konnte dem nachforschenden Geist nur verraten, warum er schaffen mußte; die Natur der schöpferischen Tätigkeit und die Art und Weise, wie das Bewußtsein damit umging, verriet es nicht. Howson zog sich zurück, benommen für einen Moment, als er entdeckte, wie verkrampft und steif sein eigener Körper war. Kaum verwunderlich; dieser Stuhl war ein kümmerlicher Ersatz für die Spezialliege, auf der er normalerweise arbeitete. Aber, egal.

»Die Schmerzen sind zu stark«, sagte er knapp der Chirurgin. »Kann man riskieren, seine Magenwand örtlich zu betäuben?«

Dann zentrierte er seinen physischen Gesichtssinn und entdeckte, daß die Schwester die Bettdecke schon zurückgeschlagen hatte und eine Injektion vorbereitete. Entgeistert starrte er sie an. Dann kam ihm eine Vermutung, und er wandte sich zu Clara um, die mit weißem Gesicht, ihre Hände an das Bettgestell geklammert, am Fußende des Bettes stand.

Sie las seine Frage, bevor er sie aussprechen konnte, und nickte. »Du hast mir von den Therapie-Wachhunden erzählt. Und da habe ich . . . äh . . . schon dafür gesorgt, daß er die Narkose bekommt.«

Howson spürte eine Woge von Anerkennung und Dankbarkeit in sich hochsteigen; er stutzte sie nicht zurecht, sondern projizierte sie, wie sie kam, und Clara wurde rot vor Verlegenheit.

Wie fühlst du dich?

Oh, Gerry – es ist fantastisch, aber irgendwie ist es auch absolut erschreckend!

Howson zögerte. Dann, als beichte er ein schwerwiegendes Fehlurteil, sagte er in Worten: »Weißt du, vielleicht habe ich mich heute morgen geirrt. Vielleicht muß dir gar niemand zeigen, wie du deine Gabe richtig zu benutzen hast.«

Schwester und Chirurgin tauschten angesichts dieser unvermittelten Bemerkung befremdete Blicke aus.

»Aber . . .« – Clara schien nicht minder verblüfft – »aber *du* zeigst es mir! Du zeigst es mir die ganze Zeit!«

Howson sann noch darüber nach, als die Schwester behutsam Rudis bandagierten Bauch berührte. Er zuckte nicht zusammen. »Die örtliche wirkt, Dr. Howson«, sagte sie ruhig.

»Gut.« Mit einer Anstrengung kehrte Howson zur anstehenden Arbeit zurück.

Rudi!

Ja? Eine reine, bewußte Frage, vermischt mit Zustimmung und der Bereitschaft, mitzuarbeiten, nun, da er die Macht des Telepathen gespürt hatte.

Und Howson ging daran, Klarheit und Ordnung in etwas zu finden, was Rudi selbst nicht klar war.

Aus diesem fundamentalen schöpferischen Drang entsprang sein Ungenügen an Dichtung, Malerei, Bildhauerei oder irgendeinem anderen Medium, das den Schöpfer von seinem Publikum trennt. Rudi würde nie damit zufrieden sein können, etwas hervorzubringen und es anderen Menschen, anderswo, zu überlassen, es zu genießen. Anerkennung nährte und erneuerte seinen Schaffensdrang, so wie ein Schauspieler bei einem ›guten Publikum‹ auflebt und neue interpretatorische Höhen erklimmt.

Schauspielerei wiederum kam für Rudi auch nicht in Frage, weil sie eine *interpretierende* Kunst war. Wie auch Ballett; wie fast jede andere Kunstform, in der es den direkten Kontakt mit dem Publikum gab, den Rudi ersehnte – obwohl er ein erstklassiger Debattierer gewesen war, der glanzvolle Stegreifreden hervorzaubern konnte (Howson mußte ein Dutzend solcher Modifikationen und Erklärungen durchsieben, bevor er klar sah, was Rudi im Sinn hatte.)

Im Grunde jedoch war es die Musik, die ihn am meisten anzog. Und . . . Und schon fand sich Howson auf der Höhe eines schwindelerregenden Abhangs, verlor den Halt und sauste kopfüber, rollend und rutschend, hinein in einen ungeheuren, weglosen Dschungel ineinander verzahnter Sinneserlebnisse.

Rudi Allefs Geist war fast so weit vom gewöhnlichen entfernt wie Howsons eigener, aber in einer anderen Richtung. Irgendwie verwiesen Rudis Sinneswahrnehmungen alle kreuz und quer aufeinander und bildeten einen unendlich vielschichtigen Assoziationszusammenhang. Howson hatte Geister mit gewissen audiovisionellen Fähigkeiten kennengelernt – Menschen, die, wenn sie

Musik hörten, automatisch Farben oder Bilder assoziierten –, aber im Vergleich mit dem, was in Rudis Geist vor sich ging, war das naiv und stümperhaft gewesen.

(Einmal, vor langer Zeit, hatte er eine verblichene Kopie von Disneys *Fantasia* gesehen; der Film hatte ihm gefallen, und er hatte gewünscht, es gäbe mehr Versuche, Klang und Bild in ähnlicher Weise zu kombinieren. Nun entdeckte er, was diese Kombination auf höchster Ebene sein konnte.)

Wie ein Schwimmer in einem reißenden Fluß suchte Howson verzweifelt nach festem Halt in diesem brausenden Strom der Erinnerung. Bilder erschienen: eine Stimme / Samt / Katzenpfoten, kratzend / Purpur / reife Frucht – eine Schiffsirene / Nebel / Stahl / Geld-Grau / Kälte / Ausgesetztsein / ein Gefühl von Verlust und Leere – ein C-Dur-Akkord auf einem Klavier / Kindheit / Holz / Schwarz und Weiß, von hellem Gold überzogen / Haß / etwas, das brennt / Druck auf der Stirn / Scham / Steifheit in den Handgelenken / Flüssiges / Rundes . . .

Diese Sequenz war schier unendlich. Howson zog sich ein wenig zurück und versuchte es aufs neue.

Er schritt durch einen Wald von Farnen, dreißig Meter hoch; riesige Tiere kauten an Farnwedeln; er war ziemlich müde, so als sei er eines langen Weges gekommen, und die Sonne war extrem heiß. Er kam an einen blauen Fluß und wurde zu einer Eisscholle, die auf milder Strömung schaukelte und langsam ins umgebende Wasser schmolz. Er – das Wasser stürzte über eine Steilwand; der Schmerz, im langen Fall auf Stein um Stein zu schlagen, war irgendwie befriedigend und erfüllend, weil er doch auch danebenstand und das weiße Sprühen beobachtete, während er hinabfloß; und eine Festigkeit löste sich auf, während das Wasser die darunterliegenden Felsen erodierte und sich die Gischt in alle Richtungen versprühte und hinausfloß in Weite und Schwärze; und tief drunten ein Gefühl von Wärme und Röte, nicht gesehen, sondern imaginiert (Infrarot?), als wäre er auf einer luftlosen Welt mit einer roten Sonne, einer gigantischen roten Sonne, die über den Horizont kroch und sich verwandelte in etwas Fauchendes und Vierbeiniges auf einer endlosen schwarzen Ebene, die nur ein paar Meter maß und um die herum Riesen sorglos ihr Wesen trieben, mit Baß-Schritten und Baß-Stimmen . . .

Nur – daß er die ganze Zeit einem Orchester lauschte.

Howson fühlte sich sehr müde. Jemand schlug mit einem

Handtuch, das in Eiswasser getaucht worden war, zart gegen seine Wangen. Er öffnete die Augen und merkte, daß er noch auf dem Stuhl neben Rudis Bett saß.

»Ist alles in Ordnung?« fragte Clara besorgt und schaute der Schwester, die Howson mit dem feuchten Handtuch abtupfte, über die Schulter. »Du – du hattest Angst . . .?«

»Wie lang war ich weg?« fragte Howson mit belegter Stimme.

»Fast drei Stunden«, sagte die Chirurgin mit einem Blick auf die Uhr.

»Weniger, als ich dachte; trotzdem, es war richtig, mich zurückzuholen.« Wacklig kam Howson auf die Beine und machte ein paar Schritte, um den Tanz stechender Nadeln in seinen Beinen zu vertreiben. Er blickte Clara an.

Was hältst du davon?

Ich weiß nicht recht . . . Viel Angst war im Spiel.

Deine eigene. Howson runzelte die Stirn. Etwas wollte sich nicht deutlich ins Bewußtsein heben lassen – etwas, das er im Chaos von Rudis geistiger Bilderwelt halb erahnt hatte. Nun, es war nicht gut, die Sache überstürzen zu wollen. Laut sprach er mit der Chirurgin.

»Danke, daß Sie mich ihn untersuchen haben lassen. Ich hoffe, ich habe ihn nicht überanstrengt. Würden Sie bitte prüfen, wie er es überstanden hat, und mir sagen, wie bald er reguläre Therapie verkraften kann?«

»Haben Sie vor, ihn hier zu behandeln?« fragte die Chirurgin. Sie wußte nicht, ob sie sich geschmeichelt fühlen sollte, weil ein Heiltelepath von solchem Rang und Ruf hier arbeiten wollte, oder sich ärgern über das Eindringen eines Außenseiters. Eitelkeit siegte; sachte sorgte Howson dafür.

Zügig und gründlich untersuchte sie Rudi. »Puls kräftig; Blutdruck nicht allzu schlimm; Atmung gleichmäßig . . .« Sie schob ein Augenlied zurück und leuchtete mit einem Lämpchen in die Pupille. »Ja, Dr. Howson, er scheint es gut verkraftet zu haben. In . . . nun, einer Woche bis zehn Tagen wird er stark genug für Sie sein.«

Howson unterdrückte seine Enttäuschung. Sobald wie möglich wollte er Rudis faszinierenden Geist in Angriff nehmen. Wie konnte er sich eine ganze Woche lang gedulden, nachdem er einen Blick auf die Kostbarkeiten in seiner geistigen Schatzkammer geworfen hatte? Nun, das mußte sich weisen.

Er und Clara fanden ein Restaurant in der Nähe des Krankenhauses und saßen lang bei einem Mahl und mehreren Tassen Kaffee, während er seine Erinnerungen an Rudis Geist sortierte und ordnete, auf daß sie sie besichtigen konnte. Aber die ausgedehnte Belastung trübte allmählich ihre Wahrnehmung, und so griffen sie schließlich zu Worten.

»Armer Rudi«, sagte Clara und rührte geistesabwesend die Leere in ihrer Kaffeetasse um. »Kein Wunder, daß er so frustriert war . . . Wie kann er je hoffen, sich einem Publikum verständlich zu machen?«

»Oh, er weiß genau, daß niemand anders Eindrücke genauso miteinander assoziiert wie er. In gewisser Weise ist ein Telepath das einzig ideale Publikum für ihn. Aber er wäre schon damit zufrieden, wenn er ein annäherndes gegenständliches Abbild seiner geistigen Bilder schaffen könnte, zu dem sein Publikum dann seine eigenen Assoziationen hinzufügen könnte. Er kann sich nur nicht mit der Tatsache abfinden, daß niemand begreift, was ihm vorschwebt, weil praktisch niemand anders geistige Querverbindungen in so grandiosen Dimensionen herstellen kann.«

»Und du bist der erste, der ihn begreift?« fragte Clara.

»Es scheint so. Betrachten wir uns die Sache konkret. Du hast seinen Zusammenstoß mit der Universität erwähnt. Ich nehme an, er beschäftigte sich mit experimenteller Komposition, aber anders, als die akademischen Herren erwartet haben. Ja?«

Clara nickte. »Zum Teil war es wirklich wild! Aber das hätten sie vielleicht noch hingenommen. Die Hauptschwierigkeiten begannen, als er sich Jay Horne zu Hilfe holte. Er fing an, sagten sie, Jays eigene Arbeit zu behindern, die weitaus zugänglicher ist, und sie warnten ihn, er solle Jay nicht so viel Zeit stehlen. Das löste den Krach aus und führte zu der Streichung seines Stipendiums. So hat es mir wenigstens Charma erzählt; ich kenne sie länger als Jay.«

»Ich verstehe. Die Sache läuft also ungefähr so: Rudi produziert eine experimentelle Musik, deren Logik die seiner eigenen Assoziation ist und nicht die der orchestralen Klänge. Selbst minimales Verständnis auf seiten der Hörer würde ihm schon genügen; sein Publikum hört aber die Klänge nur um ihrer selbst willen und mißversteht so das Wesen des Werkes. Seine Hoffnungen schwinden. Er wird immer hilfloser, obwohl er die Reichweite der Assoziationen, auf die er seine Musik gründet, bewußt einschränkt; und in dem Maße, wie er sich dem Konventionellen nähert, fühlt er mehr und mehr, daß er verrät, was er schaffen will – schaffen muß, besser gesagt.

Wenn er sich an Jay wendet, so deshalb, weil er sich auf das absolute Minimum des Erhofften beschränkt. Er verwirft alle anderen sensorischen Querbeziehungen, wie er sie selbst erlebt, und sagt sich, besser schlichte Bilder von Bewegung und Farbe vermitteln als gar nichts. Richtig? Ich habe keinen sehr klaren Eindruck von Jays Arbeit; aber so, wie Rudi sie mir beschrieben hat, scheint er nicht allzuviel davon zu halten.«

»Doch, er schätzt sie sehr hoch ein. Aber von Jay selbst hält er nicht allzuviel, und das ist ein Unterschied.«

»Hmmm!« Howson rieb sich das Kinn. »Aber die Schwierigkeit, auf die man immer stößt, wenn man versucht, musikalische und visuelle Eindrücke zu integrieren, ist die, daß die Maschinerie teuer, kompliziert und im allgemeinen unzulänglich ist. Eigentlich braucht man ein Instrument, das einfach und vielseitig ist wie ein Klavier und das die Möglichkeiten einer Farborgel mit denen eines unbegrenzten Filmarchivs verbindet.«

Clara starrte ihn an. »Weißt du, daß das fast die gleichen Worte sind, die Charma einmal mir gegenüber gebraucht hat, als es zwischen Rudi und Jay knisterte?«

»Das ist nicht verwunderlich. Wahrscheinlich waren das die Worte, die Rudi selbst benutzt hat.« Howson starrte ins Leere. »Clara, komm, wir wollen die Hornes besuchen. Es gibt einiges, was ich gern wissen möchte, bevor ich Rudi irgendeiner Therapie unterziehe.«

»Du sagtest doch«, erinnerte Clara ihn zaghaft, »du wärest auf Urlaub?«

»Ein Mann in der Klinik von Ulan Bator hat mich gefragt, warum ich mein Talent nicht zu meiner eigenen Befriedigung gebrauche«, sagte Howson mit einer Spur von Bitterkeit. »Und das habe ich nun vor. Ich kann nicht leugnen, daß ich mich darauf freue, Rudi Allef mir für alles danken zu hören, was ich für ihn getan habe. Nur muß ich zuerst etwas finden, das ich für *ihn* tun kann. Gehen wir!«

29

Jay und Charma lebten in einer Zwei-Zimmer-Wohnung im obersten Stock eines alten Hauses unweit der Grand Avenue. Die Luft war voller Staub von den Abbrucharbeiten, die in der Nähe im Gange waren. Als die Besucher ankamen, mühte sich Charma gerade, die vom Staub verursachte zusätzliche Hausarbeit zu bewältigen: unter einem Sperrfeuer wütender Beschwerden seitens Jay, der sein kostbares Gerät in Gefahr sah. Howson und Clara wechselten Blicke; sie konnten die gereizte Stimmung schon vor der Tür spüren.

Trotzdem klopften sie an und wurden eingelassen, und als Charma ein paar Stühle von ihren Lasten befreit und eine Kanne Kaffee aus der wüst aussehenden Küchenecke hervorgezaubert hatte, entdeckte Howson eine Harmonie zwischen den beiden, die unter ihrer ständigen oberflächlichen Zwietracht lag und sie trug. Er war einigermaßen befremdet, aber offensichtlich funktionierte das Arrangement.

Er unterdrückte den Wunsch, tiefer nachzuforschen, und erklärte die Absicht ihres Besuches. Erst als er schon fast fertig war, fiel ihm ein, daß weder Jay noch Charma wußten, wer er wirklich war. Gespannt, wie sie reagieren würden, sagte er es ihnen.

»Das is'n Ding!« sagte Jay, und seine sanften blauen Augen rundeten sich vor Erstaunen. »Da soll einer nicht an Schutzengel glauben! Wenn ich mir vorstelle, wo der arme alte Rudi jetzt ohne Sie wäre! Danke, Dr. Howson. Ich glaube, er war es wert, gerettet zu werden. Er hat Großes in sich – auch wenn er mir auf die Nerven geht.«

»Nennen Sie mich Gerry«, sagte Howson, unendlich erleichtert über Jays Reaktion. »Nun, jedenfalls bin ich in der Hoffnung hergekommen, etwas über Ihre und Rudis gemeinsame Arbeit herauszufinden.«

»Das ist kein Problem. Charma, Schätzchen, mach doch bitte mal das Klavier frei und hol die Sache raus, die wir uns gestern angeschaut haben. Ich schalte die Apparate ein.«

Auf der einen Seite des kleinen, vollgestopften Zimmers stand ein abgegriffenes Klavier; Howson hatte es unter dem Wirrwarr elektrischer und anderer Vorrichtungen, die es bedeckten und daran herunterhingen, nicht bemerkt. Als Charma es freigemacht hatte, sah er, daß es kein ganz gewöhnliches Klavier war: es besaß zwei zusätzliche Tastaturen, deren eine einen Orgel-Simulator bediente und deren andere eine Batterie von Klebestreifen kontrollierte.

»Das ist für besondere Effekte«, erklärte Jay, während er von Stelle zu Stelle durch das Zimmer ging und Schalter bediente. »Bei Rudi muß immer alles ganz genau stimmen, sonst ist der Teufel los. Und hier ist mein eigenes Lieblingsspielzeug.« Er nahm den hölzernen Deckel von einer Glaskiste, die einem Aquarium glich und auf deren Boden eine lumineszierende Flüssigkeit schwach funkelte. Eine Reihe farbiger Glühbirnen leuchtete an jeder Innenwand des Tanks hinunter.

»Verdunkelung«, sagte Jay und nahm an einem elektrischen Kontrollpult Platz. Charma zog die Vorhänge vor das Fenster, und es wurde dunkel, bei dem unheimlichen grünen Schein der Leuchtflüssigkeit sah Howson, wie sie sich ans Klavier setzte.

»Beobachten Sie den Tank«, sagte Jay knapp. »OK, Schatz – eins, zwei drei.«

Eine Folge unregelmäßiger Intervalle auf der Klaviatur, dann anschwellendes Glockengeläut, von einer der Spezialtasten ausgelöst, und Formen entstanden im Glastank: vielfarbig, vage und beliebig auf die Musik antwortend. Innerhalb weniger Sekunden wurden sie präzise, und harte, eckige Formen folgten harten, eckigen Akkorden.

Aufmerksam zuschauend, meinte Howson, eine seichte, verzerrte Nachahmung gewisser Dinge zu entdecken, die er in Rudis Geist gesehen hatte; aber wie primitiv im Vergleich mit den kraftvollen, weitreichenden Flügeln der Assoziation dort!

Die Musik hörte auf. »Weiter sind wir damit noch nicht gekommen«, sagte Jay kühl. »Zieh die Vorhänge auf, sei so lieb.«

Und als Charma das Licht hereinließ, sah er Howson an. Fragend hob er eine Augenbraue.

»Es ist raffiniert«, sagte Howson. »Aber für ein wirklich ehrgeiziges Projekt ist es viel zu . . . äh . . . begrenzt.«

Jay sah entzückt aus. »Genau das, was ich dauernd sage. Ich habe fast alles gemacht, worum Rudi mich gebeten hat, weil er ein echter schaffender Künstler ist, und ich bin ein Bastler, sonst nichts. Aber er hat verdammt viel von meiner Zeit in Anspruch genommen, und unsere Zusammenarbeit war wohl nicht sehr glücklich. Wenn Sie ins andere Zimmer kommen wollen, zeige ich Ihnen, was ich selbst mache.«

Im anderen Zimmer waren Dutzende der gläsernen Tanks auf Regalen aufgereiht, einige verstaubt, alle dunkel und wenig anziehend. Jay ging zu einem elektrischen Steckeranschluß und schloß ein Kabel an.

»Mein ›feuchtes Feuerwerk‹, wie mein geliebtes Weib es nennen zu müssen glaubt«, murmelte er. »Passen Sie auf – hier ist mein letztes.«

Er verband das Kabel mit einer Steckdose unter einem der größeren Tanks. Ein schwaches Licht leuchtete auf; nach einer Pause wurde es heller, und eine Schar opalisierender Blasen begann in Zickzackformation durch den Tank zu wandern. Strahlen von Grün, Gelb und Blau zogen in unregelmäßigen Folgen hindurch und krümmten und verschlangen sich anmutig; dann flammte aus einem Punkt ein leuchtend rotes Quadrat auf, wuchs, bis es fast die Frontseite des Tanks ausfüllte. Es erlosch, und der graziöse Strahlentanz ging weiter.

»Es wiederholt sich nie«, sagte Jay nachdenklich. »Es ist wie ein Kaleidoskop – ja, ich glaube, dem ähnelt es am meisten.«

»Es ist viel wirkungsvoller als das, was Sie mit Rudi gemacht haben. Aber es hat weniger Dimensionen. Keine Musik.«

Jay schloß einen weiteren Tank an; dieser war dunkler – dunkles Rot, Mitternachtsblau und Purpur, in das schweres Gold und seltene weiße Blitze hineinschossen. Seine Augen darauf geheftet, nickte er. »Aber das ist es, was ich will«, sagte er. »Mir geht es um etwas ganz Einfaches: ich möchte einfach Bewegung und Farbe in einer . . . nun, einer schönen Verbindung präsentieren. Oder einer häßlichen, was das angeht. Wie hier!« Er drückte einen Schalter, und ein dritter Tank leuchtete auf – stockende Bewegung, jähe Farbwechsel, fade Muster lösten sich in schmutziges Braun und kränkliches Olivgrau auf.

»Aber sehen Sie«, fuhr er fort, »*ich* weiß, was ich will. Manchmal habe ich den Eindruck gehabt, Rudi weiß es nicht. Ich meine, oft genug habe ich seine Anweisungen bis aufs i-Tüpfelchen ausgeführt, habe Stunden an einen einzigen Effekt hingearbeitet, und dann muß ich erleben, wie er in die Luft geht, weil ihm doch etwas ganz anderes vorschwebte.«

»Das wundert mich nicht«, sagte Howson sinnend. »Rudis sensorische Eindrücke sind so ineinander verzahnt, daß ich zweifle, ob er überhaupt etwas schlicht und einfach visualisieren kann. Er hört einen Akkord auf deinem Klavier und verknüpft ihn sofort mit . . . oh, sagen wir, dem Geschmack und der Textur einer Scheibe Brot, der Farbe eines Gewitterhimmels, dem Geruch fauligen Wassers und dazu noch mit einem Gefühl von ängstlicher Erregung und einem Prickeln im linken Arm. Und all das verschränkt sich mit weiteren Vorstellungen. Resultat – Chaos! Wahrscheinlich kann er die verschiedenen Einzelheiten gar nicht aussondern; er kann die Farbe des Himmels nicht von der Farbe des grünlichen Schleims auf dem Wasser oder der Farbe des Brotes trennen. Für ihn sind sie alle ineinander. Aber niemand anders kann sie gleichzeitig aufnehmen und die gleichen Assoziationen herstellen, die er hat.«

»Außer dir«, sagte Clara.

»Ja«, stimmte Howson zu, und seine Augen ruhten auf ihr. »Außer mir. Oder einem anderen Telepathen . . . Jay, was für Möglichkeiten liegen in der Apparatur, die wir vorhin gesehen haben?«

»Die ist so gut wie unerschöpflich, abgesehen von der Begrenzung, die von der Geschwindigkeit der Reaktion gesetzt wird – und der Kleinheit des Ganzen natürlich. Wir arbeiten, mit Unterbrechungen, seit fast einem Jahr daran. Im Moment ist sie für ein besonderes Stück programmiert, aber sie kann auch von Hand gesteuert werden.«

»Verstehe. Gut. Darf ich eine Weile nachdenken, ja?« Howson stützte seinen Ellbogen auf ein leeres Regal und schloß die Augen; er wußte wohl, daß Jay und Charma annehmen würden, er dächte für sich selbst nach. Jedoch . . .

Clara! Willst du mir etwas verraten? Wie kam es, daß du dich so für Rudi interessiert hast, wenn du ihn doch kaum kanntest?

Aber . . . Ein Gefühl von Verlegenheit und Unsicherheit. *Ich nehme an, er tat mir leid . . .?*

Sei ehrlich. Da ist mehr im Spiel, nicht wahr? Du findest ihn attraktiv, nicht wahr?

J-ja . . .

In der Tat, du würdest ihn sehr gerne viel besser kennen. Und die Idee, daß du dich schließlich in ihn verlieben könntest, ist dir auch schon gekommen, nicht wahr?

Du spionierst! Aber keine wirkliche Verärgerung schwang darin mit; eindeutig fand sie die Vorstellung sehr annehmbar.

Howson grinste wie eine Cheshire-Katze. Er öffnete die Augen und blickte Jay an.

»Können Sie die Zeit erübrigen, ein wenig an Ihrer Maschine da weiterzuarbeiten?« fragte er, und als er ein momentanes Zögern entdeckte, fuhr er eilends fort. »Hören Sie, es wird Sie aus der Sackgasse führen, in der Sie mit Rudi stecken. Ich stimme Ihnen zu – er hat Großes in sich. Wenn man ihm die Möglichkeiten gibt, kann er sehr wohl eine neue Ära künstlerischen Ausdrucks eröffnen. Natürlich passiert das nicht von heute auf morgen; es wird Zeit brauchen und genügend öffentliches Interesse, um Mittel verfügbar zu machen, damit er Bild, Klang, Geruch, vielleicht noch mehr, integrieren kann. Aber was er jetzt hauptsächlich braucht, ist Hoffnung. Und ich glaube, ich weiß, wie wir ihm die geben können.«

Rudi!

Howson spürte, wie der Geist ein wenig zurückbebte und dann sich erinnerte. Die Heilung schritt gut voran; flüchtig nagte Neid an Howson, Neid auf die gesunde Normalität von Rudis Körperfunktionen. Eine Verletzung, die nur ein Zehntel so schlimm war wie die, von der der junge Mann genas, hätte ihn, Howson, schon umgebracht.

Sie hatten Rudi in ein schalldichtes Einzelzimmer gelegt, und nun waren sie alle versammelt: Jay, Charma und Clara, und eine Krankenschwester hielt sich bereit. Sachte wiederholte Howson seine Annäherung. *Rudi, denke an deine Musik!*

Als hätten sich Schleusentore geöffnet, ergoß sich eine Woge imaginierten Klanges in Rudis wundes Bewußtsein. Howson kämpfte, sie zu kanalisieren. Als er die minimale Kontrolle erlangt hatte, die er brauchte, gab er Clara ein Zeichen.

Der Tank – vier Männer hatte es bedurft, ihn in den Raum zu schaffen – leuchtete auf. Clara ließ alle Lampen versuchsweise aufblitzen, dann bat Howson Rudi, die Augen zu öffnen. Und Rudi öffnete sie und sah . . .

Jay und Charma konnten die Musik nicht hören, die in Rudis Geist aufbrandete und pulsierte. Aber Howson hörte sie, und Clara auch, und das war es, worauf es im Moment ankam.

Sie hatten die ganze Woche lang experimentiert, verbessert und geübt; nun war die Reaktionsgeschwindigkeit des Tanks phänomenal, und Jay hatte einen neuen, einfacheren Kontrollmechanismus entwickelt, der den Apparat so vielseitig und im Prinzip so einfach machte wie ein Klavier. Und Clara . . .

Im Verlauf der Zeit, die sie miteinander verbracht hatten, hatte er sich manchmal gefragt, ob es nur daran lag, daß sie eine besonders gelehrige Schülerin war, oder doch auch daran, daß er ein bemerkenswerter Lehrer der Telepathie war: jedenfalls las sie Rudis fantastische geistige Projektionen, siebte sie durch, schälte ihr Wesentliches heraus *und* setzte sie in Bilder im Tank um: und das alles so schnell, wie Rudi selbst sie dachte.

Verblüffung und ehrfürchtiges Staunen lagen greifbar auf Rudis Gesicht, während er den Tank beobachtete. Jay und Charma, die die Musik nicht hören konnten, auf die Clara mit ihrem Spiel antwortete, waren fast ebenso verblüfft. Und Howson war schlechterdings überglücklich.

Berge wuchsen im Tank, verzerrt, als wären sie von unten gesehen, purpur-blau und gewaltig; Nebelschwaden sammelten sich um ihre Gipfel, und eine Lawine donnerte in ein verschneites Tal, während ein fernes und melancholisches Horn-Motiv sich in Rudis Geist in eine Sintflut orchestraler Klänge und in hundert unmusikalische Geräusche auflöste. Das Bild im Tank verschwamm; Rauch stieg von einem Kabel auf, und Jay sprang mit einem Aufruf hinzu.

Es war vorbei.

Hoffend, daß der Eindruck des Zusammenbruchs nicht das Vergnügen aufgehoben hatte, das Rudi so deutlich empfunden hatte, wandte sich Howson zum Bett. Seine Hoffnung wurde erfüllt. Rudi mühte sich, sich aufzusetzen, sein Gesicht strahlte.

Mit einem beruhigenden Gedanken schnitt Howson durch sein wirres Dankesgestammel. »Du brauchst mir nicht zu danken«, sagte er mit einem diebischen Lächeln. »Ich sehe, daß du dich freust! Es war dumm von dir, aufzugeben, wo doch der Erfolg in Reichweite war, nicht wahr?«

»Aber das war es nicht!« protestierte Rudi. »Ohne dich – und Clara natürlich . . . Aber . . . aber zum Teufel, dies ist kein Erfolg, wenn ich mich von nun an auf deine Hilfe stützen muß.«

»Auf *meine* Hilfe?« Howson war aufrichtig erstaunt. »Oh! Ich nehme an, du meinst, ich hätte deine Bilder zu Clara hinüberprojiziert!« Sogleich erklärte er den tatsächlichen Vorgang. Auf Rudis Gesicht breitete sich Erleichterung aus, die aber bald dahinschwand; er wandte sich zu Clara.

»Clara, was sagst du dazu? Du wirst nicht zeitlebens meine Interpretin sein wollen, bei allem, was recht ist!«

»Für eine Weile würde ich es gern machen«, antwortete sie scheu. »Aber es muß nicht immer so gemacht werden. Gerry sagt, die Arbeit, die wir beide zusammen machen können, wird die Leute genug begeistern und ihnen zeigen, worum es dir wirklich geht, und dann wird man dich mit einem großen Orchester arbeiten lassen. Und du kannst diesen Apparat selbst spielen lernen; Jay hat alles so einfach gemacht, daß ich in ein paar Stunden den Trick raushatte. Und irgendwann . . .«

Sie richtete eine wortlose Bitte an Howson, der ihr den Gefallen tat und das Bild Zukunft, die er für Rudis Werk voraussah, direkt in seinem Geist projizierte.

Ein Saal – riesig, dunkel. Vorne glühten Lichter über Notenständern, das Rascheln von Partituren und das Stimmen von Instrumenten waren zu hören. Die Stille wurde von den Eröffnungstakten von Rudis Komposition gebrochen. Und in der Dunkelheit leuchteten, aus einem riesigen Nachfahren von Jays kubikmetergroßem Tank, kraftvolle, fließende, mit der Musik korrespondierende Formen auf. Die Reaktion des Publikums war fühlbar, wurde fast greifbar, und der Glanz der Bilder wiederum lebte von und wuchs mit der Anerkennung, die sie hervorriefen.

Später saßen sie in Jay und Charmas Wohnung und feierten ihren Erfolg mit Wein. »Du – du hast auch kein bißchen übertrieben, Gerry?« fragte Clara zaghaft, nachdem sie ein Halbdutzend Toasts auf ihn ausgebracht hatten.

»Nicht viel. Oh, ein wenig vielleicht; ich meine, die weltweite Anerkennung, die ich ihm versprochen habe, kommt vielleicht erst in zwanzig Jahren. Aber wenn es mit rechten Dingen zugeht, muß sie kommen; Rudi hat ein Talent, das in seiner Weise so außerordentlich ist wie deines und meines. Entschuldigt, ihr beiden«, fügte er, zu Jay und Charma gewandt, hinzu. »Das sollte keine Prahlerei sein.«

Jay zuckte die Achseln. »Ich streite nicht ab, daß ich auch gern so ein besonderes Talent hätte, wie ihr beide eins habt; aber, Himmel, es muß auch eine Menge Kummer und Herzzerbrechen bereiten. Ich glaube, ich tröste mich damit, daß ich in meiner eigenen kleinen Art ein Erfolg sein und nicht die Frustrationen haben werde, die auf Rudi oder euch zukommen.«

»Ich bin froh, daß du es so nimmst«, sagte Howson gedankenschwer. »Und . . . weißt du, ich habe ein wenig darüber nachgedacht und glaube, ich könnte dir einen Markt für soviele deiner flüssigen Mobiles eröffnen, wie du nur herstellen willst. Sie haben eine gewisse friedliche Faszination an sich . . . Mal angenommen, ich würde dich meinem leitenden Direktor empfehlen und ihn dafür interessieren, sie anstelle der üblichen Mobiles und Aquarien mit Tropenfischen zu benützen, die wir in den Psycho-Stationen verwenden – besonders bei autistischen Kindern. Du würdest das doch nicht für eine Erniedrigung deiner Kunst halten?«

»Du meine Güte, nein!« sagte Jay und starrte Howson an. »Was glaubst du, wofür ich mich halte – einen zweiten Michelangelo? Ich bin ein besserer Innenarchitekt oder Dekorateur, das ist alles.«

»Und selbst wenn er sich für ein Genie hielte«, sagte Charma mit gespieltem Grimm. »Von der Täuschung würde ich ihn schnell heilen. Tausend Dank, Gerry; ich hatte praktisch schon die Hoffnung aufgegeben, daß aus diesen feuchten Feuerwerken noch mal etwas rausspringt.«

Dann blickte sie Howson direkt an.

»Und was ist mit dir? Was ist für dich bei alledem herausgesprungen? Nichts? Das wäre nicht fair.«

»Für mich?« Howson lachte in sich hinein. »Sozusagen alles, was ich mir gewünscht habe. Und die Tatsache, daß ich es seit Jahren habe, ohne es gemerkt zu haben, verdirbt mir meine Freude nicht. Seht ihr . . . Nun, Rudi hat, so könnte man sagen, gerade seine erste öffentliche Vorstellung gegeben. Ich glaube, ich wage es und gebe meine.«

Er hatte sich auf diesen Augenblick gefreut; ja, es war ihm schwergefallen, sich so lange zurückzuhalten. Sanft ergriff er sie mit seinem Geist und begann, eine Geschichte zu erzählen.

Wie hatte er so blind sein können? Wie hatte er übersehen können, daß die Lösung für sein Problem hier war, unter seiner Nase?

Er – Gerry Howson – hatte eine machtvollere telepathische Stimme als je jemand zuvor, machtvoller sogar als die von Ilse Kronstadt. Warum also sollte er sich und seine Zuhörer in eine katapathische Gruppe einsperren, warum so gewaltsam die äußere Welt daran hindern, den Fluß der erfreulichen Fantasie zu unterbrechen? Alles was er brauchte, war eine Tiefe der Konzentration, wie Menschen sie von selbst erreichten, wenn brillante Schauspielerei oder große Musik sie hinriß.

Außerdem: er war nicht so enttäuscht von der Wirklichkeit, daß er sie fliehen mußte. Wonach er sich sehnte, das war nicht zügellose Machtausübung, um derentwillen ein Telepath sich in seine Fantasiewelt zurückzog. Er wollte akzeptiert werden. Er wollte das Erbe seiner ersten zwanzig Jahre auslöschen, in denen er *nur* ein Gnom mit einem verkorksten Bein gewesen war und die Menschen ihn ausschließlich auf dieser Basis beurteilt hatten. So einfach wie möglich gesagt, er wollte Freundschaft schließen mit der Welt, die feindlich zu ihm gewesen war.

Und er konnte.

Er beschwor eine einfache Fantasie, ein Märchen, mit Bildern, Klängen, Gerüchen, Tastempfindungen, Gefühlen – alle aus dem ungeheuren Vorrat wirklicher und unwirklicher Erinnerungen, mit dem seine intime Kenntnis so vieler Geister neben seinem eigenen ihn ausgerüstet hatte. Es war nur ein Versuch, natürlich. Eines Tages würde es mehr sein. Aber für den Augenblick war dies reichlich.

Seine Zuhörer kamen langsam in die Gegenwart zurück, ihre Augen glänzten, und er wußte, er hatte gewonnen.

Und nun?

Vielleicht eine Reise um die Welt, um ein Wissen von der Realität seines Wissen um die Träume, Alpträume und Einbildungen der Menschen hinzuzufügen und hier ein wenig, dort ein wenig vom Bewußtsein der Asiaten, Europäer, Amerikaner, Afrikaner zu kosten . . . Die ganze Welt lag nun vor ihm.

Er lächelte und schenkte sich Wein ein.

30

Wie gewöhnlich war das Stadion randvoll besetzt gewesen. Sooft Gerald Howson die Menschen einlud, dabeizusein, wenn er ›laut dachte‹, waren alle verfügbaren Plätze bald nach der Ankündigung vergeben; nie ließ er das mit seiner Arbeit im Therapiezentrum von Ulan Bator in Konflikt geraten. Aber wann immer sich die Gelegenheit bot, verständigte er irgendeine Stadt, die ein passendes Stadion oder eine Halle hatte, und die Menschen reisten von weit her an, um ihn zu erleben. Innerhalb von zwei Jahren hatte er sich auf jedem Kontinent einen Namen gemacht.

Heute abend hatte er es mit seinem bisher größten Publikum aufgenommen – fast fünftausend. Versonnen strömten sie nun durch die Ausgänge, und Howson empfing – und ignorierte weitgehend – die unvermeidlichen Gratulationen distinguierter Zuhörer. Wie immer mußte er ein ums andere Mal verneinen, daß er nach seinen Darbietungen erschöpft war; vielleicht sollte er zum Auftakt der Vorführung erklären, daß er dies unter anderem auch machte, um sich nach einer Periode harter Arbeit zu erfrischen. Nie fühlte er sich so entspannt und glücklich wie nach diesen seltenen öffentlichen Auftritten.

Heute abend war er von einem Gedanken zum anderen geflogen, hatte seinen Zuhörern erst von seiner Arbeit erzählt, dann sie die Gedanken eines normalen glücklichen Menschen in Indien nachfühlen lassen, in Venezuela, in Italien, in vielen anderen Ländern, wo er sein Material gesammelt hatte. Es war ein virtuoses Spiel geworden; oft improvisierte er mit den Reaktionen der Zuhörer, und danach waren die Einsamen und Unglücklichen stolz darauf, ›angesprochen‹ worden zu sein.

Und immer fand er, wenn jemand anwesend war, der an einem schweren Problem trug, einen anderen, gewöhnlich einen einflußreichen Mann, dem er die Idee eingab, die Sache in Ordnung zu bringen.

Ilse, Ilse! Wenn du darauf gestoßen wärest, wärest du nicht so voller Kummer gestorben!

»Gerry«, sagte Pandit Singh leise durch das Stimmengewirr hindurch. »Gerry, hier ist jemand, den du begrüßen solltest.«

Hallo, Rudi. Ich wußte, daß du da bist. Laß mich nur erst diese So-und-so-So's loswerden!

Eine stillschweigende Empfehlung an die Umstehenden, von dannen zu ziehen, und alsbald war er frei. Er schüttelte Rudis Hand. Clara war bei ihm, und er begrüßte sie herzlich.

Wie geht es dir?

Gut! Von nun an wirst du mich öfter sehen. Nächsten Monat beginnt in Ulan Bator meine Ausbildung zum Therapie-Wachhund.

Herrlich!

»Hallo, Gerry«, sagte Rudi, der von diesem geistigen Austausch nichts gemerkt hatte. Er schien fast verlegen. »Du warst wunderbar.«

»Ich weiß«, sagte Howson lächelnd. Rudi konnte ihn kaum als

dieselbe Person erkennen, so sehr hatte seine neue Selbstsicherheit ihn verwandelt. »Wann startest *du* im Showgeschäft?«

»Ich gebe meine erste Vorstellung in ein paar Wochen. Hauptsächlich bin ich gekommen, dich einzuladen und mich zu vergewissern, daß du kommen kannst. Wenn nicht, verschiebe ich es. Ich will dich auf jeden Fall bei der Premiere dabeihaben.«

»Meinen Glückwunsch! Du kannst dich darauf verlassen, daß ich komme.«

Rudi warf einen Blick zur Seite auf Pandit Singh. Eine leichte Röte stahl sich auf seine Backenknochen. »Gerry . . . Ich habe mit Dr. Singh gesprochen, über dich, und ich weiß jetzt einiges über deine . . . äh . . . deine Behinderung. Ich verstehe weder von Medizin noch von Telepathie sehr viel, aber mir ist da eine Idee gekommen, die nicht so töricht zu sein scheint, wie ich befürchtete. Ah . . . wenn ich recht verstehe, ist das Problem, daß ein bestimmter Teil deines Gehirns, der sich um Reparaturen und Instandhaltung deines Körpers kümmern sollte, deinem telepathischen Organ zum Opfer fiel!«

»So etwa«, bestätigte Howson. Neugierig forschte er in Rudis Gesicht, aber die offenkundige Spannung dort hielt ihn ab, seinen nächsten Worten zuvorzukommen. In seinem eigenen Geist fühlte er eine Ahnung, die ihn spannte und dehnte . . .

»Na ja, ich habe mir also überlegt . . . wenn du praktisch alles aus dem Geist eines anderen Menschen in deinen eigenen hineinnehmen kannst, könntest du dir nicht sozusagen den notwendigen Teil aus meinem Geist ausleihen, als Ersatz für das, was dir fehlt?« Jetzt sprudelten die Worte aus Rudi heraus, er sah zugleich hoffnungsvoll und aufgeregt aus. »Ich verdanke dir ja alles, einschließlich meines Lebens, und ich möchte etwas genauso Wertvolles für dich tun.«

Um Howson herum drehte sich die Welt. Er starrte Pandit Singh an, stumm fragend, ob denn solches möglich sei.

»Ich bin noch kaum dazugekommen, es zu durchdenken«, sagte Singh. »Aber auf den ersten Blick sehe ich keinen Grund, warum es nicht versucht werden sollte. Es könnte bedeuten, daß dein Äußeres zu dem von Mr. Allef hin tendiert, aber es würde auch die Aussicht eröffnen, dich operieren zu können, weil dann normale Heilung möglich wäre. Vielleicht würdest du sogar wachsen. Ich habe Mr. Allef gewarnt, daß er lange im Krankenhaus würde liegen müssen, ohne irgend etwas tun zu können, und daß es so schmerzhaft wäre wie eine Operation an ihm selbst, und das ohne Erfolgsgarantie . . .«

»Und ich möchte es dennoch unbedingt machen«, sagte Rudi mit fester Stimme.

Howson schloß die Augen. Er konnte natürlich nichts anderes tun als annehmen, aber noch während er dankbare Worte stammelte, spürte er, daß es nicht notwendig war. Ob diese Hoffnung sich erfüllte oder nicht, ob die Operation erfolgreich war oder scheiterte, war von geringer Bedeutung. Denn in dem Augenblick, da Rudi sein Angebot gemacht hatte, war er, Gerald Howson, ein ganzer Mensch geworden.

ÜBER DEN AUTOR:

John Kilian Houston Brunner wurde am 24. September 1934 in Oxfordshire, England, geboren. Am Cheltenham College studierte er moderne Sprachen. Von H. G. Wells Werken fasziniert, wurde er SF-Autor. Noch während er zur Schule ging, verkaufte er seinen ersten SF-Roman.

Nach seiner Wehrdienstzeit, die er bei der RAF ableistete (und die hauptverantwortlich für seine entschieden antimilitaristische Einstellung wurde), begann er zunächst als Herausgeber, dann als freier Schriftsteller zu arbeiten. Bis heute hat er mehr als sechzig Romane und zahlreiche Erzählungen geschrieben, die in allen wichtigen SF-Publikationen erschienen sind. 1966 wurde er mit dem British Fantasy Award ausgezeichnet, dem 1970 der British SF Award folgte. Dazwischen lag der Roman, der Brunner weltberühmt machte und der 1969 mit dem Hugo-Gernsback-Award ausgezeichnet wurde: *Stand on Zanzibar* (deutsche Ausgabe in Vorbereitung).

Neben der Schriftstellerei wendet John Brunner einen großen Teil seiner Zeit für Verwaltungsarbeiten an dem von ihm gestifteten ›Martin-Luther-King-Gedächtnispreis‹ auf. Ansonsten ist er seit 1958 in der britischen Atomwaffengegner-Bewegung aktiv, für die er mehrere Songs komponierte. Einen davon fand der amerikanische Folksänger Pete Seeger so gut, daß er ihn in sein Repertoire aufnahm.